조선통신사의 길 위에서

일러두기

1. 이 책의 일본어 표기는 국립국어원의 표기법을 원칙으로 하였으나 경우에 따라 현지의 통음을 사용하기도 하였다.

2. 일본어 인명·지명은 일본어 발음대로 표기하였으며, 한자어를 병기했다. 우리말과 일본어를 동시에 보일 때에는 '우리말(한자어, 일본어 발음)'의 방식을 따랐다.
   예) 도쿠가와 이에야스德川家康, 규슈九州, 마상재(馬上才, 마죠사이)

3. 사료에 나오는 일본 인명·지명·고유명사는 사료 그대로 한글발음으로 인용했다.
   예) 우삼동雨森東, 강호江戶, 박다博多, 대마도주對馬島主

조선통신사의 길 위에서

한일관계의 미래를 읽다

손승철 지음

역사인

조선통신사의 길(한양 ~ 에도)

토모노우라(鞆浦) 통신사 일행이 '일동제일형승(日東第一形勝)'이라고 극찬한 명승지이다.

서울(漢陽) 통신사 일행은 창덕궁에서 국서(國書)를 받아 출발한다.

부산 최종 집결지 일본에 줄 선물 등을 준비하고, 길일을 택해 항해의 안전을 기원하는 해신제를 올린다.

부산~대마 6척의 배에 평균 400명 정도가 승선하여 바다를 건넌다.

영천 중간집결지, 전별연을 하고 통신사 행렬을 총점검하며 마상재 공연을 했다.

쓰시마(對馬) 대마부중(府中=현 이즈하라)에서 쓰시마 도주의 접대를 받은 후, 배의 화물 등을 점검하고 항해를 계속한다.

아카마가세키(赤間關) 지금의 시모노세키로 조선통신사 상륙비가 있고, 아카마 신궁(아미타사)에서 숙박하였다.

평양

서울(漢陽)

영천

부산

쓰시마

아카마가세키

아이노시마

시모카마가리

토모노우라

가미노세키

오사카

시즈오카(静岡) 세이켄지(淸見寺)에는 조선통신사 박물관이라 부를 만큼 많은 유물이 남아 있다.

니코(日光) 통신사 일행은 막부의 요청으로 도쿠가와 이에야스의 묘소인 니코 도쇼구(東照宮)를 3회 방문했다. 당시 종과 악기 등을 하사했다.

(越) 미소가와 강을 위해 270척의 배를 여 배다리[船橋]를 다.

에도(江戸) 국서를 전하는 전명(傳命)의식이 에도조(江戸城)의 오히로마(大廣間)에서 여러 다이묘가 모두 배석한 자리에서 행해졌다.

하코네(箱根) 에도를 왕래하는 사람과 물품을 검문하는 세키쇼(関所)가 있다.

니코

에도

하코네

시즈오카

나고야

교토

히코네

오사카

교토(京都) 육로가 시작된다. 쇼코쿠지(相國寺) 지쇼인(慈照院)에 〈한객사장〉이 있으며 UNESCO 세계기록유산으로 등재되었다. 귀무덤이 있다.

오미하치만(近江八幡)·히코네(彦根) 조선인가도(朝鮮人街道)를 지나며 비와코의 경치를 즐겼다.

오사카(大坂) 하구에서 일본측이 제공하는 호화선에 갈아 탄다. 니시혼간지에서 문화교류가 성대하게 이루어졌다.

관계는 늘 함께 하는 것

관계는 일방적인 것이 아니라 쌍방이 늘 함께 만들어 가는 것이다. 어느 한 쪽의 노력이나 인내만으로는 결코 좋은 관계를 유지할 수 없다. 친구 사이도 그렇고 부부나 부모자식 사이도 그렇다. 나라와 나라 사이의 국제관계라고 다를 리가 없다.

그렇다면 지금 우리와 가장 가까운 나라인 일본과의 관계는 어떨까? 2017년 한국인의 일본여행이 714만 명, 일본인의 한국여행이 231만 명이었다. 이렇게 양국 국민들이 왕래하며 민간교류가 활발하지만, 정치나 역사 면에서는 감정적 대결이 일상화되어 있다. 역사교과서 왜곡, 독도, 위안부 문제에 이어 북핵 문제가 모두 양국의 첨예한 관심사이자 인식이 완전히 갈리는 대표적인 사례이다. 우리로서는 당연히 양보할 수 없는 문제들이고, 일본의 입장도 마찬가지다. 그렇다면 결국 두 나라는 친구가 아닌 원수가 될 수밖에 없고, 마침내는 전쟁도 불사해야 할까?

모든 문제의 원인을 일본 탓으로 돌린다고 하더라도 이런 결론에 동의할 사람은 많지 않을 것이다. 한국과 일본은 이미 전쟁을 치러본 경험이 있고, 그 결과가 어떤 것이었는지도 잘 알고 있다. 우리는 어떤 경우든 전쟁과 대결이 아니라 평화와 공존을 선택해야 한다.

한일관계를 둘러싼 이런 근본적인 고민은 오늘날의 정치인이나 학자들만 하고 있는 것이 아니다. 500년 전의 우리 조상들과 일본인 조상들도 똑같은 문제를 고민했다. 그리고 그런 고민과 숙고의 결과로, 혹은 문제 해결을 위한 하나의 과정에서 생겨난 것이 바로 '조선통신사'다.

조선통신사는 믿음과 소통의 상징

500년 전 조선과 일본의 정치 지도자들, 그리고 지식인 집단이 생각하기에 두 나라 사이에서 벌어지는 모든 문제의 근원은 '믿음과 소통의 부족'이었다. 조선은 임진왜란과 같은 전쟁을 일으키는 일본을 도무지 믿을 수 없었다. 일본도 중국과 한통속이 되어 일본을 고립시키고 왕따시키는 조선을 자기네 편이라고 생각하지 않았다. 양국 간에 신뢰가 부족해지면 일본은 어김없이 조선을 침략했고, 그 참화는 조선과 일본 모두에게 심각한 타격을 입혔다.

이처럼 한일 양국의 지도자와 국민들에게 가장 필요한 것이 서로에 대한 믿음 곧 신뢰라는 사실이 드러나자, 두 나라는 신뢰 회복을 기치로 내걸고 서로 소통을 시작했다. 왕래와 소통의 최정점이자 국가 차원의 공식적인 행사가 조선통신사의 일본 방문이었다. 만남과 교류의 가장 큰 목표는 역시 신뢰 회복이었다. 그래서 사절단의 명칭도 '믿음을 통한다'는 의미의 통신사였다.

조선통신사에 의한 에도에서의 국서전명식은 조선국왕과 막부쇼군이 대면할 수 없던 시대에 직접 소통하는 방식이었다. 요즈음의 정상 외교나 다름없는 시스템이었다.

조선통신사는 실제로 많은 성과를 남겼다. 왜구에 의한 일방적인 약탈을 교역과 공존共存의 관계로 전환시켰고, 임진왜란이라는 침략과 전쟁을 평화平和와 공생共生의 관계로 만들어 갔다. 양국의 노력으로 통신이 활발할 때는 약탈이나 전쟁은 없었다. 반대로 통신이 끊어지면 대결과 전쟁이 다시 일어났다. 구한말 일제의 조선침략과 병탄도 한두가지 요인으로 설명할 수 없지만, 통신과 소통의 부족도 한 요인이 되었음은 명백한 사실이다.

외교는 실리와 명분

필자는 지난 30여 년간 대학에서 한일 양국의 관계사를 집중적으로 연구하고 가르쳐왔다. 그 과정에서 깨달은 한 가지가 있다면, 관계가 나쁜 때일수록 더 많은 교류를 해야 한다는 것이다. 서로 이견이 생기고 감정적 대립이 고조된다고 해서 관계를 단절하고 교류를 줄여서는 안 된다.

지난 2015년은 한일이 국교를 정상화한 지 꼭 50년이 되는 해였다. 그런데 양국은 정상회담 한 번 하지 못했다. 그러다가 연말에 느닷없이 위안부 합의라는 것을 내놓았다. 충분한 협의(通信)를 거치지 못한 이 합의에 수많은 사람들이 분노했고, 이후 한일 양국의 관계는 진전이 아니라 퇴보를 거듭하고 있다. 관계가 나쁜 때일수록 더 많이 교류해야 한다고 믿는 필자에게 이것은 결코 바람직한 모습으로 보이지 않는다. 목숨을 걸어야 하는 항해와 어떤 문제에 봉착할지 모르는 두려움 속에서도 기꺼이 수천 리 통신사의 길을 나섰던 옛 선조들처럼, 오늘의 우리도 신뢰의 회복과 더 많은 통신을 위해 발 벗고 나서야 한다.

일본에 대한 무시와 감정적 배척은 일시적인 만족감을 줄지 모르지만 결코 온당한 길은 아니다. 얻는 것보다 잃는 게 훨씬 많을 수 있고, 가장 가까운 이웃을 적으로 돌리는 어리석은 선택이 될 수도 있다. 한미일과 북중러가 난마처럼 얽힌 동아시아의 외교무대에서 일본과의 관계를 단절한다거나 대결 국면으로 만든다는 상상 자체가 어불성설이기도 하다. 좋든 싫든, 밉든 곱든, 일본은 이미 우리와 떼려야 뗄 수 없는 나라이다. 물론 공존을 위해선 역사의식의 공유가 전제되어야 하고 미래에 대한 공생의 비전을 가져야 한다. 뿐만 아니라 과거사의 오해나 왜곡에 대해 제대로 대응해야 함은 당연하다.

UNESCO 세계기록유산의 의미

2017년 10월, 조선통신사 기록물 333점이 'UNESCO 세계기록유산'으로 등재되었다. 조선통신사 관련 기록물은 '외교·여정·문화교류 기록'으로 구성된 종합자산이다. 조선통신사의 왕래로 두 나라는 증오와 오해를 풀고 상호 이해의 폭를 넓혔다. 외교뿐만 아니라 학술·예술·산업·문화 등 다양한 분야에서 활발한 교류의 가시적인 성과를 만들어냈다.

이는 조선통신사 관련 기록물들이 한일 두 나라 사이의 단순한 역사 기록을 넘어 인류의 보편적인 가치를 획득하고 있다는 의미이기도 하다. 실제로 조선통신사 관련 기록물들은 양국의 역사를 통해 증명된 평화적 외교 노력의 살아 있는 증거물이고, 당대의 동아시아 지식인과 문화예술인의 수준을 보여주는 지적 유산이다. 나아가 항구적인 평화공존 체제를 구축하고 이문화異文化 존중을 지향하는 실마리를 제공해주는 유산이다. 한일 양국의 과거 기록을 넘어 인류 전체의 미래를 위한 가치도 함께 지니고 있다는 얘기다.

필자가 한반도와 일본열도에 남겨진 조선통신사의 옛길을 반복해서 걷고 또 걷는 동안에 깨달은 것도 같은 결론이다. 이 책은 그런 지혜와 선인들의 충고를 오늘의 시점에서 어떻게 읽고 받아들이고 해석하여 미래를 위한 자양분으로 삼을 것인가를 고민하는 과정에서 집필한 것이다.

독자들에게

나의 조선통신사 사행로 답사에는 그때그때마다 많은 동료 교수와 제자들이 함께 참여했다. 대학생들을 단체로 인솔하기도 했고, 중고교 역사 선생님들과 팀을 짜서 떠나기도 했으며, 때로는 가족과 함께 오붓하게 다니기도 했다. 하지만 이 모든 답사에서 항상 함께했던 인물이 한 사람 있다. 바로 『해유록』을 남긴 신유한이다. 조선통신사의 사행로를 답사할 때마다 나는 그의 『해유록』을 등산화보다 먼저 챙겼다. 그 책을 읽고 또 읽으며, 그가 본 당시의 사행로를 재구성해 그려보고, 그가 느낀 감정과 오늘 내가 느끼는 감정 사이의 간극을 메워보려 노력했다. 그의 고민과 나의 고민을 겹쳐보고, 그의 조언을 오늘의 상황에서 어떻게 받아들일수 있을지 곱씹었다.

그런 의미에서 이 책은 300년 전의 답사기와 오늘날의 답사기를 혼성한 책이라고도 할 수 있다. 말하자면 신유한의 18세기 답사기와 나 자신의 21세기 답사기를 한 책에 담아낸 셈이다. 독자들이 두 답사기의 장점들을 두루 경험할 수 있기를 기대한다. 그리고 과거와 현재를 아우르는 '통신'과 '소통'의 참된 의미를 이해하고, 또 한일 두 나라의 올바르고 미래지향적인 관계 설정에 조금이라도 기여가 된다면 이보다 큰 기쁨이 없겠다.

끝으로 이 책이 나오기까지 여러분의 도움을 받았다. 우선 그동안 '조선통신사의 길'을 같이 거닐었던 동료, 제자, 중고교 선생님들, 아내 김선옥, 민규와 시아에게 고맙다. 그리고 '조선통신사의 길'을 답사하는 기회를 마련해 준 한일문화교류기금, 한일역사공동연구위원회, 조선일보 문화사업단에 감사한다. 무엇보다 전체 코스를 함께 해준 '대학생 신조선통신사' 단원들, 일본주재 한국대사관, 그리고 멋진 책으로 출판해 준 역사인에 고마운 마음을 전하고 싶다.

2018년 3월

손승철

차 례

책을 내면서

〈조선인래조도(朝鮮人來朝圖)〉일본고베시립박물관 소장.

에도의 니혼바시를 지나 아사쿠사의 객관으로 가는 통신사 모습. 멀리 후지산과 에도성벽이 보인다.

통신사를 보고 열광하는 일본인의 모습은 '조선시대 한류(韓流)'라고나 할까.

제1부

조선,
일본과 통신을 시작하다

1. 조선통신사는 왜 일본에 갔나?

2002년 한일 월드컵 공동 개최 이후, 한일 양국은 2005년을 '한일 우정의 해'로 삼아 21세기 한일 관계의 새로운 밀레니엄 시대를 열어 가자고 약속했다. 그러나 양국 국민들의 기대와는 달리 한일 관계는 악화일로를 걷고 있다. 그 시작은 일본 측의 역사 교과서 왜곡과 독도를 일본 땅이라고 선언한 망언에서 비롯되었다. 이런 망언은 2013년 아베 총리가 집권하면서, 일본군 위안부 부정, 고노 담화 및 무라야마 담화를 무시하며, 양국관계를 악화시켜 갔다. 한국과 일본. 이 뿌리 깊은 불신과 갈등의 진원지는 어디에 있을까. 또 그 갈등의 해법은 어디서 찾아야 할까. 한일 양국이 서로 우호교린을 해야 하는 것은 역사적인 명제이다. 어떠한 이유에서든 두 나라의 갈등이 서로에게 아무런 이득이 되지 않는다는 것을 과거 2,000년간의 역사적 경험은 말해 준다.

조선시대 500년간에 걸쳐 양국을 왕래한 조선통신사는 이 물음에 대한 해답의 실마리를 제공한다. 조선통신사를 통해 양국은 왜구로 인한 약탈의 시대를 공존의 시대로 바꾸어 갔다. 중간에 토요토미 히데요시의 조선 침략이라는 불행이 있었지만, 조선통신사를 통해 다시 전쟁의 시대를 평화의 시대로 바꾸어 갔다.

이러한 의미에서 '조선통신사'는 조선과 일본 두 나라가 함께 연출한 성숙한 국제 의식의 표현이었다. 조선통신사가 원활하게 왕래할 때는 양국 사이에 우호·공존의 시대가 전개되었고, 조선통신사의 단절은 양국 사이의 불행한 역사의 시작을 뜻했다.

동아시아 해역의 약탈자, 왜구

한반도에 대한 왜구의 약탈은 1350년부터 시작되며, 이후 고려 말까지 해안 지방은 물론 내륙 깊숙한 지역에서 수없이 자행된다. 도쿄대학교에 소장된 『왜구도권倭寇圖圈』에는 약탈의 모습이 상세하다. 왜구는 한반도에 출몰하여 곡창지대의 조창을 습격했고, 문화재를 약탈해갔다. 현재 한일간에 외교문제가 되고 있는 쓰시마 관음사의 불상도 왜구에 의해 약탈된 것임에 틀림없다. 왜구가 극심했던 1382년 『고려사』 기록에는 "서너 살 짜리 여자 아이의 배를 갈라 내장을 꺼내고 쌀을 넣고 고사를 지낸 뒤 그 쌀로 밥을 해 먹었다"는 기록이 있다.

고려에서는 왜구의 약탈에 어떻게 대응했을까. 우선 외교적인 방법을 써서 7차례나 사신을 파견했다. 그러나 당시 일본은 남북조시대의 혼란기여서 그다지 효과를 볼 수 없었다. 결국 고려는 군사적 방법을 택했고, 그 과정에서 최영과 이성계 등의 무인세력이 성장하여 조선 건국의 주역이 된다. 그런데 현재 한·일간에 문제가 되고 있는 지유샤自由社판 『새로운 역사교과서新しい歴史教科書』에는 "왜구란 쓰시마·이키·마쓰우라를 근거지로 한 해적집단으로 일본인 외에 조선인이 많이 포함되어 있었다"고 기술하고 있다. 왜구 구성에 대한 분명한 역사왜곡이다.

조선, 일본과 통신을 시작하다

1392년 조선이 건국한 후에도 왜구의 약탈은 계속되었다. 일본도 같은 시기에 무로마치 막부가 성립하면서 같은 고민을 하게 된다. 그리하여 조선과 일본은 왜구 문제를 동아시아 국제질서의 틀 안에서 해결하고자 했고, 양국이 비슷한 시기에 중국의 책봉 체제에 편입된다. 이어 조선통신사와 일본국왕사가 왕래하면서 왜구 문제를 해결하고 교린 관계를 성립

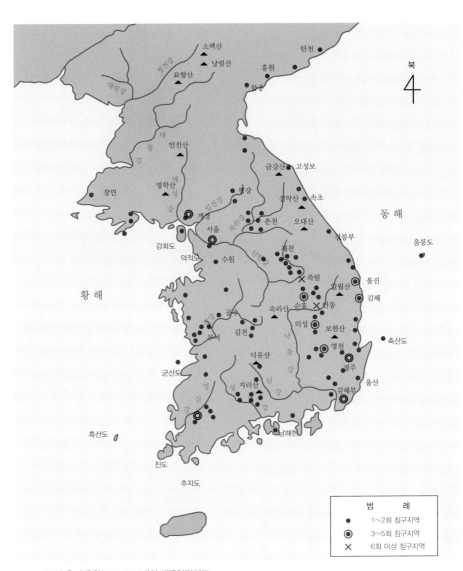

범   례

● 1~2회 침구지역

◉ 3~5회 침구지역

✕ 6회 이상 침구지역

고려 후기 우왕(1375~1388)대의 왜구약탈지도

쓰시마 관음사와 해신신사의 불상

시키면서 공존의 시대를 열어갔다.

　조선통신사는 믿음으로 통하는 '통신通信의 사절'이라는 의미이다. 이 과정에서 조선에서는 교린관계를 이중 구조로 만들어 제도적으로 정비해 갔다. 하나는 조선국왕과 일본국왕(쇼군) 사이의 대등對等 관계이고, 다른 하나는 쇼군 이외의 모든 세력을 각종 통교 규정에 의해 통제하는 관계였다. 각종 통교 규정이 성립되면서, 왜인들이 약탈자에서 통교자로 바뀌고, 조선의 삼포에 와서 무역을 하며 살아가게 했다. 그리고 이 같은 교린 관계의 밑바탕에는 믿음信이 전제되어야 했다.

　『해동제국기海東諸國記』에서 신숙주는 특히 믿음을 강조했다. 이것은 『조선왕조실록』에 나오는 '교린지신交隣之信', '교린지도交隣之道', '교린지의交

隣之義', '교린지례交隣之禮'의 개념을 외교 규범으로 체계화한 것이다. 교린이란 믿음·도리·의리·예의라는 유교적 가치기준을 전제로 하는 외교이며, 통신사는 이러한 이념을 실천하기 위해 일본에 파견하는 '믿음[信]이 통通하는 사절[使]'이었다.

조선전기 일본사행 일람

회수	연대	사행명	정사	파견대상	사행목적	출처
1	1392		각추(승)	정이대장군	왜구 금지 요청	『선린국보기』
2	1399	보빙사	최운사	일본대장군	보빙	『정종실록』
3	1402			일본대장군	화호, 금적, 피로인 쇄환	『태종실록』
4	1404	보빙사	여의손	일본국왕	보빙	『태종실록』
5	1406	보빙사	윤명	일본국왕	보빙	『태종실록』
6	1410	회례사	양수	일본국왕	보빙, 부의	『태종실록』
7	1413	통신관	박분	일본국왕	사행도중 발병 중지	『태종실록』
8	1420	회례사	송희경	일본국왕	국왕사회례, 대장경 사급	『노송당일본행록』
9	1423	회례사	박희중	일본국왕	국왕사회례, 대장경 하사	『세종실록』
10	1424	회례사	박안신	일본국왕	국왕사회례, 금자경 사급	『세종실록』
11	1428	통신사	박서생	일본국왕	국왕사위, 치제	『세종실록』
12	1432	회례사	이예	일본국왕	국왕사회례, 대장경 하사	『세종실록』
13	1439	통신사	고득종	일본국왕	교빙, 수호	『세종실록』
14	1443	통신사	변효문	일본국왕	일본국왕사위, 치제	『세종실록』
15	1460	통신사	송처검	일본국왕	국왕사 보빙, 사행중 조난	『세조실록』
16	1475	통신사	배맹후	일본국왕	수호, 일본 내란 중지	『성종실록』
17	1590	통신사	황윤길	풍신수길	왜정 탐문	『해사록』

일본에 보내는 사절의 명칭에 통신이란 용어가 붙여진 것은 1413년부터였다. 하지만 이때는 통신관通信官이었고, 통신사의 명칭이 정식으로 사용된 것은 1428년부터이다. 통신사를 포함하여 조선전기 조선에서 일본에 사신 파견은 총 17회였고, 통신사가 쇼군을 만난 경우는 1428년, 1439년, 1443년, 1590년 4회뿐이다. 반면 일본으로부터 파견된 쇼군의 사신, 즉 일본국왕사日本國王使는 71회 파견되었다. 일본국왕사의 파견 횟수가 많은 것은 이들 중 상당수가 위사僞使(가짜 사절)였기 때문이다.

경상도의 저팬타운, 삼포

『해동제국기』에 실린 제포의 모습

1426년 삼포제도가 정비되면서, 조선에 오는 모든 왜인들은 한반도 동남해안의 세 포구(염포, 부산포, 제포)에 입항했다. 각종 명목으로 조선에 왔던 일본인들은 삼포에서 무역을 하면서, 우두머리들은 서울로 상경하여 조선 국왕을 알현했고, 일부는 일본으로 돌아가지 않고 삼포에 살게 되었다. 1471년 신숙주가 편찬한 『해동제국기』에는 삼포의 모습이 자세히 그려져 있고, 『조선왕조실록』에도 삼포 왜인들의 생활상이 기록되어 있다. 이에 따르면 삼포는 가히 조선시대의 '저팬 타운Japan Town'이라고 부를 만하다.

1470년 신숙주가 편찬한 『해동제국기』에는 왜인의 입항과 무역, 상경로와 방법, 절차와 접대, 서울에 묵었던 여관인 동평관東平館, 서울고지도에 남아 있는 왜관동의 유래, 체류 기간 동안의 생활, 국왕의 알현 등이 자세히 소개되어 있다. 『조선왕조실록』에도 온천을 즐기는 등 삼포 체류 왜인의 일상생활과 살던 집, 그리고 이들과 거래한 무역품 등이 기록되어 있다.

그렇다면 당시 삼포를 통해 어떠한 물자의 교류가 이루어졌을까. 조선에서 일본으로 가져간 물품은 쌀이나 콩 등 식량류와 명주·면포였다. 당시 일본에서 면포를 선호한 이유는 일본에서는 목화 재배가 이루어지지 않았고, 조선 면포가 감촉이 좋은 고급의류로서 선호되었기 때문이다. 반면 일본에서 조선으로 건너온 주요 물품은 구리인데, 조선에서는 놋쇠로 만든 식기를 사용했고, 동전과 금속활자 등 구리 수요가 많았기 때문이다. 그 외에도 남방산 소목蘇木(한약재)과 물소뿔, 후추 등이 수입되었다.

그러나 조선전기의 교린관계도 1592년 토요토미 히데요시의 조선 침략으로 단절되고, 이후 7년간의 전쟁과 그로 인한 전쟁의 상처는 일본을 불구대천不俱戴天의 원수로 각인시켰다.

신뢰를 무너뜨린 임진왜란

1592년, 조선통신사와 삼포에 의한 200년간의 우호교린이 임진왜란에 의해 깨진다. 임진왜란의 원인을 토요토미 히데요시 개인에게 돌리지만, 이로 인해 동아시아 국제질서인 책봉 체제가 무너졌다. 이것은 히데요시가 무로마치室町 막부의 외교 노선을 계승하지 않고 배신한 것이다. 히데요시는 조선통신사를 조공사朝貢使로 취급했다. 1592년 4월 13일, 부산 동래성을 함락한 일본군은 과거의 상경로를 통해 20일 만인 5월 2일, 한양에 입성했고, 6월 16일에는 평양을 점령했다.

그러나 일본군의 승리는 개전 초기 2달간이었고, 이후 7년간 고전을 면치 못했다. 의병과 민중의 저항, 이순신 장군의 활약 때문이었다. 일본군은 한반도 남부에 30여 개나 되는 왜성을 쌓고 장기전에 들어갔지만, 히데요시는 죽고, 조선의 승리로 끝났다. 그의 아들 히데요리는 전쟁 후, 히데요시가 쌓은 오사카성 후원에서 스스로 목숨을 끊었다.

7년간의 전쟁은 조선인에게 지울 수 없는 전쟁의 상흔을 남겼다. 전쟁 중에 여인들이 당한 수난을 그린 『동국신속삼강행실도』와 양국의 각종 기록들은 지금도 그 참혹함에 치를 떨게 한다. 또 조선인의 코와 귀로 만든 귀무덤耳塚 등, 이후 조선 사람은 일본인을 '불구대천의 원수'로 인식하게 되었다. 그러나 7년간의 전쟁을 통해, 조선 문화가 일본에 전달되는 계기가 되었다. 조선 도공들이 빚은 도자기는 일본 국보가 되었고, 약탈당한 고려불화나 조선종 등 많은 유물들이 지금도 일본에서 중요문화재로 전해진다.

통신사의 부활과 평화의 시대

임진왜란이 끝난 후, 1604년 조선에서는 도쿠가와 막부의 강화에 대한 진의를 살피기 위해, 승려 유정(사명대사)을 탐적사探賊使란 명칭으로 일본에 파견했다. 사명대사 일행은 교토에 가서 도쿠가와 쇼군의 강화에 대한 의지를 확인하고 피로인 3천여 명을 데리고 돌아왔다. 사명대사 일행의 귀국 후, 조선에서는 강화를 위한 세 가지 조건을 제시하였다. 일본국왕日本國王 명의의 강화요청서, 임란당시 왕릉도굴범의 소환, 그리고 조선피로인의 송환이었다. 이에 대해 일본은 국왕명의의 국서를 위조하고, 왕릉도굴범은 대마도의 잡범으로 대치했으며, 쇄환사 편에 피로인들을 6천여 명 정도 돌려보냈다. 물론 조선에서는 국서가 위조된 것이고, 도굴범도 잡범이라는 사실을 알았다. 그러나 조선의 요구가 수용되었다는 명분과 외교적인 실리를 얻기 위해 1607년 강화사를 파견하여 국교를 재개했다. 하지만 사절단의 명칭은 강화를 요청하는 쇼군 국서에 대한 회답과 피로인을 쇄환한다는 의미의 '회답겸쇄환사回答兼刷還使'였다. 이로부터 조선후기에는 총 12회의 조선 사절이 파견되는데, '통신사通信使'의 명칭이 다시 사용되는 것은 세 번째인 1636년부터이다.

통신사의 파견 목적은 막부쇼군의 습직이나 양국 간의 긴급한 외교문제를 해결하기 위한 것이었다. 그리고 통신사의 편성과 인원은 각 회마다 차이가 있지만, 대략 300명에서 500명이 넘는 대사절단이었고 평균 9

개월이 걸리는 대장정이었다. 이들은 서울에서 부산까지는 육로로, 그리고 부산에서 대마도를 거쳐 오사카까지는 해로로, 오사카에서는 다시 육로로 에도(江戶, 東京)까지 왕래하였다.

통신사 행렬의 장려함은 1636년 통신사를 직접 목격한 네덜란드 상관장 니콜라스의 기록에 상세히 묘사되어 있다.

먼저 무용과 피리·북의 주악이 행해지고, 그 후에 벼를 타작할 때 쓰는 것과 같은 큰 막대기를 가진 몇 사람이 두 명씩 지나가고, 그 양측에서 각각 금과 생사를 섞어 만든 망을 든 세 사람이 경호하고 있었다. 그 뒤에 약 30명의 젊은이가 말을 타고 뒤따랐다. 그리고 5~60명이 붉은 우단을 친 가마를 메고 따라갔다. 그 안의 탁자 위에는 칠을 한 상자가 있었고, 거기에는 조선 문자로 쓰여진 일본 황제에게 보내는 서한이 들어 있었다.… 재차 여러 종류의 악기를 연주하는 악대가 뒤따라 왔다.… 가마가 몇 대 지나가고, 검은 비단 옷을 입은 사절의 부관이 가마를 타고 지나갔다. 잠시 후 400명의 기사… 약 15분이 지나자 200명의 호위병이 따르고, 일본 귀족 일행이 가고,… 마지막으로 조선인의 화물과 선물을 운반하는 약 천 마리의 말… 이들의 행렬이 전부 통과하는 데는 약 5시간이 걸렸다.(『히라도네델란드상관일기(平戶オランダ商館日記)』)

당시 규슈의 히라도平戶에는 네덜란드 상관이 설치되어 있었는데, 상관장이던 니콜라스가 에도에 가던 중 만난 조선통신사의 행렬을 묘사한 것이다. 조선통신사를 안내, 호위하거나 짐을 나르기 위해 평균 3~4천여 명이 동원되었다고 한다. 이들을 모두 합쳐 행렬을 이루면 한사람의 거리를 1m만 잡더라도 전체 길이는 3~4km는 족히 될 것이다. 그래서 이 통신사 행렬이 전부 통과하는데 5시간이나 걸렸다는 것이다.

이러한 통신사가 조선후기 한·일 관계에서 갖는 의미는 대단히 크다. 정치 외교적인 의미뿐만 아니라, 통신사가 통과하는 객관에서의 한시문과 학술 교류는 한·일간의 문화 교류를 성대하게 했다.

이와 관련하여 1719년 통신사 제술관 신유한은 이렇게 기록하고 있다.

초사흘 임인, 식사 후, 유학자 10여 명이 대청에 모였다. 나는 세 서기와 함께 나가 서로 인사하고 앉았다. 좌중의 사람들 중에는 각각 장단률長短律 및 절구絶句를 베껴와서 나에게 주며 창화唱和를 요청했다. 즉시 모든 요청에 응하여 회답했다. 그가 부르면 나는 곧 화답하고, 혹 바꾸어서 장편이 되기도 했으며, 책상 위에는 시문 화답한 종이가 수북히 쌓였다. 김세만이 옆에 앉아서 쉴 겨를이 없이 부지런히 먹을 갈았다.

하루 중 만나는 사람은 대체로 3~4편을 얻었지만 혼자서 상대했고, 왼쪽에 응하고, 오른쪽에 답하고, 요청하는 사람들의 기대를 만족시키기 위해 독창성이 떠오르기를 기다리거나 윤색할 여유도 없었다. 다음날에도 십 수 명과 만나서 전날과 같이 창수했으며 한밤중이 되어서야 그쳤다.

그렇다면 일반서민들은 어떠했을까. 통신사의 기행문과 마찬가지로 현재 일본에는 통신사에 관한 많은 회화자료가 남아 있다. 예를 들면 풍속도 화가로 유명한 하네가와 도에이羽川藤永의 〈조선인래조도朝鮮人來朝圖〉가 고베의 시립박물관에 있다.

이 그림은 도쿄東京의 니혼바시日本橋를 지나고 있는 통신사 일행을 그린 것이다. 화면 중앙에서부터 좌측 뒤쪽에 후지산富士山과 에도성江戶城의 성곽이 보이고, 두부모를 잘라서 짜맞춘 듯이 이층집 지붕이 나란히 늘어서 있고, 그 사이를 통신사일행이 지나간다. 2층은 문을 닫아서 창틀만 눈

〈조선인래조도〉 도쿄의 니혼바시를 지나는 통신사 행렬과 이를 구경하는 일본인들의 모습을 화려하고 사실적으로 그린 그림이다.

에 띄지만, 1층에는 상가의 휘장 밑으로 에도의 시민들이 질서정연하게 앉아 있다. 양손을 들고 만세를 부르는 사람, 술이나 차를 마시는 사람, 어린 아이에게 젖을 먹이는 아낙네의 모습도 보이지만, 사람들은 통신사 행렬에 넋을 잃고 보고 있다. 그러나 길 중앙에 무사 한 사람과 개는 구경하는 사람들을 향하고 있다. 경비를 맡은 무사인지 봉을 들고 서 있는 사람과 개, 방수용 물통이 눈에 띄고, 통신사를 맞이하는 에도 시민들의 꼼짝도 하지 않는 모습이 잘 표현되어 있다.

2~30년 만에 한 번 오는 통신사의 장관을 놓치지 않으려는 서민들의 모습이다. 마치 지난번 88올림픽 때나 월드컵 경기 때 서울 시민의 열광하는 모습과 조금도 다를 바가 없다. 그리고 이러한 모습은 최근에 〈겨울연가〉나 '소녀시대'를 보는 현대 일본인들의 모습과 크게 다르지 않았을 것이다. 이러한 의미에서 조선통신사를 또 하나의 한류, 즉 '조선시대의 한

류韓流'로 표현하기도 한다.

물론 통신사가 한·일 관계의 전부는 아니었다. 조선에서는 부산에 왜관을 설치하여 무역을 통하여 필요한 물자를 교역했으며, 또 쓰시마 도주에게는 별도로 100명에서 150명 규모의 '역관사譯官使'를 51회나 파견하여 한·일 관계에서 쓰시마 도주의 입지를 세워주고, 한·일 간의 현안을 풀어갔다.

조선후기 일본사행 일람

순번	서기	조선	일본	임 무	총인원 (오사카 잔류인원)	일본 기행문	비 고
1	1607	선조 40	경장 12	강화,국정 탐색, 피로인 쇄환	467	『해사록』(경섬)	회답겸쇄환사
2	1617	광해군 9	원화 3	피로인 쇄환, 오사카 평정 축하	428 (78)	『동사상일록』(오윤겸) 『동사일기』(박재) 『부상록』(이경직)	회답겸쇄환사
3	1624	인조 2	관영 원	피로인 쇄환, 쇼군 습직 축하	300	『동사록』(강홍중)	회답겸쇄환사
4	1636	인조 14	관영 13	태평 축하	475	『병자일본일기』(임광) 『해사록』(김세렴) 『사록』(황호)	통신사 대군 호칭 사용 도쇼구 분향
5	1643	인조 21	관영20	쇼군 탄생 축하	462	『동사록』(조경) 『해사록』(신유) 『계미동사록』(작자미상)	도쇼구 분향
6	1655	효종 6	명력 원	쇼군 습직 축하	488 (103)	『부상일기』(조경) 『부상록』(남용익)	도쇼구 분향
7	1682	숙종 8	천화 2	쇼군 습직 축하	475 (113)	『동사일록』(김지남) 『동사록』(홍우재)	
8	1711	숙종 37	정덕 원	쇼군 습직 축하	500 (129)	『동사록』(조태억) 『동사록』(김현문) 『동사록』(임수간)	아라이하쿠세키 개정 (대군 – 국왕)
9	1719	숙종 45	향보 4	쇼군 습직 축하	479 (110)	『해사일록』(홍치중) 『해유록』(신유한) 『부상기행』(정후교)	개정 환원 (국왕 – 대군)
10	1748	영조 24	연향 5	쇼군 습직 축하	475 (83)	『봉사일본시문견록』(조명채) 『수사일록』(홍경해) 『일본일기』(작자미상)	
11	1763	영조 40	보력 14	쇼군 습직 축하	472 (106)	『해사일기』(조엄) 『계미사행일기』(오대령) 『일본록』(성대중)	최천종 피살
12	1811	순조 11	문화 8	쇼군 습직 축하	336	『동사록』(유상필) 『도유록』(김선산)	대마 역지통신

조선통신사를 통해 볼 때, 조선은 매우 적극적이며 주체적으로 한·일 관계를 전개했다고 볼 수 있다. 혹자는 조선전기와는 달리 조선후기에는 일본에서는 쇼군의 사신이 오지 않고 조선에서만 사신이 파견되었다고 해서 조선 외교가 저자세였다고 말하지만, 그것은 그렇지 않다. 왜냐하면 임진왜란 때 과거 일본국왕사의 상경로가 일본군의 진격로로 이용되었기 때문에, 조선에서는 일본인의 상경을 금지시키고 부산 왜관에서만 교역을 허가했기 때문에 서울에 올 수가 없었기 때문이다. 더구나 통신사 파견의 비용은 부산에서 출발하여 다시 부산에 돌아올 때까지 모든 왕복 비용을 일본에서 부담하였는데, 그 비용이 막부의 1년 예산과 맞먹었다고 한다.

침략의 전주곡

조선후기의 이러한 통신사행은 1811년에 끝이 났다. 그런데 그것도 쓰시마에서 약식으로 국서를 교환하는 역지통신易地通信이었다. 물론 그 이후 몇 차례에 걸쳐 쇼군직을 습직하였고, 그때마다 통신사 파견이 요청되었다. 그러나 일본 내의 사정에 의해 4차례나 연기를 하다가 결국 1868년 메이지유신을 맞게 되고, 한일 관계는 새로운 국면으로 접어들게 되었다. 이로써 통신사로 상징되었던 조선시대의 우호교린 교류도 끝이 났다.

교린관계의 종말은, 메이지유신을 알리는 일본 측의 서계로부터 비롯되었다. 메이지유신 직후, 일본에서는 천황天皇의 집권 사실을 알리고 메이지 외무성에서 한일 관계를 전담한다는 서계를 보내왔다. 그런데 서계의 양식이 이제까지와는 달리 일본천황을 한 단계 위에 놓고, 천황과 조선국왕이 외교관계를 맺을 것을 요구했다. 조선에서 외교관례상 이것을 거부하는 것은 당연한 일이었다. 조선에서는 쇼군이 집권하건 천황이 집권하건, 그것은 일본 국내의 사정이므로 조선은 단지 일본의 최고집권자와 대등한 관계를 하면 된다고 주장했다. 이에 대해 결국 일본은 무력을 앞세워 1872년 부산왜관을 점령했고, 이후 일방적으로 밀어붙이는 침략 외교에 의해 교린관계는 깨지고 말았다.

조선전기 통신사에 의한 200년간의 교린관계가 임진왜란에 의해 깨진 것처럼, 조선후기 260여 년간 교린관계도 일본의 일방적인 왜관 점령에 의해 종말을 고했다. 교린관계의 붕괴 과정은 다르지만, 일본의 일방적인 무력침공이라는 똑같은 행태가 반복되었던 것이다.

21세기의 한일 통신은?

한·일 양국에서는 20세기의 불행을 극복하고, 21세기의 출발을 새롭게 하자는 의미에서 2005년을 '한일 우정의 해'로 정했다. 양국 간의 외교적인 갈등에도 불구하고 하루 2만 명이 왕래하는 시대가 되었다. 김포-하네다 간에는 직항로가 개설되어 아침 8시부터 밤 10시까지 서울-도쿄 간을 수많은 여객기들이 오가고 있다.

그러나 일본의 극우 정치인들은 일본 국민을 선동하여 '독도'를 일본 땅이라고 부추기고, 일본군 위안부의 역사를 은폐하는 등 역사를 왜곡하여 양국관계를 깊은 수렁으로 몰아가고 있다. 한일 관계가 다시 불행해질지도 모른다.

이 모두 지나간 한일 관계의 역사적 경험을 무시하고 무의미하게 만드는 바보 같은 짓이다. 광복 70주년과 한일 수교 50년이 지난 지금 아직도 양국의 갈등이 계속되고 있는 이 상황에서 진정한 의미의 교린이 무엇인지, 어떻게 외교를 해야 하는지, '조선통신사'의 역사적 메시지에 다시한번 귀를 기울여 보자.

2. 조선통신사의 구성과 노정

통신사의 구성

통신사는 원칙적으로 조선국왕이 일본쇼군에게 파견한 사절로, 이들은 조선국왕의 국서와 예물을 지참하였으며, 신의를 통한다는 의미의 '통신사' 명칭을 사용했다. 사절단의 삼사(정사·부사·종사관)는 중앙의 관리로 임명했으며, 조선전기와는 달리 후기에는 회례나 보빙의 의미가 아니라, 막부 쇼군의 습직 축하나 긴급한 외교문제를 해결하기 위한 목적으로 파견했다. 통신사의 인원과 기간은 각 회마다 약간의 차이가 있지만, 400여 명이 넘는 대 인원이었고, 평균 9개월이나 걸리는 긴 여정이었다.

통신사 사행기간 일람

순번	년도	총인원 (오사카 잔류인원)	사행기간	순번	년도	총인원 (오사카 잔류인원)	사행기간
1	1607	467	출발 : 1607. 1. 12 복명 : 1607. 7. 17 기간 : 6개월 5일	7	1682	475 (113)	출발 : 1682. 5. 8 복명 : 1682. 11. 16 기간 : 6개월 8일
2	1617	428 (78)	출발 : 1617. 5 하순 복명 : 1617. 10 하순 기간 : 5개월	8	1711	500 (129)	출발 : 1711. 5. 15 복명 : 1712. 3. 9 기간 : 11개월 24일
3	1624	300	출발 : 1624. 8. 20 복명 : 1625. 3. 23 기간 : 7개월 3일	9	1719	479 (110)	출발 : 1719. 4. 11 복명 : 1720. 1. 24 기간 : 9개월 13일
4	1636	475	출발 : 1636. 8. 11 복명 : 1637. 3. 9 기간 : 6개월 28일	10	1747	475 (83)	출발 : 1747. 11. 28 복명 : 1748. 윤7. 30 기간 : 9개월 2일
5	1643	462	출발 : 1643. 2. 20 복명 : 1643. 11 기간 : 9개월	11	1763	472 (106)	출발 : 1763. 8. 3 복명 : 1764. 7. 8 기간 : 11개월 5일
6	1655	488 (103)	출발 : 1655. 4. 20 복명 : 1656. 2 .28 기간 : 10개월 8일	12	1811	336	출발 : 1811. 2. 12 복명 : 1811. 7. 27 기간 : 5개월 15일

통신사의 파견 절차는 먼저 일본에서 새로운 막부쇼군의 승습이 결정되면, 쓰시마 도주는 막부의 명령을 받아 '관백승습고경차왜關白承襲告慶差倭'를 파견하여 조선에 그 사실을 알려온다. 그리고 곧이어 다시 통신사 파견을 요청하는 '통신사청래차왜通信使請來差倭'를 파견한다. 이에 따라 조선에서는 예조에서 논의한 뒤, 통신사 파견을 결정한 후, 이 사실을 부산의 초량왜관에 알려 쓰시마에 통보하도록 한다. 통신사가 서울을 출발하여 부산에 도착하면 다시 쓰시마에서 파견된 '신사영빙차왜信使迎聘差倭'의 안내를 받아 쓰시마에 도착한 후, 쓰시마 도주의 안내와 호위를 받으며 쇼군이 있는 에도江戸까지 왕복한다. 이들이 임무를 마치고 쓰시마로 돌아오면 그곳에서 부산까지는 다시 '신사송재판차왜信使送裁判差倭'가 이를 호행하여 무사히 사행을 마치도록 했다.

통신사의 구성

관급	직책	인원	역할
삼사	정사	1	사행의 총책임자
	부사	1	정사를 보좌하는 부책임자
	종사관	1	정·부사의 보좌, 사행일지의 기록 보고, 불법행위 단속
상상관	당상역관	3	당상관인 왜학 역관으로 통역의 최고 책임자
	상통사	3	통역관중 상급 책임자로 통역과 물품 관리
상관	제술관	1	글재주가 뛰어난 자로 필담창화
	양의	1	사절단의 주치의, 의학교류도 담당
	차상통사	2	중급 통역자
	압물관	4	예물과 교역품 관리, 통역
	사자관	2	글씨를 잘 쓰는 자로 문서의 필사를 맡음
	의원	2	사절단의 주치의
	화원	1	그림을 그리는 사람
	자제군관	5	삼사의 아들이나 친척
	군관	12	사행단의 호위와 군사의 지휘
	서기	3	문서의 기록 담당, 필담창화
	별파진	2	화포를 다루는 군관
차관	마상재	2	말을 타고 기예를 부리는 사람
	전악	2	음악에 관한 일을 담당
	이마	1	말을 다루거나 돌보는 사람
	반당	3	사신이 자비로 데려가는 하인
	선장	3	삼사 배(기선)의 항해 책임자

	복선장	3	짐을 실은 배(복선)의 항해 책임자
	배소동	19	심부름 하는 소년
	노자	52	잔심부름을 하는 하인
	소통사	10	하급 통역관
	도훈도	3	사행의 군졸 관리와 사무 처리
	예단직	1	각종 예물 관리
	청직	3	삼사의 잡일이나 시중을 맡은 청지기
	반전직	3	반전(여행경비) 관리
	사령	18	하급 병사
	취수	18	나팔이나 피리 등을 부는 사람
	절월봉지	4	절임금의 명령을 받은 것을 의미하는 기)과 부월(생사권을 상징하는 도끼를 들고 행진하는 자
	포수	6	총포를 가진 자
	도척	7	요리사
중관	사공	24	선원
	형명수	2	'형명기(국왕기)'를 들고 가는 기수
	독수	2	소꼬리·꿩꼬리로 장식된 의장기를 들고 가는 기수
	월도수	4	'언월도(반달 모양의 칼)'를 들고 가는 기수
	순시기수	6	'순시'의 깃발을 들고 가는 기수
	영기수	6	'영'의 깃발을 들고 가는 기수
	청도기수	6	'청도'의 깃발을 들고 가는 기수
	삼지창수	6	'삼지창'을 가지고 가는 자
	마상고수	6	말 위에서 북을 치는 자
	동고수	6	꽹과리를 치는 자
	대고수	3	큰 북을 치는 자
	삼혈총수	3	'삼혈총'을 가진 자
	세악수	3	장구, 북, 피리, 깡깡이를 연주하는 자
	쟁수	3	징을 치는 자
하관	풍악수	18	행렬 때 풍악을 연주하는 자
	도우장	1	가축을 잡는 자
	격군	270	노를 젓거나 허드렛일을 하는 선원
총계		571	

• 통신사의 총원은 『증정교린지(增訂交隣志)』에 의하면 571명이었으나 실제 인원은 사행 때마다 차이가 있음.

통신사의 노정

창덕궁(조선전기는 경복궁)에서 국왕의 어명을 받은 통신사 일행은 일본쇼군에게 보내는 국서와 예물을 소지하고 한양(서울)을 출발하여 에도(도쿄)까지 가서 쇼군을 알현하여 조선국왕의 국서를 전달하고 쇼군의 회답서를 받은 뒤, 갔던 길을 다시 되돌아 한양까지 돌아와 국왕에게 복명하면 통신사의 임무를 마치게 된다.

왕명을 받은 통신사 일행은 숭례문을 나와 남관왕묘를 지나 용산에서 한강을 건너 양재를 거처 부산으로 향했다. 1763년 통신사행의 서기 원중거의 『승사록乘槎錄』에 수록된 도로 총목록은 다음과 같다.

양재 30리~판교 25리~용인 35리~양지 50리~죽산 60리~무극 40리~숭선 35리~충주 50리~안보 50리~문경 40리~유곡 40리~용궁 40리~예천 40리~풍산 40리~안동 30리~일직 30리~의성 40리~의흥 55리~신녕 40리~영천 40리~모량 50리~경주 30리~구어 45리~울산 40리~송당 50리~동래 60리~부산 20리

합하여 육로 1,095리

사수포佐須浦(사스나) 480리~대포大浦 20리~서박포西泊浦(니시도마리) 50리~금포今浦 50리~대마부對馬府(이즈하라) 180리~풍본포風本浦(가쓰모토) 480리~남도藍島(아이노시마) 350리~남박南泊 180리~아카마세키赤間關(시모노세키) 30리~실우室隅 300리~조관竈關 50리~진화津和~해로포海老浦 30리~겸예鎌刈(시모카마가리) 30리~충해忠海 100리~도포稻浦 90리~일비日比 140리~우창牛窓(우시마도) 140리~실진室津(무로쓰) 100리~병고兵庫(효고) 180리~하구河口 100리

합하여 해로 3,190리

대판大坂(오사카) 30리~평방平方 50리~정성淀城(요도우라) 40리

합하여 강로江路 120리

왜경倭京(교토) 40리~대진大津(오쓰) 40리~수산守山 50리~팔번산八幡山 45리~언근彦根(히코네) 55리~금수今須 60리~대원大垣 40리~우기于起 50리~명고

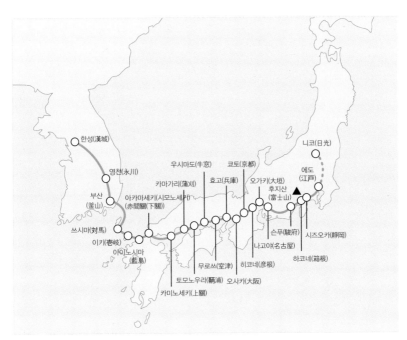

조선통신사 노정도 에도~니코 구간은 예외적으로 가던 길이다.

옥名古屋(나고야) 60리~명해鳴海 45리~강기岡碕 40리~적판赤坂 40리~길전吉田

30리~황정荒井 50리~빈송濱松 40리~견부見付 40리~현천懸川 40리~금곡金

谷 40리~등지藤枝 30리~준하부駿河府 50리~강고江尻 30리~길원吉原 70리~

삼도三島(미시마) 60리~상근령箱根嶺(하코네) 40리~소전원小田原(오다하라) 400리~대

의大磯 40리~등택藤澤 40리~신내천神奈川(가나가와) 45리~품천品川(시나가와) 45리

~강호江戸(에도) 35리

합하여 육로 1,330리

　　수로와 육로를 모두 합하여 5,735리이고, 왕복 11,470리이다. 이것을
현재의 거리 계산법에 의해 10리를 4km로 환산을 해보면 4,588km이다.
편도만 해도 2,000km가 넘는 대장정이다.

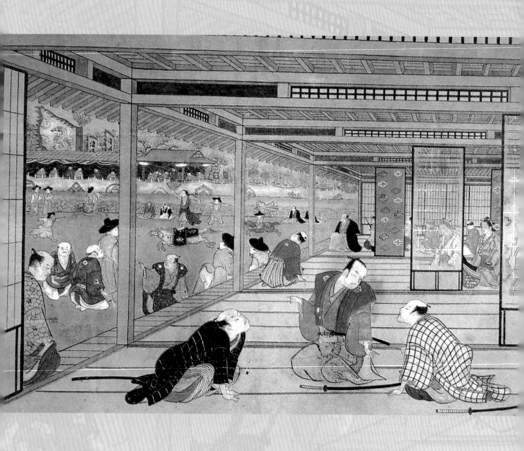

〈마상재도(馬上才圖)〉 고려미술관 소장.

조선통신사는 에도에서 마상재 공연을 하였다. 마상재는 판화로도 제작되어 에도 서민에게 널리 보급되었다.

제2부

조선통신사의
옛길에서 미래를 읽다

1. 어명을 받들고 길을 떠나다

(한양 ~ 영천 ~ 부산)

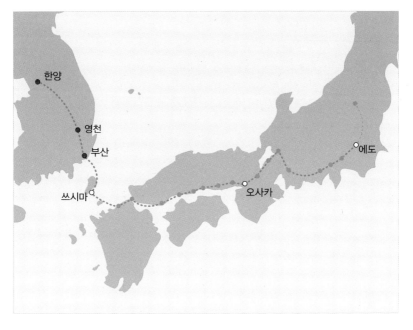

창덕궁

1719년(숙종 42) 4월 11일, 제술관 신유한 일행은 창덕궁에서 숙종을 알현하고 하직인사를 했다. 그 상황을 신유한은 『해유록海遊錄』에 다음과 같이 기록했다.

세 사신 이하 모두 대궐에 나아가 절하고 하직하였다. 제술관, 역관, 사자관 외 군관과 서기는 대궐에 나아가 절하고 하직하지 않는다. … 세 사신이 국서를 받들고 절節과 부월斧鉞을 받아 숭례문을 나와 관왕묘에 이르러서는 일행이 푸른 도포로 바꾸어 입었다.

창덕궁 인정전 조선후기의 통신사들은 이곳에서 임금의 국서를 받고 장도를 시작했다. 조선전기에는 경복궁에서 임금께 하직인사를 했다.

조선시대 국왕이 집무하던 궁궐은 조선전기는 경복궁, 조선후기는 창덕궁이었다. 태조 이성계가 조선왕조를 건국하고 한양에 천도한 이후부터 경복궁이 정궁이었다. 그러나 임진왜란 때 경복궁이 불에 탄 이후 고종 때 다시 중건될 때까지 창덕궁이 정궁이 되었다. 그래서 조선후기의 통신사는 모두 창덕궁에서 국서를 받고 하직인사를 했다.

그런데 일본사행은 중국사행과는 달리 모두 기피하였다. 절반 이상이 바닷길로 목숨을 담보해야 했으며, 또한 왜구로부터 임진왜란에 이르기까지 노략질과 전쟁을 일삼던 야만의 나라, 하늘 아래 같이 살 수 없다던 불구대천 원수의 나라로 가는 길이었기 때문이다. 실제로 1763년 정사로 임명되었던 정상순은 늙은 어미의 병을 핑계로 사행을 거부하다가 3년간 김해에서 유배생활을 하기도 했다.

다음은 1655년 통신사 사절단 남용익 일행에게 효종이 무사귀환을 당부하며 했던 말이다.

대궐을 하직하는데 임금께서 세 사신을 희정당에서 의식을 갖추어 만나보고 이르기를, "이 걸음은 북경에 가는 것과 달라 내가 애처롭게 여긴다. 너희는 모름지기 협력하여 잘 다녀오기 바란다" 하고 납약, 호랑이 가죽, 기름 먹인 종이, 활과 화살, 후추, 부채 등의 물건을 하사했다.(『해사록』, 4월 20일)

납약은 청심환, 안신환, 소합환 등 소화불량과 토사곽란, 열병에 효험이 있는 약이다. 여행의 상비약을 챙겨준 셈이다.

통신사 일행이 국왕을 하직하는 모습을 1763년 통신사 정사였던 조엄은 『해사일기海槎日記』에서 다음과 같이 전했다.

아침 해 뜰 무렵에 조정을 하직하고 양재역에 닿았다. 향香을 맞이하는 일을 파한 뒤에 상이 숭현문崇賢門에 납시어 통신사로 가는 세 사신을 입시하도록 하였다. 정사 조엄·부사 이인배·종사관 김상익이 차례로 앞에 나아갔다. 상이 친히 '두 능의 송백[二陵松柏]'이란 글귀를 외우면서 목이 메고 눈물을 머금어 감개하는 뜻을 나타내시며 친히 "잘 갔다오라[好往好来]"는 네 글자를 써서 세 사신에게 각각 주었다. 이렇게 사신의 마음을 위로해 주시니, 선대를 생각하는 효성과 신하를 자식처럼 여기는 생각이 사람들로 하여금 스스로 감동되어 간절히 흠모하고 감탄하게 한다. 또 면전에서 세 사신에게 호피虎皮·활·살·후추[胡椒]·환약丸藥·유둔油芚을 차등 있게 내주게 하였다. 신 등이 장막 앞에서 하직하며 황송스럽게 나오니 상께서 단 위에 오랫동안 서서 바라보며 전송하는데, 그 은덕이 매우 우악하여 더욱 임금을 생각하는 구구한 정성을 감당할 수 없게 하였다.

영조의 통신사 파견에 대한 생각과 마음을 단적으로 보여주는 대목이다. 인용문의 앞부분에 나오는 '두 능의 송백'이란 서울에 있는 선릉과 정릉의 두 능에서 벌어진 일본군의 도굴 사건을 말한다. 임진왜란 당시, 성종의 비 정현왕후의 능인 선릉과 중종의 능인 정릉이 일본군에 의해 도굴되고 파헤쳐졌던 것이다. 이런 치욕에도 불구하고 일본에 통신사를 파견하여 교린을 해야 하는 조선의 입장을 읽을 수 있다.

신유한은 『해유록』에서 자신이 제술관으로 임명 받던 날을 다음과 같이 기록하여 그 심정을 토로했다.

일본의 관백 원길종源吉宗이 새로 즉위하여 대마도 태수 평방성平方誠을 시켜 동래 왜관에 사신을 보내왔다. 새 임금이 나라를 이어 받았으니 예전처럼 국서를 받들고 와서 이웃나라끼리 친목을 도모하기를 청하므로 조정에서 허락하였다. 그리하여 호조참의 홍치중을 통신사의 정사, 시강원 보덕 황선을 부사, 병조정랑 이명언을 종사관으로 삼았다. 국서와 예물, 사신의 행차를 돕는 보좌관과 기술자, 노역군 등 데리고 갈 사람의 수는 1682년의 전례를 따르도록 했다. 이 행차에 세 사신은 군관, 서기, 의원을 두었으며, 특별히 제술관 한사람을 두었다. (중략)

근래에 들어 왜인들이 문자를 즐기는 취미가 왕성하여, 부러워하고 사모하는 사람들이 무리를 이루어 학사學士니 대인大人이라 부르면서 시문詩文을 청하느라 거리가 메이고 문이 막힐 지경이다. 그들의 말에 응대하거나 우리나라 문화를 알리는 일이 제술관製述官에게 달려 있어 일이 번잡하고 책임이 크다. 또 제술관은 사신의 아래에 있으면서 만 리의 바다를 건너가 역관의 무리와 더불어 왜인들 사이를 드나들며 일을 보아야 하니 고생이 이만 저만이 아니었다. 그래서 사람들은 모두 이 직책을 칼날이나 화살처럼 무서워하여 피해왔다.

도쿠가와 막부의 제8대 쇼군 도쿠가와 요시무네德川吉宗의 습직은 이미 1716년 8월에 이루어졌다. 그리고 전례에 따라 조선에 쇼군의 습직을 축하하는 통신사의 파견을 조선에 요청했다. 조선통신사의 파견 요청은 그 이듬해인 1717년 5월에 대마도주 소우 요시미키宗義方를 통해 전달되었다. 내용은 통신사의 파견을 그로부터 2년 후인 1719년에 이루어지도록 해달라는 것이었다.

당시 조선은 숙종이 노령인데다가 흉년과 역병에 시달리고 있었다. 그러나 조선에서는 대일 교류가 전례에 따라 원만하게 이루어지는 것에 반대하지 않고, 곧바로 쓰시마번과 논의를 거쳐 통신사를 파견하는 절차인 〈통신사강정절목通信使講定節目〉을 정하였다.

통신사강정절목

〈통신사강정절목〉은 국서 형식, 쇼군 호칭, 일광산日光山 분향 중지, 예물, 인원 등 30항목에 걸친 여러 규정으로, 양국 간의 외교적 접촉에 의해 통신사 파견 전에 미리 정하는 것이 관례였다. 1719년의 통신사 파견 때는 다음과 같은 내용들이 규정되었다.

- 관백의 호칭 및 국서 내외 면의 예식은 임술년(1682)의 예에 따른다.
- 장군의 호칭은 대군大君으로 하고, 국서의 문체식 및 어후, 어보를 내외 면에 적는 형식은 모두 임술년의 예와 같이 한다.
- 일광산日光山 분향은 하지 않는다.
- 신사 일행의 수는 임술년의 수를 따른다.
- 바다와 육지[海陸] 곳곳에서의 접대는 양국의 큰 에이프로 관직이 높은 사람으로 접대하게 하며, 숭경崇敬의 도를 잃지 않게 한다. 삼사신은 일

행에게 분부하여 비례非禮·능모凌侮의 폐단이 없도록 한다.

ㅡ. 사행원 중에 방자하게 범금을 하거나 염치를 모르는 자가 있으면, 세 사신에게 고하여 행차가 끝난 후 대마도 사람은 대마도에서 처리하고, 조선인은 세 사신이 처리하도록 한다.

ㅡ. 사신은 조선의 명신名臣으로 대소사에 통달치 않음이 없으나, 일본의 풍습에는 상세하지 못하다. 일본은 자고로 조선으로부터 돌봄과 은혜[恩春]를 받아 교린을 해왔으므로, 통신보다 더 큰 일이 없다. 무릇 모든 사무는 반드시 정지할 수 없으며, 앞으로의 통신도 이상이 없도록 하면, 양국에 이보다 큰 다행함이 없다. 이 뜻을 일본의 조정에도 고하고 세 사신에게도 전하여 양편을 돕도록 한다.

ㅡ. 위의 각 항의 강정절목은 일일이 강호江戸의 지시를 받은 후에 대소사를 거행하여 논란이 없도록 한다.

위의 내용 가운데 '장군(쇼군)의 호칭은 대군으로 한다'는 내용은 그 이전에는 국왕國王이라는 호칭을 사용하기도 했기 때문이다. 1719년 사행 때부터 다시 '대군'으로 바뀌었음을 알 수 있다. '일광산 분향 폐지'는 통신사 일행이 도쿠가와 이에야스의 묘와 사당에 분향하던 것을 폐지한다는 말이며, 그 이전 세 차례(1643, 1656, 1682) 일본의 요구로 분향을 한 적이 있었다.

신유한이 포함된 통신사 일행은 475명으로 편성되었으며, 4월 11일 한양을 출발하여 그 이듬해 1월 24일 한양으로 돌아와 복명하였다. 9개월 13일이 걸린 대장정이었다.

통신사 일행은 창덕궁에서 국왕을 하직하고는 숭례문(남대문)을 나와 남관왕묘에서 옷을 갈아입고 통신사행의 긴 여정을 시작했다. 관우의 영정을 모신 관왕묘는 4대문 밖에 네 곳이 있었는데, 남대문 밖에는 남관왕묘가 있었다. 조선시대에는 왕명을 받드는 사신들은 남관왕묘에 이르면 일단 도성을 벗어나는 의식을 치르는 것이 일반적인 상례였다.

이후 용산을 거쳐 한강을 건넜는데, 신유한처럼 가족이 지방에 있는 경우와 달리, 서울이 집인 이들은 가족들이 한강 나루까지 나와 한바탕 울면서 헤어졌다. 1682년 통신사 역관 김지남의 『동사일록東槎日錄』에는 가족과의 이별 장면을 다음과 같이 기록했다.

아들 경아는 이미 강 머리에 나갔고, 그 밖의 아이들은 숨어서 슬퍼 우느라 불러도 와서 보지 않는다. 문을 나서니 현과 순, 두 아이가 옷자락을 잡고 슬피 울고, 아내는 얼굴을 가리고 운다. 한강 건널목에 도착하니, 형님이 술한 그릇과 제호탕을 가지고 와서 기다린다. 대소가 친척들도 많이 전송을 나왔다. 이번 길이 연행 길과는 다르다는 것을 이것만으로도 알 만하다.

한강을 건넌 통신사 일행은 첫 숙박지인 양재역에 이르렀다. 말죽거리라고도 불리는 이곳은 조선시대에 한양에서 충청도·전라도·경상도 등 삼남으로 가는 교통의 요충지였다. 말죽거리란 이름은 먼 길을 떠나기 전에 신발 끈을 다잡아 메고, 말에게 죽을 끓여 먹인 곳이라 해서 붙여진 이름이라 한다.

통신사 일행은 이후 용인, 충주를 거쳐, 새조차 지나가기 힘들다는 문경새재를 넘어 경상도에 이르렀다. 문경새재를 넘는 모습을 신유한은 "비를 맞으며 조령鳥嶺에 오르는데, 고갯길이 흙이어서 말발굽이 빠지므로 가기가 매우 힘들었다. 고개 위에 초가집을 만들어 놓고 일행이 말 갈아타는 처소로 삼았다"고 기록했다.

전별연

통신사 일행이 문경새재를 넘기 전 충주 관아에서는 특별히 전별연을 베풀어 이들을 위로하기도 했다. 전별연이란 보내는 쪽에서 특별히 예를 갖추어 작별할 때 베푸는 잔치를 말한다.

1624년 강홍중은 『동사록』에서 충주의 전별연을 이렇게 기록했다.

아침에 흐림. 충주에서 머물렀다. 고을 수령에게 제물상祭物床을 얻어 근처에 있는 외증조 산소에 참배하려 하였는데, 달천에 당도하니 냇물이 불어 건너지 못하고 돌아왔다. 오후에 도사가 연향을 대청에서 베풀어 정사 이하 여러 군관이 모두 참석하였다. 이 연향은 충주에서 판비를 담당하고, 청주에서 보조했다.(8월 26일)

문경새재를 넘은 후, 일행은 경상우도로 접어 들어 안동·영천·경주를 거쳐 동래로 향했다. 동래에 도착하기 전에 통신사 일행은 약속된 날에 모두 영천에 모여, 요즈음 말로 하면 통신사 예행연습 리허설을 하였다. 통신사 행렬을 총점검하는 의식이었고, 이 행사 중에 마상재의 공연은 당연히 일품이었다. 1763년 통신사 서기 원중거는 『승사록』에서 그 모습을 다음과 같이 기록했다.

영천은 전례로 도회읍都會邑이라 칭한다. 바다를 건너는 사람은 뱃사람 외에 모두 여기에서 모이기 때문이다. 본도 감사가 전례에 따라 전별연을 베풀었기 때문에 세 사신과 감사가 조양각에 모였다. 조양각은 남쪽 고장의 명승지이다. 층층벽 위에 있는데 앞으로 큰 내와 빈 들이 있고, 그 너머 산들이 점철되어 있다.

마상재 연습 때문에 관광하려는 남녀가 여러 군에서 다 모여들어 사방으로 빼곡하게 둘러섰고 각 차사원과 부근 수령 역시 많이 와서 모였다. 이윽고 연례를 행하였다. 빈주가 지형에 따라 나누어 앉았는데 각기 높이 괸 음식상을 받았다. 네 문사는 동쪽을 바라보고 줄지어 앉았고, 높이 괸 음식상이 있었는데 등급에 따라 차이가 있었다.

기악을 성대히 펼치니 도내의 명기가 모두 모여 각기 기예를 떨쳤다. 경주가 최고였고 안동이 그 다음이었다. 나는 안질 때문에 먼저 들어가고 나머지 사람들은 흥을 타 즐거움을 다하느라 새벽이 되어서야 파하였다.

연례를 행할 때 땅이 협착하여 군관, 의원, 통역은 각기 거처에서 음식상을 받았다. 송라 팔방 남범수, 소촌 찰방 박사복은 모두 조양각 위에서 대면하였다. 이날 역마 역시 바꾸었고, 나는 사근마를 탔다.

각 행차 소속과 관광하러 온 자를 합치니 만 명이나 되었다. 복식과 기용의 신선함을 경쟁하며 자랑하고, 여악에 따라서 마음껏 펼치니 예로부터 통신사행에서 매번 영천을 도회라고 일컫던 까닭이 여기에 있었다. 나물과 떡을 파는 자들 역시 때를 얻었다 여겼고 잡화를 파는 무리가 떼를 지어 내와 언덕을 둘러싸고 있어 좋은 구경거리가 되었다.

통신사행원들은 국내에서 대체로 서울·영천·부산 등 3곳에서 집결을 했다. 1차 집결지는 서울 남대문 밖의 남관왕묘나 전별연이 열렸던 한강 나루터에서 집결하는 것이 관례였다. 그러나 이 경우 인원은 전체 인원의 1/4 수준인 100여 명에 지나지 않았다. 그런데 2차 집결지인 영천에서는 뱃사람 이외에 사람이 모두 집결한 것으로 기록에 나타난다. 따라서 배에 관련된 사람이나 부산권 이외 지역의 사람들은 영천에 모여 통신사행을 위한 점검을 하고, 국가 차원의 공식적인 전별연을 개최하였다.

원래 전별연은 충주·안동·경주·부산 등 4곳에서 베풀었지만, 경제적인 부담으로 인하여 1655년 이후에는 충주·안동·경주 대신 경상감사와 경상좌수사가 각각 주관하는 전별연을 영천과 부산에서만 열었다. 조엄은 『해사일기』에서 영천의 전별연에 관해 이렇게 기록했다.

영남관찰사 김상철 공이 조양각에 와서 전별연을 베풀어 주었다. 개령, 안음, 칠곡에서 주연상을 나누어 준비하였고, 안동, 의성, 경주 및 본 현에서 기생과 악공을 모두 불러 모았다. (중략) 앞 길거리에서 마상재를 공연하였는데 구경하는 사람들이 인산인해를 이루었으니 여러 도에서 다 몰려왔다.

인근의 여러 군이 함께 준비한 전별연이 악공의 연주와 기생 놀이는 물론 마상재 공연까지 덧붙여져 요즈음 말로 지역민의 축제가 열렸던 것이다.

영천에서의 예행연습

영천에서의 전별연은 1607년 회답겸쇄환사의 기록에서부터 나타나는데, 마상재 공연이 함께 이루어진 것은 1636년 통신사부터이다. 마상재는 『무예도보통지武藝圖譜通志』(1790)에 수록된 조선 전통무예 24가지의 기예중 하나로 말 위에서 재주를 부리는 기예, 또는 그 기예를 부리는 사람을 말한다. 마상재는 일본에서도 매우 인기가 있어, 일본에 가서도 3차례나 공연을 했다. 특히 막부쇼군이 특별히 선호하여 각별히 준비를 하였다. 통신사행 중에 이루어진 마상재의 국내 공연은 안동·영천·부산에서 개최하였다.

지금도 영천에서는 매년 10월 '조선통신사와 마상재' 축제를 조양각과 금호강 남천 강변공원에서 개최하고 있다.

영천의 조양각과 남천강변 통신사 일행은 이곳에 집결하여 마상재 공연 등 일종의 리허설을 마친 후 부산으로 향했다.

한양에서 부산 동래까지의 일정은 날씨나 지방관아의 형편, 통신사의 개인적인 상황에 따라 달랐지만, 빠르면 20일 정도 늦으면 40일 정도가 걸렸다. 중간에 친지나 가족을 만나고 조상의 묘소에 성묘 하는 등 개인적인 볼일도 보고, 또 필요한 물품을 챙길 필요도 있었다. 그런 뒤에 영천이나 동래로 집결하였다.

영천의 고지도 1872년 지방지도인 〈영천군전도〉의 일부.

제술관 신유한의 경우도 집이 경상도 고령이어서 도중에 부모님과 가족에게 하직인사를 하였다.

나는 집이 고령이기 때문에 미리 지름길로 가서 부모님을 뵙고, 바로 부산의 배가 떠나기를 기다리는 곳으로 가기로 하였기 때문에 여기서부터 길이 나뉘었다. (중략)

21일, 집에 도착하여 10여 일을 머물면서 대략 행장을 준비하는데, 고을 수령 이세홍이 나와 집안 대대로 교분이 있어 자못 성대하게 돌봐주었다.

5월 7일, 아침에 비 오다가 늦게 갰다. 나는 드디어 표정을 환하게 짓고 웃으면서 어머님께 하직인사를 드렸다. 말을 타고 나오자, 어린아이가 영문도 모르면서 나를 보고 눈물을 흘리며 운다. 무슨 말로 달래야 할지 몹시 힘이 들었다.

고령의 집을 떠난 신유한은 길을 재촉하여 5월 13일 부산에 도착하였다. 지금은 부산이지만 당시는 동래였다. 4월 11일에 국왕을 하직하고, 한양을 떠나 5월 13일에 부산에 도착하였으니 32일 만에 부산에 도착한 것이다.

부산에 도착한 뒤에는 경상좌수영의 좌수사가 간단한 환영 연회를 베풀어 주었다.

일찍이 출발하여 부산에 도착하였다. 좌수사 신명인이 객사에서 잔치를 베풀어 주었다. 세 사신이 흑단령을 갖추어 입고 좌수사와 마주 앉았다. 일행의 원역 및 군관·서기가 차례로 좌석을 정하여 꽃상에 잘 차려진 상을 받았다. 사신이 내가 도착했다는 말을 듣고 곧 공복을 갖추고 들어와 참석하라 하므로, 또한 자리에 들어가 접대를 받았다. 살펴보니 경주·동래·밀양 고을 기생들이 음악에 맞추어 번갈아 춤을 추었다. 집이 떠나갈듯 웅장한 음악소리에 많은 구경꾼이 성 안을 가득 메웠다. 밤중이 되어서야 파하고 성밖 민가에서 유숙하였다.

부산에 도착한 통신사 일행은 선단이 출항하기 전에 다시 예행연습을 했다. 이번에는 통신사가 타고 갈 배의 시험운항까지를 곁들인 그야말로 총연습이었다.

날이 갰다. 이날은 바로 예조에서 택일한 배를 타기 좋은 날이다. 사신이 어떤 일로 상소문을 올렸는데, 아직 하교를 받지 못하였고, 또한 남풍이 가로막고 있어 바다를 건널 수는 없었다. 하지만 바다를 건널 배를 시험하는 전례가 있었다.

아침밥을 먹은 뒤 세 사신이 용정을 받들고 절월과 고취를 갖추어 하나하나 일본에 들어가는 의식과 같이 하였다. 사신이 배 위 타루柁樓에 올라가 장막을 걷고 앉고, 모든 관원들도 앉았다. 나는 최근의 전례를 적용받아 정사의 배에 탔다. 항구에서 일시에 돛을 올려 20리쯤 나아가 큰 바다의 어구에 이르렀다. 노를 저어 배를 전진시키려 했으나, 역풍이 일고 물결이 세어 전진하지 못하고 모두 절영도에 정박하였다.

정사의 배에 오른 신유한은 처음으로 멀리 쓰시마의 산천을 바라보았다. 그리고는 두보의 시를 차운하여 일본을 향해 배를 띄우는 심정을 호기롭게 읊었다.

절월은 사신이 지금 받들었고	節鉞公今仗
주머니 송곳을 내가 감히 속이리	囊錐我敢誣
조그마한 글재주로 수행원이 되었으니	雕蟲參末椽
천리마의 꼬리에 붙어 먼 길을 가는구나	附驥騁長途
교서관에서 입직을 그만두고 있다가	藜火初辭直
짐을 싸서 다시 선비에 끼었네	荷衣更厠儒
시와 서로 오랑캐를 가르치겠지만	詩書詔蠻貊
집과 가족은 강호에 남겨 두었네	家室寄江湖
돛대 하나 아침에 문득 띄우면	一棹朝還放
삼신산을 저녁에 넘을 수 있으리	三山夕可逾

멀리멀리 딴 고장을 지나	悠悠經絶俗
차례차례 이름난 곳을 찾으리	歷歷訪名區
신명나게 구경을 하며	灑落供神賞
날고뛰며 웅장한 뜻을 마음껏 펼치리	飛騰協壯圖

봉래섬 구름 깊은 곳, 해 뜨는 곳 일본으로 가는 길이라고 표현한 통신사의 길, 비록 몸은 괴롭지만 정신은 상쾌하고 마음은 즐거운 길이라며 신유한은 통신사행의 기개를 이렇게 노래했다.

영가대의 해신제

예행연습을 마친 통신사 일행은 출항을 위한 준비를 하면서, 항해의 안녕을 기원하는 해신제를 지내게 된다.

영가대에서 해신제를 지내니, 전례에 따른 것이다.

영가대는 부산성 서쪽 큰 바닷가에 있다. 열길 남짓한 높은 언덕에 웅장한 누각이 공중에 솟아있다. 아래로 내려다보니 누선, 절모, 고각, 자리, 장막 등 사신 행차에 따르는 성대한 기구와 복장이 빽곡하게 그 밑에 빙둘러 서 있었다. 빽빽한 그 모습이 마치 무성한 숲과 같았다.

해신제의 날짜가 정해지자, 사행원들은 위아래 가릴 것 없이 모두 하늘에 맹세를 하며 몸과 마음을 경건히 했다.

아아, 여섯 배를 탈 사람들아! 이 행차에 대하여 신명神明에게 명을 청하려 한다. 지금 관직을 가진 사람으로부터 이하 창 든 사람·서리·하인·뱃사람

등 제사에 참여하고 하지 않는 것을 막론하고, 무릇 우리 배를 같이 타고 일본에 가는 사람들까지도 모두 이틀 동안 경계하고 하루 동안 목욕재계하라. 술과 담배를 끊고 파와 마늘 등을 먹지 않고 풍악를 듣지 않으며 감히 사사로이 낄낄대거나 울부짓거나 초상에 가거나 문병하지 말라. 밤낮으로 반드시 깨끗하게 지내며 제사의 일을 성취하도록 하라, 맹세대로 하지 않으면 저 해가 지켜보리라.(6월 6일)

드디어 해신제를 지내는 날이 되었다. 한밤중인 자시(11시~1시)에 전사관이 재량과 축사와 더불어 제단에 올라가 진설하고, 당상 역관 세 사람이 관과 띠를 갖추고 가서 헌관 세 사람을 청하여 조심스럽게 휘장 밖으로 나갔다. 모두 흑단령을 입고 검은 오사모를 쓰고 은띠를 띠었는데, 오직 세 서기와 의원은 갓을 쓰고 유생의 복장에 띠를 맺다. 축시(1시~3시)에 집례가 찬알자와 여창이 함께 먼저 들어가 네 번 절하고, 대축이 종헌관의 왼편에서 축문을 읽었다. 그 축문은 다음과 같았다.

유세차, 기해년 6월 초 6일, 정미에 통신사 정사 절충장군 행용양위부호군 지제교 홍치중, 부사 건곤장군 행용양위부호군 황선, 종사관 어모장군 행용양위부사직 지제교 이명언은 삼가 맑은 술과 약간의 제물을 마련하여 공경히 큰 바다의 신명께 제사를 드립니다.

생각건대 거룩한 바다가 땅덩이를 팔방으로 둘러싸고 있나이다. 넓고 넓은 동해는 인방仁方에 위치하고 있으면서, 계림鷄林을 둘러싸고 압록강까지 미쳐 우리 강토를 보우하셨습니다. 우리 임금이 조심스럽고 현명하여 빌기를 정성껏 하시므로, 신이 감응하여 힘껏 복을 내리시니, 마치 소리치면 메아리치듯하여 사람들이 편안히 살고 있습니다.

왕의 신하인 저희들이 사신의 직책을 받아 어디로 가는가 하면 동쪽으로 부상扶桑에 갑니다. 일본은 만리 길인데 바다 밖의 오랑캐 땅입니다. 저 날뛰고 교활한 것들을 회유시켜 평화로이 좋게 지내려고 지금까지 100년 동안 사신이 자주 왕래하였습니다. 임금께서 친히 국서를 주시고 신에게 명하여 폐백을 보내셨는데, 용을 그린 깃발이 빛나고 표범의 꼬리를 그린 깃발이 번쩍거립니다. 일산도 있고 창도 있으며, 양식도 있고 의복도 구비되어 그 거동이 엄숙하고 희락하니 우리 임금의 광영이옵니다.

어제 대궐을 하직하고 지금 바닷가에 당도했는데, 바다 물결은 산과 같고, 오랑캐 땅 연기는 눈을 가립니다. 경인일(5월 18일) 좋은 날에 가보려고 바다에 나서니, 500명이나 되는 인원과 여섯 척의 배가 일렁거렸습니다. 문관도 있고, 무관도 있으며, 서리도 있고 하인도 있습니다. 모두들 왕의 명이니 감히 서둘지 않겠느냐 하며 더운 바다를 넘어가 조정의 위엄을 펴기로 하였습니다. 두려운 바닷길이 하늘가까지 넓고 아득하며 눈멀고 놀란 바람이 경각 사이에도 헤아리기 어렵지만, 어찌 감히 제 몸을 아끼겠습니까?

여기 받들고 온 규장圭璋(예식 때 장식으로 쓰는 구슬)을 보소서. 이 규장을 높이 받들고 오니, 신은 자세히 살피소서. 나라가 이웃과 평화로우면 신도 또한 경사로울 것입니다. 이에 보잘 것 없는 제물을 차려 놓고 모두 정성껏 비오니, 신이여 반드시 훤하게 살펴보고 차분히 옆에 있어 주십시오. 은혜를 내리고 우리를 불쌍히 여겨 잘 가도록 빨리 바람에게 명령한 뒤, 아름다운 상서를 내려주십시오. 편리한 바람을 따라가게 하고, 사납고 지친 바람 없게 하면, 고래가 두려워하고 악어가 도망갈 것입니다. 계수나무 노와 그림 돛으로 순식간에 건너가면 왕의 위엄을 떨치고 나라의 신의를 펴게 될 것이요, 예가 끝나고 일이 잘되어 날짜를 손꼽아 돌아가면 신과 사람이 서로 기뻐 큰 복이 번창할 것입니다. 이 행차의 일이 잘된 것을 어디선들 잊겠습니까? 살진 희생과 맑은

부산진성과 영가대 이성린의 〈사로승구도〉 중 일부.

술잔에 제수가 향기롭습니다. 강림하여 흠향하시고 신령의 감응이 나타나기를 공손히 바라나이다. 상향

　예가 끝나자, 불을 받들어 신위 판을 불사르고 나서 끝마쳤다. 영가대의 해신제는 엄숙한 제전이었다. 영가대는 경상도관찰사였던 권반이 1614년 부산진성 근처에 선착장을 만들면서 생긴 언덕에 정자를 지었는데, 권반은 고향인 안동의 옛 이름인 '영가永嘉'를 따서 영가대라고 하였다. 이후 통신사는 이곳에서 출항하게 되었고, 출항지였던 영가대에서 해신제를 지냈다.

　해신제가 끝나자 일행은 바람 부는 방향을 예측하여 출항 시기를 정했다. 쓰시마에서는 통신사를 인도하기 위해 이미 영빙참판사가 영가대 아래 정박하고 있었다. 통신사의 배는 6척의 선단으로 꾸려졌다. 세 사신이 각각 3척에 나누어 타는 기선騎船과 식량과 예물 등 짐을 실은 배 3척인 복선卜船이다. 통신사들은 이 6척의 조선 배를 타고 오사카까지 항해했다.

영가대의 현재 모습 건물 밑에 조선통신사 기념관이 있다.

며칠을 바람을 기다리던 중 드디어 출항 날짜가 결정되었다.

왜인들이 통사를 보내어 당상역관에게 말하기를, "내일 새벽에는 반드시 좋은 바람이 있을 것이니, 배와 행장을 단속해 두었다가 첫 새벽에 출발하기로 합시다" 하였다. 사신이 드디어 배가 출발한다는 사실을 장계를 올려 전하고 일행의 위아래 사람들도 모두 집에 편지를 써서 부쳤다. 옷가지며 온갖 것들을 모두 배위에 실었다. 내가 타고 온 역마도 내가 배에 오르기를 기다렸다가 돌아가는데, 마부가 나의 행장을 항구까지 운반해 놓고 말하기를, "부디 잘 다녀 오십시오. 다시 이 말을 가지고 영접하러 오겠습니다"라고 하며 눈물로 옷깃을 적셨다. 인정이 이런 것이어서 골육지친으로 하여금 부두에서 보게 해서는 안 될 일이다.(6월 19일)

한양에서부터 부산까지의 길도 힘이 들었겠지만, 지금부터 험한 바다를 건너 일본으로 갈 생각을 하니 먼저 걱정이 앞섰을 것이다. 또한 신유한도 무사히 사행을 마치고 귀국하여 타고 온 말을 타고 다시 상경하기를

통신사 정사의 배 모형 후쿠오카현(新宮町) 교육위원회.

바라는 마부의 마음을 헤아리니 절로 눈물이 날 지경이었을 것이다.

드디어 출항일 새벽 해가 돋자 닻을 올려 부산을 출항하여 쓰시마로 향하였다.

사경(새벽 1~3시) 쯤에 달이 밝았다. 세 사신이 식파루에 모여 국서를 받들고 군대의 의용을 정돈하여 차례로 배에 올랐다. 나도 또한 따랐고 일행들 여러 사람이 둘러싸고 들어갔다. 왜인으로는 통사·금도 각 1인과 사공 2인이 칼을 차고 따랐다.

(중략)

해가 돋자 닻줄을 풀고 군악을 울리며 항구에서 나섰다. 세 사신이 각각 딴 배를 탔는데 배가 용양전함과 같아 밖에는 붉은 비단 장막을 쳤고 안에는 판옥 12칸을 설치하여 주방과 창고, 더불어 앉는 곳, 눕는 곳, 잠자는 곳, 밥 먹는 곳을 모두 구비하였다. 판옥위에는 높다란 다락을 설치하였는데, 기둥에 채색 그림을 그리고 검은 베로 장막을 만들어 사면으로 드리웠다. 다락에는 7, 8인이 앉을 만한데 병풍, 의자 등 모든 용구가 비치되어 장막을 걷고 멀리 조망할 만하였다. 장막 뒤에 나무 장대 2개를 세웠는데, 높이를 각각 15길로 하여 돛을 걸었고, 나무 장대 위에는 깃발을 세웠다. 동서 양쪽 난간 머리에 기와 독 절모, 칼, 창을 세우고 난간 밑 양쪽에는 구멍을 파 각각 노 12개씩을 간직하고, 다락 앞에는 높은 북걸이를 설치하고 큰 북을 걸어 군사에게 신호도 하고 집무와 휴무시각을 알리게 되어 있었다.(6월 19일)

통신사 일행 475명이 탄 기선騎船 3척과 짐 신는 복선卜船 3척이 출항하는 순간이다. 조선통신사의 배 6척은 쓰시마에서 온 출영선의 안내를 받으며 유유히 돛을 펼치고 일본으로 향했다.

조선통신사의 선단은 대선 2척, 중선 2척, 소선 2척 총 6척으로 구성하였고, 대선 2척에는 정사와 부사, 중선 1척에는 종사관이 각각 분승하고, 남은 중선 1척과 소선 2척에는 주로 화물을 실었다. 대선의 길이는 33.7m, 폭은 12.4m, 높이는 3.4m의 크기였다. 뱃머리에는 항해의 안전을 기원하기 위한 귀신의 얼굴이, 선실에는 매화, 소나무, 모란 등 사철의 화목이 그려져 있어 화려한 것은 물론이고 위용을 뽐내었다고 한다.

2. 불구대천의 원수 나라로

(쓰시마 ~ 이키 ~ 아이노시마)

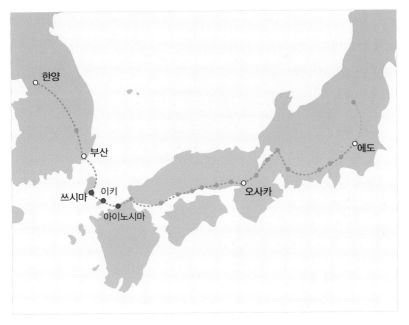

쓰시마, 왜구의 소굴에 들어가다

쓰시마(대마도)는 좁고 길쭉한, 새우처럼 생긴 섬이다. 남북으로 82km, 동서로 18km, 전체 면적은 708km²로 울릉도의 열 배다. 섬 전체의 88%가 산림지대로 해발 200~300m의 산들이 뻗어 있다. 평지가 적어 농사를 지을 땅이 거의 없는 쓰시마는 절해고도라는 느낌을 준다.

일본인 스스로도 쓰시마를 '국경의 섬'이라고 부르고 있다. 부산에서 49km, 후쿠오카에서 147km로 일본보다 한국이 훨씬 더 가까이 있고, 육안으로 부산을 볼 수 있다. 두 개의 섬[가미쓰시마(上對馬), 시모쓰시마(下對馬)]으로 나뉘어 있고, 만제키바시万關橋라는 다리로 연결되어 있다. 인구는 2015년 현재 3만 2,590명이 살고 있다. 행정구역은 나가사키長崎현에 속하며 2군郡 6

개의 마치町로 되어 있다. 현재는 주요산업이 어업과 수산 양식업으로 되어 있고 특히 진주양식이 유명하다.

역사적으로 쓰시마는 이키와 함께 한반도와 일본열도를 연결하는 중요한 섬으로 인식되어 왔다. 그래서 쓰시마란 이름도 그와 연관하여 붙여졌다. 쓰시마에 대한 최초의 기록인 중국의『삼국지』위지魏志 동이전東夷傳에는 '대마국對馬國'으로 나오고, 한국의『삼국사기』에는 '대마도對馬島'로 나온다. 일본의『고사기古事記』에는 '진도津島',『일본서기』에는 '한향지도韓鄕之島'로 기록되어 있다.

진도津島란 나루가 많은 섬이며 일본어 발음으로 '쓰시마'로 읽는다. '한향지도'는 한반도로부터 거쳐 오는 섬이란 뜻으로 일본어 발음으로는 '가라시마'로 읽는다. 결국 한반도와의 관련성을 강하게 표현한 이름으로 태생적으로 한반도와 일본열도의 교량적 역할을 한 섬이라는 데서 그 이름이 유래되었다고 볼 수 있다.

쓰시마에 독자적인 권력이 성립된 것은 9세기경 본토에서 이주해 온 아비류阿比留 씨에 의해서였다. 그 후 12세기 말부터 소우宗 씨가 권력을 잡으면서 가미上쓰시마의 미네三根 지역을 거점으로 삼았다. 1408년 소우 사다시게宗貞茂가 조선의 왜구정책에 협력하면서 급성장을 하여 본거지를 미네에서 사카佐賀로 옮긴 후 쓰시마 섬 내의 지배와 조선과의 외교·무역을 전담하면서 명실공히 쓰시마 도주의 위치를 확립했다.

예로부터 쓰시마의 주민들은 자급자족이 어려웠던 척박한 자연환경 때문에 해산물을 채취하는 등 주로 배를 타고 곡물을 구하러 다녔고, 급기야는 한반도를 대상으로 약탈을 하면서 신라시대 이후 천년이 넘도록 우리나라를 괴롭혀 왔다.『삼국사기』에도 신라에 대한 약탈 기사가 34회나 등장하고, 고려, 조선시대에 걸쳐 오랫동안 왜구의 노략질을 계속했다.

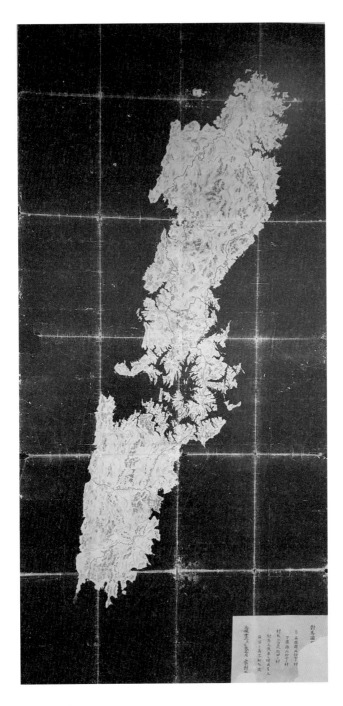

対馬國二

上縣那水ノ村

下縣那ノカナ村

村民ノ言ハ佐護村

嶺田ニ通二增城元

元後雲ヲ書以テ 奉對式

대마도 고지도
쓰시마 역사 자료관 소장

『조선왕조실록』에 등장하는 '삼도왜구三島倭寇'도 쓰시마, 이키, 마쓰우라 지역을 중심으로 한 세 곳에 근거지를 둔 왜구를 말한다.

조선에서는 고려 말부터 창궐했던 왜구의 약탈을 종식시키기 위해, 1419년 6월, 이종무 장군으로 하여금 병선 227척에 1만 7,285명의 병력과 65일치의 식량을 싣고 쓰시마를 공격했다. 그 후 삼포를 개항하여 교역을 허가하고 약탈자를 통교자로 전환시켜 갔다. 그리고 1443년 계해약조에 의해 여러 가지 통교규정을 정하여 공존의 방법을 만들어 갔다.

통교규정을 만들다

통제책으로는 먼저 교역을 할 수 있는 포소를 정하여 왜인들은 그곳으로만 도항할 수 있게 했다. 염포·부산포·제포 등의 삼포를 말한다. 그리고 왜인들에게 조선의 관직을 주어 수직 왜인이라고 부르면서 그들에게 조선통교의 특권을 허가했다.

그러나 포소와 왜관의 설치 및 규제만으로는 도항 왜인에 대한 통제가 제대로 이루어 질 수 없었다. 그러자 조선에서는 이와 병행하여 무질서하게 도항하는 왜인에 대한 보다 적극적이고 효율적인 통제를 위하여 도항절차와 증명에 대한 여러 가지 규제를 실시했다.

그리고 중소 영주들이 무질서하게 도항하여 오자, 1414년 이후로는 일본국왕日本國王, 쓰시마 도주對馬島主, 오우치大內, 쇼니小貳, 구주탐제九州探題 등 10곳의 사자 이외에는 도항을 허가하지 않도록 하고, 이 내용을 쓰시마 도주로 하여금 각처에 통보하게 했다. 이것이 쓰시마 도주를 이용하여 대일관계를 체계화하기 시작한 최초의 조치라고 볼 수 있다.

1419년 쓰시마 토벌 이후, 쓰시마로부터 교역 재개 요청이 오자, 조선에서는 쓰시마 도주의 정치적 입장과 지위를 이용하여 대일 통교 체제의

통교자에게 발급된 각종 도서 나고야성 박물관 소장.

일원화를 꾀했다. 즉 정벌에 의해 교역이 단절되자, 쓰시마 도주는 통교를 허가하는 도서圖書를 만들어 주면, 쓰시마를 조선에 귀속시키고 조선의 명에 따르겠다는 요청을 해왔다. 이를 계기로 조선에서는 쓰시마 도주에 의해 도항자의 제한을 유도하여 통제효과를 올렸고, 도주는 도내 지배권 강화를 위한 결정적인 계기로 삼았다. 이로써 1420년경부터는 쓰시마 도주의 서계가 없이는 도항이 어려워졌다.

도서圖書란 통교자에게 구리[銅]로 도장을 만들어 주어, 휴대한 서계에 찍게 하는 제도이다. 이것은 통교자가 조선의 예조에 자기의 실명을 담은 도장을 새겨줄 것을 요청하여 받은 다음, 조선에 보내는 서계에 찍어 신분을 확인하는 제도이다. 실제로 도서를 하사한 것은 1418년 미작태수美作太守가 요청하여 만들어 준 것이 처음이다. 그 후에도 구주탐제 및 휘하의 세력자, 쓰시마의 유력자, 이키壹岐의 세력가 등에게 만들어 주었는데, 모두 일본 쪽의 요청에 의해서 수급되었다. 이들을 수도서인受圖書人이라고 했다. 도서제도는 통제책에도 효과가 있었지만, 통교자 스스로가 자신의 이익을 위해 마음대로 도서를 만들어 가짜 사절(僞使)을 파견하기도 했다. 그러나 조선에서는 이 도서제를 통하여 도항자의 신분을 확인하고 그들을 통제하는 수단으로 삼았다.

다음으로 쓰시마 도주가 발행하는 문인文引이 있다. 이 제도는 1438년 경차관 이예가 쓰시마 도주 소우 사다모리宗貞盛와 약조하여 일본으로부터 도항하는 모든 선박에 대해서 쓰시마 도주로 하여금 선박의 대소, 사자, 선부의 숫자를 적은 문인을 휴대하도록 한 것에서 시작되었다. 이 문인제도에 의해 쓰시마 도주의 조선과의 통교 특권이 확립되었다. 그리하여 1440년(세종 22)대부터는 문인제도가 조일 양국의 통교에 있어 가장 중요한 기능을 발휘하게 되었으며, 쓰시마 도주는 문인 발행권을 통하여 일본 측의 대조선 통교권을 장악하게 되었다. 동시에 문인을 발행할 때도 그에 대한 수수료를 받았고, 또 교역물품에 대해서도 과세를 부과하여 경제적으로도 이익을 도모했다. 이와 같이 문인제도는 조선의 입장에서 볼 때도 효과적인 통제책이 되었을 뿐만 아니라, 쓰시마로서도 대조선 통교권을 장악하는데 큰 역할을 했다.

또한 조선의 근해에서 고기를 잡는 왜인에 대한 통제책도 있었다. 그 절차를 보면 왜인으로서 고기잡이를 원하는 경우, 먼저 쓰시마 도주가 발행하는 문인을 받아 지세포(거제도)에 설치된 조선 관아에 그 문인을 맡긴 다음 조선에서 발행하는 고·초도 왕래 문인을 교부받은 후, 고기잡이를 했다. 그리고 다시 지세포에 돌아와 조선에서 정한 어세를 낸 다음 쓰시마 도주의 문인을 받아 돌아가는 것이었다. 조선에서는 이때 받은 어세魚稅로 경상도관찰사의 처분에 따라 입국 왜사의 접대비용에 충당하게 하고, 나머지는 국가 비용으로 충당하도록 했다. 그러나 실제 운영상에서 많은 문제점이 있었고 또 그대로 지켜지지 않는 경우가 허다했다. 하지만 쓰시마 도주로서는 이 제도를 통하여 도내 지배를 더욱 강화해나갔던 것이다.

통교규정은 다음과 같이 도표화하는 것이 가능하다.

각종 통교규정

통제규정 \ 연대	1400	1410	1420	1430	1440	1450
포소 제한		2곳		3곳		
수직	향화 왜인				통교 왜인	
서계	(?)					
도서	(?)					
통신부						
문인(노인)						
고초도 조어금약						
세견선(계해약조)			규슈 탐제		대마도주	

사스나, 일본땅을 밟다

신유한 통신사 일행은 새벽녘에 동이 트면서 군악을 울리며 영가대 앞바다로 출항을 하여 쓰시마로 향했다. 현재 부산에서 쓰시마로 가는 배는 부산 국제선 여객선 터미널을 출항하여 쓰시마의 히타가츠比田勝나 이즈하라嚴原로 입항을 하는데, 고속여객선으로 부산에서 히타가츠까지는 1시간 남짓 걸린다. 그러나 당시는 영가대에서 출항을 하여 사스나佐須奈로 입항을 했고, 당시의 항해로는 하루 종일 걸렸다.

그런데 통신사가 남긴 대부분의 사행록에는 부산 영가대에서 쓰시마 사스나의 거리를 모두가 480리라고 서술하고 있는데, 어떻게 계산하여 480리가 되었는지 알 수 없다. 실제로 한국전망대에 비치된 지도에는 49.5km(약 130리)로 표시되어 있다. 부산 영가대에서 아침에 해가 뜰 때 출발한 신유한 일행은 해가 지는 저물녘이 되어서야 사스나에 도착했다. 그 모습을 신유한은 다음과 같이 기록했다.

쓰시마의 사스나 항 통신사 일행이 부산을 출발하여 처음 기항하게 되는 곳이다.

　　해가 돋자 닻줄을 풀고 군악을 울리며 항구를 나섰다. (중략)

　　저물녘에 문득 연꽃같은 두어 점의 봉오리에 긴 돛대가 꽂혀 있는 데에
이르자, 왜인들이 "사수포(佐須浦)입니다" 하였다.…

　　밤중이 되어 달빛이 포구에 가득하자 구름놀이 더욱 기이하였다. 배들이
모두 도착하기를 기다렸다가 사관에 들어가 일행들끼리 서로 보며 큰 바다를
무사히 건너온 것을 입을 모아 축하하였다. 유독 서기 성몽량만 두 번째 배에
있으면서 종일토록 배멀미를 하였는데 내리자마자 머리를 흔들면서 괴롭다
고 하였다. 왜인이 조그마한 붉은 소반에다 검은 나무그릇 두어 개를 놓아 밥,
나물, 술, 과일을 가져왔는데, 맛이 없고 음식 또한 초라하였다. 한숨이 나와
잠을 이루지 못하고 시를 지어 스스로 위안하였다. (6월 20일)

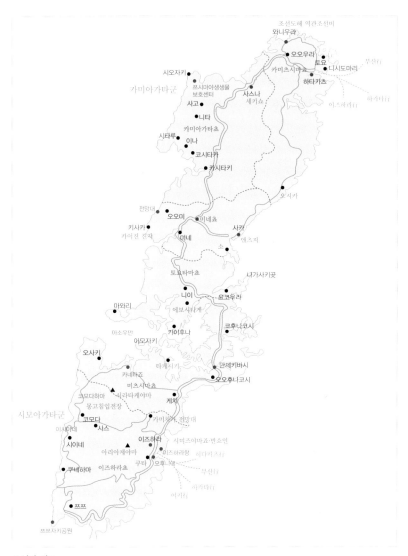

쓰시마 지도

조선통신사가 사스나에 처음 입항한 이유는 이곳에 쓰시마의 세키
쇼關所가 있었기 때문이다. 세키쇼란 에도시대에 치안 유지를 위하여 설치
한 일종의 검문소로 이곳을 통과해야만 다음 목적지로 갈 수 있었다. 사

스나 세키쇼는 요즈음 같으면 일본에 입국할 때, 비행기나 배에서 내려 입국절차를 밟는 출입국관리소 같은 곳이다. 조선통신사의 경우도 이 절차를 밟아 일본에 입국했던 것이다.

사스나에 도착한 통신사 일행이 처음 하는 일은 곧바로 한양에 보고를 하고 집에 편지를 부치는 일이었다. 통신사행이 진행되는 동안 사행단과 조선과의 연락은 쓰시마가 맡아서 했는데, 비선飛船이라고 불리던 작고 날랜 연락선이 계속 하여 쓰시마와 부산 동래를 오가며 소식을 전했다.

와니우라의 한국전망대

사스나에서 이틀을 묶은 뒤, 신유한 일행은 동쪽으로 와니우라를 돌아 니시도마리, 오지카, 사카 등을 거쳐 쓰시마 도주가 있는 이즈하라嚴原(府中)로 향했다.

맑음. 늦게야 밥을 먹고 출발하여 남풍을 만나 돛을 달았다. (중략)

30리를 가 악포鰐浦를 지날 때였다. 큰 돌들이 바다 가운데 늘어섰는데, 어떤 돌은 일어서고 어떤 돌은 엎드려 고래의 어금니와 범의 이빨 같았다. (중략)

계미년(1703)에 바다를 건너던 역관 한천석이 여기에 이르러 빠져 죽었다 생각하니, 생각만 하면 오싹하다.(6월 23일)

와니우라는 악포鰐浦라고 하는데, 고래의 어금니, 범의 이빨처럼 바위가 늘어서 있다고 해서 붙여진 이름이다. 이곳 앞바다는 매우 위험하여 통과하기 힘든 곳으로 유명했다. 실제로 이곳 앞바다에서는 해난사고가 많이 일어났다.

현재 와니우라에는 한국전망대와 역관사 조난비가 세워져 있다. 한국

와니우라의 한국전망대

한국전망대에서 바라본 부산의 야경

전망대는 부산에서 49.5km가 떨어진 곳에 위치하고 있어 날씨가 좋은 날
이면 부산을 비롯하여 거제도가 바로 눈앞에 보인다. 핸드폰 기지국이 없
는데도 성능이 좋은 핸드폰은 한국과의 통신이 가능하다. 또한 이곳에서
부산 야경을 보면 광안대교를 지나는 자동차의 헤드라이트까지 식별이

가능하다. 이곳에 세워진 한국전망대는 서울 파고다공원의 정자를 모델로 세웠다고 한다.

또한 바로 앞에는 일본 해상자위대 레이더 기지가 있는데, 사실인지는 몰라도 이곳에서 한반도는 물론이고 중국의 산둥반도까지도 탐색이 가능하다고 한다.

역관사를 파견하다

조선후기 조선에서 일본에 파견한 외교사절로 통신사 외에 역관사譯官使가 있다. 통신사는 조선국왕이 막부쇼군에게 파견하는 사절이고, 역관사란 당상역관이 정사가 되어 예조참의 명의로 쓰시마 도주에게 파견하는 사절이다. 역관사는 쓰시마 도주가 에도 참부參府를 마치고 쓰시마로 돌아왔거나, 쓰시마 도주가 죽고 후계자가 습직한 경우 등 도주의 안부를 묻

역관사 조난비 1703년 쓰시마에 파견되었던 108명의 조선 역관사 일행이 해난사고를 당하여 전원 사망했다. 이들을 위로하기 위한 비가 와니우라에 세워졌다.

거나 위문하기 위해 파견했던 사절로 '문위행問慰行'이라고도 했다. 한편 일본에서 조선에 파견하는 사절로는 1년에 8회 정기적으로 파견하는 '팔송사八送使'와 외교적인 현안이 있을 때마다 파견하는 임시 사신인 '차왜差倭'가 있었다. 그리고 부산에는 '왜관倭館'을 설치해 양국 간에 외교 무역 업무를 담당하도록 했다.

1703년 음력 2월 5일, 108명의 역관사 일행이 탄 배가 부산을 떠나 쓰시마를 향해 출항했다. 그러나 급변한 날씨 때문에 이 항구를 목전에 두고 조난을 당하여 전원이 사망하는 비참한 해난사고가 있었다. 이 비는 당시 배가 침몰하여 죽은 조선인 역관사 일행을 추모하기 위해 1991년에 세운 위령비이다. 비문에는 역관사 현천석을 비롯하여 조선인 108명과 일본인 4명 등 총 112명의 명단이 새겨져 있다.

미네, 문화의 십자로

1989년에 개관한 미네三根 향토자료관은 죠몬繩文시대부터 근세에 이르기까지 미네 지역에서 발굴된 고고 민속자료를 중심으로 전시를 하는 자료관이다. 이 자료관은 고고학 발굴 자료실과 민속 자료실 두 섹션으로 나누어져 있고, 고고학 발굴 자료실에는 사가 패총, 미네 유적, 가야노키 유적, 에비스산 유적 등에서 발굴된 유적이 전시되어 있다. 민속 자료실에는 일본인들의 과거 생활상을 짐작케 하는 향토자료들이 전시 중이다. 신라-가야계 유물들이 출토되어 쓰시마와 신라·가야와의 교류를 짐작해 볼 수 있다. 뿐만 아니라 부산 동삼동 패총에서 나온 흑요석이나 투박조개, 고라니 이빨 장식 등과 같은 유물이 전시되어 있어 한반도와의 문화 교류를 짐작하게 해준다.

흑요석은 유리질 모양의 화산석으로 이것을 가늘게 깨면 금속으로

미네 향토사료관   흑요석

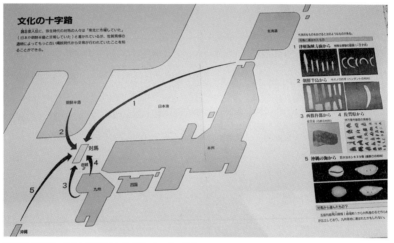

문화의 십자로 미네가 문화의 십자로임을 강조하는 안내도.

제작한 도구처럼 날이 무척 예리하다. 또한 검은색을 비롯하여 여러 가지 색상을 가지고 있어 미적으로도 아름답다. 한반도에서의 흑요석 출토지는 양양과 영일만이 거론되고 있는데, 백두산이 원래 출토지인 것이 확실하다.

이곳에 있는 흑요석은 구주 지역에서 출토된 것도 있지만 백두산 지역으로부터 장거리 교역망을 통해 한반도 부산 경남 지역으로 유통된 것이 이곳으로 유입되었음도 밝혀졌다. 전시실에 붙어 있는 문화의 십자로라고 하는 표현이 한반도와 일본열도를 잇는 쓰시마의 지정학적인 위치를 대변해 준다. 매우 인상적인 표현이며, 여러 가지를 생각하게 해 준다.

미네三根는 소우 사다시게宗貞茂가 왜구 진압을 계기로 조선과 본격적인 교류를 시작하면서 1408년 사카佐賀로 옮기기 전까지 정치와 경제의 중심지였다.

엔츠지의 조선종, 아사달과 비류

엔츠지円通寺가 있는 사카佐賀는 가미上 쓰시마 동쪽 해안의 중심 포구이다. 소우 씨宗氏는 쓰시마의 토호였던 아비류阿比留 씨로부터 도주권을 빼앗은 이후 대략 12세기부터 도내의 지배권을 확립했다. 아비류 일족은 대개 9세기경부터 쓰시마의 지배권을 확립했다고 전해지는데, 그 후손들이 아직도 쓰시마 전역에서 살고 있다.

내가 80년대 후반 쓰시마에 처음 갔을 때 아비류 성을 가진 사람을 만난 적이 있는데 재미있는 이야기를 나누게 되었다. 그는 자신이 신라와 백제의 혈통을 이은 사람이라고 했다. 내가 그것을 어떻게 아느냐고 물으니 자기의 성인 아비류의 명칭이 그것을 증명한다고 했다. 그러면서 아阿는 신라의 아사달·아사녀의 아씨이고, 비류比留는 백제의 비류씨라고 했다. 웃어 넘기기에는 무언가 여운이 남는 이야기라 아비류 성씨만 나오면 새삼 기억이 난다.

사카는 소우 씨가 처음에 미네에 있다가, 1408년 소우 사다시게宗貞茂가 이곳 사카로 옮긴 후, 제10대 도주 소우 사다쿠니宗貞國가 1468년에 이즈하라로 옮기기 전까지 쓰시마의 중심지였다. 지금은 남아있지 않지만, 도주의 거처를 비롯하여 집무를 위한 건물과 쓰시마 가신들의 거처, 문인을 발행하기 위한 관청도 이곳에 있었다. 번성기 때의 사카는 500여 호로

엔츠지의 소우 씨 묘소

오사키, 미네에 이어 세 번째로 큰 마을이었다고 한다.

엔츠지 대웅전에는 본존불상으로 구리로 된 약사여래불이 있는데, 고려불상이다. 그리고 엔츠지 종루에 걸려 있는 범종 역시 조선 초기의 것으로 조선으로부터 하사받은 것으로 알려져 있다. 높이 110cm, 구경이 약 72cm이다. 소우 사다시게가 사망했을 때, 그 아들 사다모리가 아버지의 유지를 받들어 불경과 범종을 조선에 구청했다는 사실이 『세종실록』에 나오는데, 이때에 받은 것으로 추측된다.

일본국 쓰시마 도주 수호 도도웅와가 사람을 보내 와서 예물을 바치고, 그의 아버지 정무貞茂의 유지라고 하면서 범종과 반야경을 청구하였다.(『세종실록』 1418년 8월 25일)

절의 뒤에는 쓰시마 도주 소우 씨의 무덤들이 있는데 묘소의 안내판에는 다음과 같이 적혀 있다.

무로마치시대 전기, 소우 씨는 사가에 도부島府를 두고, 쓰시마 전도를 지배했다. 이 시기의 도주는 소우 사다시게宗貞茂, 소우 사다모리宗貞盛, 소우 시게모토宗成職로 소우 씨가의 쓰시마 치세 중 사카 3대라고 한다.

이 시기는 이종무의 쓰시마 정벌, 문인 발행, 계해약조 등이 맺어진 시기로 조선과 빈번한 교류가 있었던 시기이다. 이곳에는 여러 개의 묘비가 있지만, 개개의 내력에 대해서는 알 수가 없다.

이예의 기념비

절 앞에는 1428년 최초의 통신사 부사였던 이예의 기념비가 서 있다. 이예(1373~1445)는 조선 초기 일본과의 관계를 안정시키는데 혁혁한 공로를 세운 인물로 2010년 외교통상부에 의해 '우리 외교를 빛낸 인물'로 선정됐다. 이예는 1373년(공민왕 22년) 경남 울산에서 태어났다. 8세에 모친이 왜구에 끌려간 뒤 불우한 시절을 보냈다고 한다. 1396년(태조 5년) 중인 출신인 이예가 울산 관아에서 아전으로 일하던 중 군수와 관리들이 왜구에게 끌려가는 사건이 벌어졌다.

이예는 군수를 구하기 위해 자진해서 왜구의 배를 타고 쓰시마에 가서 군수와 계략을 짜내어 무사히 귀국하는 데 성공했다. 이예는 이 공으로 아전 신분을 벗고 벼슬을 하사받았다.

1401년(태종 1년)에는 이키섬에 사신으로 가서 조선피로인 50명을 데려온 공으로 좌군부사직에 제수되면서 본격적으로 외교관의 길을 걷는다.

엔츠지의 종루와 이예 공적비 이예는 1428년 첫 통신사 일행의 부사였으며, 당시의 한일 관계 개선에 크게 기여한 인물이다.

그 뒤 1410년까지 해마다 사신으로 일본을 왕래하면서 피로인 500여 명을 쇄환시켰다. 1416년 다시 44명의 피로인을 데려 오는 등 15차례에 걸쳐 667명의 조선인을 쇄환시켰다. 1419년 이종무를 도와 중군병마부수사가 되어 왜구의 본거지인 쓰시마를 토벌하기도 했다. 이밖에도 일본에 불경을 전해주고, 사탕수수를 들여오는 등 문화교류에도 힘썼다. 1428년에는 최초의 통신사 박서생과 함께 부사로서, 그리고 1432년에는 회례사의 정사로서 평생 동안 일본에 다녀 온 것이 40여 차례나 되었으며, 중인 출신 아전으로 종2품 동지중추원사에까지 올랐다. 시호는 충숙忠肅이다. 2007년 한일관계사학회에서는 이러한 이예의 공을 기념하기 위하여 엔츠지 입구에 충숙공 이예의 기념비를 세웠다.

아소만 전경 세종 때 이종무 장군이 왜구 소탕을 위해 처음 토벌작전을 벌인 곳이 이곳이다.

아소만과 쓰시마의 조선 영토론

미네 향토자료관을 관람하고 한 시간쯤 버스로 내려가면 쓰시마에서 가장 경치가 아름답다는 에보시다케馬帽子岳 전망대에 이른다. 한 30분 가량 산을 오르면 탁 트인 바다의 모습이 나타나고 쓰시마 아소만의 전경이 한눈에 들어온다. 1419년 이종무 장군이 쓰시마를 토벌할 때 처음 공격했던 곳이다.

왜구의 침입은 조선시대에 들어와서도 계속되었다. 건국 직후인 1392년부터 계해약조가 맺어지는 1443년까지 무려 150여 차례나 있었다. 조선에서는 왜구 단속을 위해 회유와 강경의 양면책을 썼다. 포소를 개항하여 통교를 허락하는 한편 군사적으로 응징하기도 했다. 세종의 명을 받은 이종무는 1419년 6월 병선 227척에 17,285명의 병력과 65일치의 식량을 싣고 거제도를 출항하여 이틀 만에 쓰시마의 아소만을 공격하여 적선

130여 척을 사로잡았다. 오자키尾崎에서 쓰시마 도주에게 항복을 권했지만, 답장이 없자 다시 가옥 2,000여 호를 불태우고 왜구 100여 명을 죽였다. 그리고는 태풍을 염려하여 2주 만에 철수했다.

그러자 교역이 끊긴 쓰시마 도주는 이듬해 윤1월, 조선의 변경을 지키는 울타리가 되겠다고 자청하고 속주가 되기를 청했다. 이에 조선에서는 쓰시마를 경상도에 예속시키고 모든 보고는 경상도 관찰사를 통해서 하도록 했다. 당시 쓰시마 도주가 보내온 서계는 다음과 같다.

대마는 섬으로 경상도의 계림鷄林에 예속되었던 바, 본시 우리나라 땅이라 〔本是我國之地〕는 것이 문적에 실려 있어, 분명히 상고할 수 있다.(중략) 쓰시마의 도도웅와의 부하 시응계도가 와서 웅와의 말을 전달하기를, "만일 우리 섬으로 하여금 귀국 영토 안의 주·군의 예에 의하여, 주의 명칭을 정하여 주고, 인신을 주신다면 마땅히 신하의 도리를 지키어 시키시는 대로 따르겠습니다" 하였다. (『세종실록』1년 7월 경신)

한국의 일부 학자들은 이 사료를 인용하여 쓰시마의 조선 영토론을 주장하기도 한다. 그러나 일본 학자들은 이 서계 자체를 위서僞書로 보고 부정하고 있다.

조선의 쓰시마 토벌 소식을 전해들은 일본 무로마치室町 막부는 이번에는 조선이 일본 본토를 공격해 올 것이라는 소문을 듣고, 대장경 구청을 명분 삼아 진위 탐색을 위한 사자를 파견했다. 이에 세종은 회례사 송희경을 무로마치 막부쇼군에게 파견하여 쓰시마 토벌의 내용을 설명하여 오해를 풀었고, 그 과정이 송희경의 『노송당일본행록』에 자세히 기술되어 있다.

만제키바시 러일전쟁을 준비하던 일본은 쓰시마를 둘로 나누고 그 사이에 군함이 다닐 수 있도록 운하를 건설하고 교량을 설치했다. 이로써 쓰시마는 두 개의 섬이 되었다.

만제키바시와 러일전쟁

쓰시마는 원래 하나의 섬으로 동서 18km, 남북 82km의 섬으로 되어 있으나, 이 만제키바시万關橋 다리를 기준으로 윗섬은 가미쓰시마上對馬, 아랫섬은 시모쓰시마下對馬로 부른다. 이 다리는 일본이 러일전쟁을 준비하면서 해군군함의 출입로를 만들기 위해 인공운하를 파면서 놓은 다리인데, 이 운하에 의해 쓰시마가 두 개의 섬으로 나누어졌다. 이때 두 섬을 연결하기 위해 건설한 다리가 바로 만제키바시이다.

다리가 놓이기 전에는 '배를 끌어서 넘어간다'고 하는 후나고시船越에서 배를 끌어서 동쪽에서 서쪽으로 이동했다고 한다. 큰 배를 끌어서 넘어가는 곳을 오후나고시大船越, 작은 배를 끌어서 넘어가는 곳을 고후나고시小船越라고 했다. 옛날에 신라로 가는 사절 일행들은 일단 일본 배를 타고 이곳에 와서 내린 다음, 언덕을 넘어 반대편에 준비되어 있던 신라 배를 타고 한반도로 갔다고 한다. 후나고시는 대마도 동쪽에서 서쪽으로 가는 가장 최단거리였기 때문에 많은 배들이 이곳으로 모여 들었다. 특히 1436년에 조선에서는 일본에서 조선에 오는 모든 배는 쓰시마 도주 소우 사다모리宗貞盛가 발행하는 도항증명서[文引]를 휴대하도록 했다. 쓰시마 도주는 문인 발급 업무를 후나고시에 있는 바이린지梅林寺에서 맡아서 하도록 했고, 그 덕택에 이곳이 매우 번성했다고 한다. 그래서 1419년 이종무 장군의 쓰시마 토벌 때에도 아소만의 오자키에 이어 두 번째 공격 목표가 이곳이었다. 교통의 요충지면서 왜구 두목들이 이곳에 살고 있기 때문이었다. 『세종실록』에 나오는 후나고시 사에몬타로舟越左衛門太郎나 후나고시 겐자부로舟越源三郎 등도 모두 이곳 출신이다.

쓰시마 도주가 살던 이즈하라

신유한 일행은 쓰시마의 사스나에 도착한 지 1주일 만인 6월 27일, 배를 타고 가미쓰시마의 동쪽 해안을 돌아 도주가 살고 있는 후주府中, 즉 현재의 이즈하라에 도착하였다. 이즈하라에 도착할 즈음 통상 도주가 배를 타고 통신사를 영접하는 것이 관례였다. 두 배가 뱃머리를 나란히 한채, 통신사 삼사와 도주가 의자에서 일어나 첫인사를 나누며, 이어 이즈하라에 상륙한 후 통신사행은 군악을 울리며 숙박지인 세이잔지西山寺로 향했다.

신유한은 상륙 당시의 모습을 다음과 같이 기록하였다.

〈조선선대마입주도(朝鮮船対馬入湊圖)〉 1811년에 그려진 그림이다.

현재의 이즈하라 항 통신사 숙소인 세이잔지에서 본 모습.

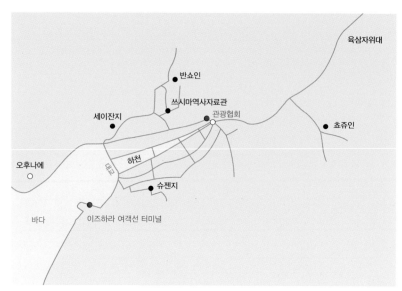

이즈하라 시내 약도

    노를 저어간 지 반나절 만에 왜인이 나를 보고 동쪽으로 바다 가운데 산이 웅장하게 서려 있는 곳을 가리키며, "저기가 바로 쓰시마 부중으로 쓰시마 태수가 사는 곳입니다" 하였다. (중략)

    이윽고 배가 모두 해안에 닿았다. 돌을 쌓아 제방을 만들었는데, 양쪽 산어귀를 수백 척이나 가로질렀다. 언덕 위는 광장이고 그밖에는 인가가 빽빽이 들어서 눈에 보이는 것만도 1,000호에 가까운데 모두 높고 컸다. 구경하는 남녀가 고기비늘처럼 잇달아 있는데, 혹 마루에 앉아서 보고, 혹 발 사이로 엿보고, 혹 담밖에 섰고, 혹 길옆에 섰는데, 앉으면 반드시 꿇어앉고 서면 반드시 팔짱을 하여 감히 떠들거나 거만스레 보는 사람이 없고, 한 사람도 뛰어나와 길로 들어오는 사람이 없었다.(6월 27일)

통신사가 지나가는 거리에는 일본 백성들에게 금지하는 사항을 알리

는 게시판을 세워 놓았다. 그 내용은 다음과 같았다.

○ 통신사의 배가 지나갈 때는 그 배를 우선할 것.
○ 그들의 풍습이 달라도 그것을 비난하거나 제멋대로 기분 내키는 대로 해서는 안 되며, 아무튼 분쟁을 일으키지 말 것.
○ 해상에서 보이는 집은 깨끗이 해 둘 것. 도로도 잘 청소해 둘 것.
○ 통신사를 구경하는 것은 금지함. 특히 상륙 때는 엄금함.
○ 조선인에게 붓과 필적 등을 요구해서는 안 됨.

오후나에 선착장과 세이잔지

통신사 일행의 배 6척은 오후나에お船江라는 별도의 선착장이 있어 그곳에 배를 정박시켰다. 오후나에는 현재도 잘 정비되어 일반에게 공개되고 있다.

오후나에에서 조금 떨어진 언덕 중간쯤에 통신사 3사의 숙소인 세이잔지西山寺라는 절이 있다. 본전에는 임진왜란 직전 1590년 통신사를 안내했던 외교승 겐소玄蘇와 국서개작사건에 관여했던 겐보玄方의 목상이 있고, 정원에는 1590년 통신사 부사 김성일의 시비가 서 있다.

현재는 출입구에 있는 방들을 여행객에게 개방하여 유스호스텔로 사용하고 있다. 언젠가 기회가 되면 나도 이곳에 묵으면서 통신사의 분위기에 젖어 보고 싶다. 지금도 본전과 정원에서 바닷가를 내려다보면 이즈하라 항구가 보이고, 앞의 〈쓰시마입주도〉에 보이는 절벽 앞에 여객선 터미널이 보인다.

세이잔지의 모습을 신유한은 다음과 같이 기록했다.

오후나에 선착장

세이잔지 신유한을 비롯한 통신사 일행이 묵던 숙소이다.

돌계단을 올라 문에 들어가니 문안에 사관이 신축되어 있었다. 중당에 국서를 모시고 서쪽에 있는 침실 칸을 장막을 쳐 세 사신의 거처로 하였다. 동쪽에 당상군관·당상역관 등 여러 사람의 방과 하인들의 처소, 주방, 옷을 보관하는 방으로 삼았다. 일본 측의 봉행·재판·금도·통사가 각각 한 방인데 이것은 모두 한 용마루를 연해 지어 마루와 방, 복도와 변소를 만든 것이다. 모두 떠자리를 깔았는데 안을 두텁게 짜고 가에 선을 둘렀는데 크기가 일정하였다. 문에는 지도리와 자물쇠를 설치하지 않았고, 매양 한 면마다 큰 문짝 3개를 세워 서로 밀고 당겨 열고 닫게 하였는데 조금도 어긋남이 없었다. (중략) 사관의 이름은 서산사인데 이 나라 풍속은 현판이 없고 공관은 모두 사寺라고 칭하였다. 이 집이 관부의 서쪽에 있는데, 산에 의지하여 지었으므로 서산사라고 부른다.(6월 27일)

통신사 일행의 숙소는 인원이 많아 주로 큰 절이나 신사를 이용하였고, 절이나 신사가 없는 경우 임시로 숙소를 짓기도 했으며, 포구에서는 배에서 머무르는 날도 많았다.

이즈하라에 도착한 신유한은 쓰시마에 대하여 다음과 같이 기술하고 있다.

쓰시마의 별명은 방진芳津이다. 지형이 타원형으로 길어 동서는 300리쯤 되고 남북은 동서 길이의 3분의 1이 못된다. 서른여덟 개의 향鄕으로 나뉘어 있는데, 향마다 주관 한 사람씩을 두어 백성을 다스린다. 풍속이 간사하여 속이기를 잘하며 털끝만한 이익을 보고도 사지에 뛰어 들기를 주저하지 않는다. 산에는 밭이 없고 들에는 도랑이 없으며 집안에도 채소밭이 없다. 오직 물고기를 잡고 해초를 따서 파는데, 서쪽으로는 부산 초량에 모이고 북쪽으로는 오사카大坂와 왜경京都에 통하고, 동쪽으로는 장기長崎에서 상거래를 한다. 장기 또한 바다 가

세이잔지 정원에 있는 김성일 시비

겐소의 목상

겐보의 목상

운데 한 도시다. 곧 남만의 여러 종족과 아란타阿蘭陀, 유구와 중국의 복건, 소주, 항주 사람들이 배로 바다 가운데서 무역하여, 구슬·물소뿔·대모·짐승이빨·가죽·후추·소목·비단 등의 물건이 폭주한다. 쓰시마 사람이 왕래하면서 욕심나는 것을 무역하다가 전매해서 이익을 내어 해마다 그것을 가지고 음식을 마련한다. (중략) 관리나 백성이 모두 다 글 한 자도 모르고 윗사람이나 아랫사람이 서로 이익만 추구하니 참으로 갈백葛伯의 나라다.(6월 27일)

갈백의 나라는 오랑캐 나라라는 뜻으로 다음과 같은 고사에서 유래한다. 오랑캐 소국 갈의 갈백이 제사를 지내지 아니하여 탕湯이 그 이유를 물었더니 희생犧牲이 없다고 했다. 그리하여 소와 양을 보내 주었더니 먹어버리고 제사를 지내지 않으면서 쌀이 없다고 하였다. 그래서 탕이 백성을 보내 농사를 짓게 하였으나, 갈백은 여전히 농부에게 음식을 날라주는 아이까지 죽이고, 그 음식을 빼앗아 먹었다 한다.

이어서 신유한은 쓰시마 태수와 그의 주변에 있는 가신들을 소개하였다.

대마도 태수 평방성은 옛날 평의지平義智의 자손으로 본성이 종씨宗氏다. 그 선대에 종경宗慶이란 사람이 있어 비로소 태수가 되어 여러 대를 전해온다. 임진년에 풍신수길豊臣秀吉이 우리나라를 침범할 때, 평의지가 길을 안내한 공이 있으므로 평씨로 성을 하사받고, 또 축전주의 땅을 연봉으로 하사 받았다. 의성, 의진, 의륜을 거쳐 의방에 이르렀는데 일본 사람들은 모두 종태수라고 불렀다. 의방이 죽자 그의 아들 암환이 어리므로 방성이 막내 동생으로 그 작위를 이어 받았다. 지금 나이가 스물여섯 살인데 모양이 천박하고 일을 잘 살피지 못하므로 정사가 모두 아랫사람들에게서 나온다. 그 신하에는 섭정 한 사람, 봉행 여섯 사람, 재판 네 사람, 기실 두 사람과 금도와 통사가 있는데, 모두 급료를 받는다.

기실記室(기록에 관한 사무를 맡아 보는 사람)이 두 사람인데, 우삼동雨森東(雨森芳洲, 아메노모리 호슈)과 송포의松浦儀(마쓰우라 가쇼)이다.

남쪽으로 5리쯤에 이정암以酊庵이 있는데, 이곳은 옛날에 중 현소玄蘇가 거처하던 곳이다. 풍신수길이 현소玄蘇를 보내 쓰시마 안에서 우리나라와 오가는 문서를 주관하도록 했는데, 지금도 폐지하지 않고 강호江戶에서 중을 파견

하여 그 임무를 보게 하면서 급료로 쌀과 돈을 주는데, 30개월의 임기가 차면 교대한다.(6월 27일)

국서 위조와 이테이안윤번제

여기서 임진왜란 직후에 국교가 재개되는 과정을 잠시 살펴보자. 1604년 탐적사 사명대사 일행이 귀국한 후, 강화회담이 본격적으로 진행되었는데, 조선에서는 강화를 위한 세 가지 조건을 제시하였다. 일본국왕 명의의 강화요청서, 임란 당시 왕릉 도굴범의 소환, 그리고 조선피로인의 쇄환이었다. 이 과정에서 쓰시마에서는 일본국왕 명의의 강화요청 국서를 위조하였고, 쓰시마의 잡범을 왕릉 도굴범으로 잡아 보냈다.

조선에서는 국서와 도굴범이 가짜라는 것을 알았다. 그러나 외교적인 명분이 이루어졌으므로 이를 묵인하고 외교의 실리를 택하며 회답겸쇄환사를 파견하여 강화를 하였던 것이다. 그런데 이 국서위조 사건이 쓰시마 내부에서 도주 소우 요시나리와 그의 가신 야나가와 시게오키 사이의 세력다툼으로 폭로가 되었다. 사건의 전말은 다음과 같다.

1635년 3월, 도주 소우 요시나리宗義成가 가신 야나가와 시게오키柳川調興를 '불신不臣'으로, 시게오키는 요시나리를 '횡포橫暴'로 막부에 고발하였다. 막부에서는 이 사건을 조사하였고, 이 과정에서 그동안 수차례에 걸쳐 자행되었던 국서 개작 사건이 폭로가 되었다. 도쿠가와 막부는 조선과의 관계를 고려하여, 도주 소우 요시나리에게는 무죄, 야나가와 시게오키에게는 사형을 결정했다. 그리고 당시 이테이안以酊庵 암주庵主이던 겐보玄方에게는 국서 위조에 간여하였다는 죄목으로 현재의 모리오카盛岡인 난베南部로 유배를 보냈다.

그리고 막부는 이 사건을 계기로 조선에 대한 외교체제를 개편·정리하였는데, 도주의 지위를 확립시켜 줌으로써 조선 외교를 쓰시마 도주 소우 씨에게 일원화시켰다. 그리고 조선 통교에 관한 모든 일을 종전처럼 무단히 하지 말고 반드시 막부의 사전지시를 받도록 하였다.

그리하여 막부는 조선과의 외교문서를 직접 취급하는 승려를 1635년 10월부터 교토의 오산五山에서 2년 임기의 윤번제로 쓰시마의 이정암에 파견하는 이테이안윤번제以酊庵輪番制를 실시하게 된다. 교토 오산이란 교토에 있는 다섯 개의 선종사찰로 덴류지天龍寺, 겐닌지建仁寺, 도후쿠지東福寺, 교코쿠지相國寺, 만쥬지萬壽寺 등 5개의 사찰이다. 이로써 막부는 '막부 - 쓰시마 도주 - 조선왕조'라는 외교 지휘계통을 확립할 수 있게 되었다. 이후 1636년 통신사부터는 이 제도에 의해 대조선 외교가 이루어졌다. 그리고 이때부터 일본에서는 조선에 보내는 쇼군 국서에 쇼군의 호칭을 일본국왕日本國王이라고 하지 않고 일본국대군日本國大君이라고 했다. 일본 학계에서는 이것을 대군외교大君外交 체제라고 한다. 또한 조선 사신의 명칭도 이때부터 '회답겸쇄환사'에서 '통신사'로 바뀌었다.

『해유록』에서 신유한이 기술한 이테이안以酊庵이란 바로 교토 오산의 승려들이 교대로 쓰시마에 파견되어 머물던 암자이다. 그런데 현소가 머물던 암자는 맞지만, 외교문서를 관장하게 한 것은 토요토미 히데요시가 아니라 1636년 당시의 쇼군이던 제3대 도쿠가와 이에미츠德川家光이고, 에도江戶의 승려가 아니라 교토京都 오산의 승려였다.

아메노모리 호슈와 신유한의 기싸움

이어서 신유한은 조선후기 한·일 관계에서 '성신의 교류'를 주장했던 유명한 아메노모리 호슈雨森芳洲와의 역사적인 만남을 소개했다.

저녁에 우삼동이 나의 사관에서 만나기를 청하였다. 그는 머리에 검은색의 삼우관을 쓰고, 두폭의 아롱진 적삼을 입고 아롱진 바지를 끌고 있었는데, 보기에 놀랍고 괴이하였다. 내가 세 서기와 더불어 서서 마주 보며 두 번 읍하고 앉았다. 내가 본시 그 사람이 중국어에 능통하고 시문을 할 줄 알아 일본에서 제일이라는 말을 들었다. (중략)

내가 "그대의 시명詩名이 꽤 널리 알려져 있는데, 한평생 외우고 익힌 것과 저술한 것이 얼마나 되오?" 하고 물었더니, 그가 놀라며 사례하기를 "젊을 때에도 남만 못했는데, 늙어 버린 지금 어찌 감히 공의 말씀에 대답하겠습니까?" 하였다.

술과 과일을 대접하며 조금 이야기 하다가 다시 읍하고 헤어졌다. 그의 형상을 보니 얼굴이 푸르고 말이 무거우며 마음속을 드러내지 않아 자못 문인의 소탈한 기상은 없었다. 현재 나이가 쉰두 살인데 머리카락이 반쯤 희었다.(6월 28일)

아메노모리 호슈

아메노모리 호슈雨森芳洲는 1668년에 현재의 시가현滋賀縣 나가하마시長浜市 다카츠키쵸高月町 아메모리雨森의 마을에서 의사의 아들로 태어났다. 12세 때부터 교토에서 의학을 배우다가, 18세 때 에도에 가서 주자학자였던 기노시다 쥰안木下順庵의 문하에 들어갔다. 동문으로 조선정책에 대해 정반대의 입장이던 아라이 하쿠세키新井白石 등과 함께 수재로 불렸다. 1689년, 기노시다의 추천으로 나가사키에서 중국어를 배운 후, 24세 때인 1692년에 쓰시마번에 부임했다.

1698년에 조선 통교를 담당했던 조선방좌역朝鮮方佐役에 임명되었고, 34세 때인 1702년에 처음으로 부산에 왔다. 1703년부터는 2년간 부산왜관에 체재하면서 조선어를 배웠다. 이때에 조선에서 편찬한 일본어사전 『왜어류해倭語類解』의 편집에 협력했고, 일본인을 위해서 조선어 입문서인 『교린수지交隣須知』를 편찬했다. 그 후 1711년 통신사 정사 조태억과 1719년 통신사 정사 홍치중의 사행 때 에도를 왕복하면서 통신사를 수행했다. 1720년에 경종의 즉위를 축하하는 쓰시마번의 사절단으로 다시 부산에 왔고, 1729년에도 특사로 부산에 왔다. 1734년에는 일본인이 조선과 교류하는데 필독서적으로 성신을 강조했던 『교린제성交隣提醒』을 편찬했다. 1755년 쓰시마의 이즈하라에서 타계했다. 묘는 이즈하라 시내 쵸쥬인長寿院에 있다.

신유한과 아메노모리의 두 번째 만남은 제술관인 신유한과 쓰시마 도주의 상견례에서 다툼으로 시작되었다. 첫 만남에서는 간단히 인사만 하고 헤어졌는데, 신유한은 이틀 후 쓰시마 도주의 초청을 받고 도주 저택으로 가게 되었다.

초청 이유는 일본 사람들이 조선의 문장을 사모하여 태수가 사적으로 학사學士들을 공부公府로 초청하여 쓰시마의 문사들과 글을 지어 이야기하게 하고 태수가 옆에서 본다는 것이었다. 그래서 신유한은 태수가 글을 아느냐고 물으니, 태수는 글을 모른다고 했다. 그런데 서로 만날 때에 예를 어떻게 하느냐고 물으니, 제술관이 앞에 가서 절을 하면, 태수는 앉아서 읍을 한다고 했다. 이에 신유한은 그것이 부당하다고 생각했지만, 쓰시마에서 호의로 초청을 하였고, 또 삼사가 권하는 것이었기 때문에 초청에

쓰시마 도주의 저택 신유한은 도주의 초청을 받아 이곳을 방문하여 일본인들과 필담창화를 하였다. 도주와 자신의 인사 예법을 두고는 호슈와 설전도 벌였다.

응하기로 했다.

세이잔지에서 부중까지가 10여 리쯤 되는데, 양쪽에 높은 산이었고 산에는 스기노기라고 부르는 삼목杉木, 대나무·귤나무·유자나무가 많았다. 인가가 두 산 가운데에 즐비하게 늘어서 있는데, 기와집과 판잣집이 대개 반반이었다. 높은 담 안에 집이 날아갈 듯이 솟아난 것이 있었는데, 봉행·재판들의 보화를 두고 사는 사치스러운 집 같다고 했다. 길 좌우에는 시장통처럼 가게가 늘어서 있었는데, 층층으로 겹친 집을 지었고 집 밑에는 가게가 있고 난간을 만들어 놓았다. 길 양쪽을 끼고 구경하는 남녀가 그 난간 안에 꿇어 앉아 있었는데, 이와 같은 것이 연달아 뻗어 있었다. 긴 다리 하나를 지나 비로소 부府에 이르렀다. 부 밖에 성곽이 없고 다만 높은 담을 쌓고 대문을 설치했는데, 흰 목판에다 '하마下馬'라고 써서 세워 놓았다. 거기에 이르자 말 탄 사람들이 모두 내려 걸어서 들어갔다. 지형이 자못 험준하며 돌을 포개어 십여 층의 계단을 만들었고 좌우의 긴 회랑이 있었다.

세이잔지에서 쓰시마 도주 저택에 이르는 길은 현재 이즈하라 시내의 하천 옆으로 나 있는 길을 따라갔던 것 같다.

한참 만에 한 문에 당도했는데 문이 조금 작았고, 하여下輿(가마를 내리시오)라고 적혀 있었다. 나와 당상역관이 같이 내려 걸어 들어가니 바로 굉장한 집이 있었다. 동쪽 복도를 따라서 다섯 개의 기둥을 건너 너른 마루에 들어가니, 봉행하는 사람들과 나이 젊은 자제 5~6인이 있었고 호슈도 있었다. 곧 서로 읍하고 차례로 앉아 붓·벼루·종이를 그 가운데 놓고 필담筆談을 여러 장 하였다. 그런 다음에 술·생선·과일·밥·국·국수 등이 들어왔는데 맛이 모두 먹을 만하였다. 먹기가 끝나자, 한 사람이 붉은 담요를 가지고 나오면서 태수가 도착한다고 알려오니, 자리에 있던 사람이 차례로 일어났다.(6월 30일)

그때 신유한이 좌중의 사람들을 둘러보면서 한마디 말을 시작했다.

내가 용모를 단정히 하고서, "청컨대 여러분은 편히 앉아 내 말을 들으시오" 하였더니, 우삼동이 "왜 그러십니까?" 하였다. 내가 "그대가 기어이 나로 하여금 태수에게 절하라고 하고, 태수는 앉은 채 소매만 들었다 말게 하려는 것이오?" 하니, 전례가 그렇다고 하였다. 내가 그때 정색을 하며, "그렇지 않소. 이 섬은 조선의 한 고을과 같은 것에 지나지 않소. 태수가 임명을 받아 조정의 녹을 먹으며, 큰일이든 작은 일이든 위의 명령을 받으니, 우리나라의 번신과 다를 바 없소. 예조참의 동래 부사와 대등하게 문서를 교환하니, 즉 그 등급이 같은 것이오. 우리나라 법에 경관京官으로 일이 있어 밖에 나가 있는 사람은 존비를 막론하고 번신과 더불어 한자리에 앉아 서로 경의를 표하도록 되어 있소. 지금 나는 문신으로 저작랑 겸 전한(종3품)의 직함을 띠고 이곳에 왔소. 설령 사신의 아래라 태수와 약간 차이가 있더라도 우선 손님과 주인의 자리를 피하여 태수는 남으로 향하여 서고, 나는 앞에 나아가 서로 마주 서서 나는 두 번 읍하고 태수는 한번 읍하기로 한다면, 이것이 비록 태수에게 치우치는 감이 있으나 특별히 사신을 위하여 내가 짐짓 한 등급 낮추는 것이 되는 셈이오. 그러나 끝끝내 태수는 앉고 나는 절하는 것을 관례대로 하려고 한다면 이것은 우리 임금으로 하여금 번신에게 체모를 잃게 하는 것이오" 하였다. 이 말을 듣던 역관의 얼굴에는 두려워하는 기색이 보였다.

내가 "일이 급박하게 되었소. 이것도 또한 조정의 기강에 관계되는 일이니, 나를 위하여 잘 말하여 이 몸으로 조정과 국가의 수치를 사지 않게 해 주시오" 하였다.

지금도 마찬가지이지만, 외교의례에서는 격식이 매우 중시된다. 특히 상대하는 사람의 지위나 위치를 정하는 일은 외교 의전 업무에서도 가장 중요한 일 가운데 하나이다. 조선시대에도 마찬가지였다. 조선국왕과 막부쇼군이 대등한 관계를 상징하는 것이 국서의 양식이었다. 즉 조선국왕이 일본쇼군에게 국서를 보낼 경우 호칭이나 나란히 평행의 위치에 쓰는 문제가 가장 중요한 의례였다. 조선후기 통신사행에서도 국서 양식이나 호칭이 문제가 된 사례가 있고, 특히 1868년 메이지유신 이후 일본 측에서 보내온 서계 양식이 문제가 되어 서계 거부가 반복되었고, 결국에는 그로 인해 교린관계의 파탄을 가져왔다.

신유한의 경우도 제술관인 자신이 조선의 중앙관리라는 점, 또 직급이 쓰시마 도주와 예조참의의 직급이 같기 때문에 쓰시마 도주에게 먼저 절을 할 수 없다는 점을 강조하였다. 이에 대해 아메노모리 호슈와 조선의 역관은 전례라고 하면서 강요를 했다.

우삼동이 이어서 왜말로 역관에 대하여 힐난하는데 그 모습이 몹시 화난 표정이었고, 계속해서 고래 고래 소리를 질러댔다. 비록 알아들을 수는 없었으나 두 나라 사이에 틈이 생겨 화가 날 것이라는 말까지 있었다. (중략) 역관이 "이것이 옛날부터 있는 일이니, 다시 생각해 보시지요" 하였다.

내가, "여러 말 마시오. 나는 이미 이 일이 전부터 있었던 것이 아닌 줄 알고 있소. 실제로 태수가 글을 잘하고 문사를 사랑하여 예로써 서로 시를 주고받고, 흥겹게 노래하게 한다면 이것은 진실로 하나의 아름다운 일이 될 수 있소. 그렇지는 않더라도 사신의 사관으로 사령을 보내어 나에게 누구를 위한 글을 부탁하여 병풍 같은 것을 쓰게 한다면 비록 내가 만나지는 않았지만 어찌 감히 어른에게 무례하게 굴겠는가? 지금 들어보니, 그는 눈으로 고무래 정丁자 하나도 못 보는 사람인데, 한갓 벼슬이 높고 뇌물이 후한 것을 빙자하여 나로 하여금 굽실거리면서 앞에 나가 절을 하고, 시가 되었든 문이 되었든, 서둘러서 거창하게 지어주고, 선물이나 받아가지고 돌아가게 한다면, 태수는 나라 임금만큼이나 높아지고, 나는 조정의 문관으로서 오랑캐의 관원에게 총애를 사는 결과가 될 것이오. 이는 결국 내 일신의 비루한 짓이지만, 수치는 조정에 미치게 되오. 또한 나의 뱃속에 든 시서를 백금白金 한 봉지를 위해 팔 수 있는 것이겠소?" 하였다.

제술관이 쓰시마 도주에게 절을 했던 전례가 없고, 또 쓰시마 도주가 글도 모르는데 그에게 시문을 지어주고 선물을 받아간다면, 일신의 비루한 짓이고, 또한 나라에 수치가 되는 일이라고 거부했다. 결국 제술관 신유한과 쓰시마 도주의 상견례는 무산되었고, 화원과 사자관의 그림과 글씨를 나중에 전달하는 것으로 일단락 되었다.

이내 역관이 부끄러운 기색을 띠면서 바로 여러 왜인들과 더불어 귀에 대고 소곤소곤하여 무슨 결정이 있는 듯하였다. 여러 왜인들도 대부분 허둥지둥 복도로 빠져 나갔다. 조금 있다가 통사가 와서 전하기를, "태수가 나오지 않게 되었으니, 청컨대 손님은 밖에서 연회를 받고 돌아가십시오" 하고는 다만 종이 두어 폭을 가져와 화원과 사자관에게 글씨와 그림을 받아가고 나에게는 끝까지 한마디 말도 하지 않았다.

인사 예법을 두고 조선 측과 쓰시마 측이 벌이는 신경전이었다. 신유한은 조선의 왕명을 받고 중앙의 관리가 동래 부사와 대등하게 서신을 주고 받는 쓰시마 도주에게 허리를 굽혀 절을 할 수 없다고 강변했고, 쓰시마 측의 아메노모리 호슈는 전례를 들어 제술관인 신유한이 절을 하고 도주가 읍을 하는 예를 고집하였다. 신유한은 체모를 깎으면서까지 도주를 대면할 이유가 없고, 게다가 도주는 손수 시문을 지을 줄도 모른다 하니 더욱 만날 이유가 없다는 것이었다.

쓰시마 도주의 저택을 나온 신유한은 자신의 생각을 관철했다는 기쁨으로 휘파람을 불면서 문을 나와 시내로 향했다. 문을 나와 다시 가마를 타고 이즈하라 시내를 내려 오던 길에 사거리에 이르자, 도주가 이정암 장로와 더불어 높은 누각에 앉아 우리나라의 마상재馬上才 놀이를 구경하고 있었다.

마상재 공연 고려미술관 소장. 통신사 일행의 마상재 공연은 일본에서도 최고의 인기를 누렸다. 당시의 한류를 주
도한 셈이다.

재인才人 강상주姜相周가 두 필의 준마를 달리는데 빠르기가 나는 듯 하였
고 왼쪽으로 뛰다 오른쪽으로 뛰다 하면서 두 말의 등에 서서 하늘을 쳐다보
고 웃었고 가로 누웠다 벌떡 일어나는 여러 가지 재주를 부리니, 구경하는 사
람들이 담을 쌓은 듯이 가로막아 갈 수가 없었다.

마상재의 공연은 통신사의 일본 체재 중에 행해지는 행사 중의 하나
였다. 에도에서 마상재가 처음 공연한 것은 1635년 4월 20일, 야요스八代

^洲 강변에서 였다. 이후 마상재는 통신사행에 반드시 동행했다. 1711년에는 마상재를 위해 다야스몬_{田安門} 안에 새로운 마장_{馬場}을 마련했고, 이 마장에서 마상재를 공연하는 것이 관례가 되었다. 이 마장은 후대까지 조센바죠_{朝鮮馬場}로 불렸다.

1719년 신유한과 동행한 마상의 재인은 강상주와 심중운이었고, 후에 이들은 10월 3일에는 에도의 쓰시마 태수 저택에서, 10월 5일에는 다야스몬에서 공연했다.

반쇼인

현재 이즈하라 시내의 쓰시마 도주 저택 옆에는 역대 쓰시마 도주의 묘소인 반쇼인_{万松院}이 있다. 시내를 관통하는 가네이시가와_{金石川} 상류의 유메이잔_{有明山} 기슭에 있는 사찰로 천태종 연력사_{延曆寺}의 말사이다. 본존불상으로 십이면관음상을 모시고 있다. 임진왜란이 끝난 후 소우 요시토시_{宗義智}가 1615년 1월, 48세로 사망하자 가네이시야마_{金石山} 서쪽 봉우리에 장사지내고, 묘 아래에 절을 지어 소온지_{松音寺}라 하였는데, 몇 년 후에 요시토시의 법호를 따라 반쇼인_{万松院}으로 개명하였다.

그 후 1647년 산기슭의 현재 장소로 옮겨, 소우 씨의 보제사_{菩提寺}가 되었다. 처음에는 임제종이었는데, 1635년 도쿠가와 쇼군가를 본받아 천태종으로 바꾸었다. 건립 초기에는 본당 외에 대사당_{大師堂}, 호마당_{護摩堂} 등의 건물이 있었는데, 1691년과 1726년의 두 차례에 걸친 화재로 소실된 이후 본당 이외의 건물은 재건되지 않았다. 다만 산문_{山門}만은 화재를 피해 창건 당시의 건물로 쓰시마에서 가장 오래된 건물이다.

소우 씨의 묘지는 상·중·하의 세 곳으로 되어 있다. 맨 위 지역에는 요시토시_{義智} 이래 역대 도주와 정부인의 묘가 있고, 중간 지역에는 측실과

반쇼인

조선에서 보낸 삼족구

소우 씨 묘지 계단

소우 요시토시의 묘

아동 등이 있고, 아래쪽 지역에는 일족 및 소우 씨 가문에서 출가한 사람 등의 묘가 있다.

반쇼인에 소장된 유물로는 조선국왕으로부터 받은 제례용의 청동 삼족구三足具(향로, 화병, 촛대), 고려불상(관세음보살반가상), 고려의 불경, 그림(어초문답도, 漁樵問答圖) 등이 있다

또 소우 씨의 위패와 별도로 도쿠가와 쇼군들의 위패가 별실에 있고, 도쿠가와 이에야스의 영정이 있다. 반쇼인 관리인의 말에 의하면 여기에 위패와 영정이 있는 이유는 통신사가 왔을 때 보여주기 위해 1645년에 별도로 사당을 건립하여 이에야스의 영정과 역대 징군들의 위패를 봉안했다고 한다. 그런데 메이지유신 이후 동조궁東照宮이 폐사되고 사당도 없애자, 이곳 반쇼인에 위패를 안치하게 되었다고 한다.

슬픈 덕혜옹주

덕혜옹주와 소우 다케시

반쇼인에서 쓰시마 도주 저택 뒤편으로 연결된 오솔길을 따라 조금 내려오면 고종의 딸 덕혜옹주의 구슬픈 사연이 담긴 비석이 하나 서 있다.

일본은 1910년 한·일 병탄을 계기로 대한제국의 왕족을 '조선왕공족'으로 취급하여 일본 황실 밑에 편제하였다. 그리고 조선왕실은 일본 궁내성에 설치된 이왕직李王職에서 관리하였다. 일본은 조선왕실이 한민족의 상징 또는 구심점 역할을 하는 것을 우려하여 조선왕실을 일본의 화족제도에 편입시켜 '정략결혼' '혼혈'등을 통해 '일선동화日鮮同化'시키는 한편 일본식 교육을 통해 왕실을 말살하고 무력화시키려고 했다.

고종과 엄비 사이에서 태어난 영친왕 이은은 합방도 되기 전인 1907

덕혜옹주 결혼 기념비 고종의 외동딸 덕혜옹주는 일제에 의해 강요된 결혼을 했다가 이혼하는 등 누구보다 불우하고 비극적인 삶을 살아야 했다.

년, 10살의 나이로 이토 히로부미伊藤博文의 권유로 일본으로 유학을 갔다. 유학 중에는 일본 육군의 교육을 받았으며, 1916년 일본 황족인 방자方子 여사와 약혼했다. 고종의 외동딸 덕혜옹주도 당연히 이왕직의 관리 대상이었다.

고종과 복녕당 양씨梁氏 사이의 딸로 태어난 덕혜옹주는 다섯 살까지 복녕당 아기씨로 불리다가 히노데日出소학교 5학년이던 1925년 일제에 의하여 볼모로 일본에 끌려가 동경학습원에서 교육을 받았다. 일본 유학생활 중에도 늘 외로움과 향수병으로 정신질환인 조발성 치매증으로 고생했다.

1931년 쓰시마번주의 아들인 소우 다케시宗武志 백작과 강제 결혼하여 3년 만에 딸 정혜宗正惠를 얻었으나 지병이 계속되었다. 덕혜옹주는 1951년 소우 다케시로부터 이혼을 당하였고, 딸이 결혼에 실패하여 현해탄에 투신 자살하자 병세가 더욱 악화되었다.

쓰시마역사자료관

1961년 11월 국가재건최고회의 의장이던 박정희가 미국 방문 도중 일본에 기착하였는데, 당시 영친왕英親王의 부인인 이방자李方子 여사가 덕혜옹주의 귀국을 요청하여, 1962년 1월 26일, 일본에 간 지 38년 만에 귀국할 수 있었다. 그러나 귀국 직후부터 5년간 서울대학교 대학병원에 입원하였다.

그 후 창경궁 낙선재 수강재壽康齋에 칩거하였다. 계속된 치료에도 병세는 호전되지 않았고, 1989년 4월 21일에 별세하였다. 4일 후 경기도 미금시 금곡동에 소재한 고종이 묻힌 홍유릉에 안장되었다.

쓰시마 종가문서

반쇼인 견학을 마치고 쓰시마 도주 저택을 통과하여 나오면 왼쪽에

이즈하라 시내 중심부를 흐르는 하천

쓰시마역사자료관이 있다.

쓰시마역사자료관은 원래 쓰시마 도주의 종가문서宗家文書를 보관하던 곳으로, 쓰시마번청 사료, 에도저택에 있던 사료·편지·각종 기록류 등을 소장하고 있다. 원래는 현재의 반쇼인 입구의 목조건물 창고에 있던 것을 화재의 위험 때문에 현재의 자리에 새로 콘크리트로 건물을 지어 옮겼고, 그 안에는 종가문서 7만 2,000여 점을 소장하고 있다. 목록만 해도 5권에 이른다. 에도시대와 메이지 초기까지의 쓰시마번 번정기록과 군봉행 등의 일기 등 많은 고문서를 소장하고 있으며, 조선통신사 행렬의 두루마기 그림과 왜관의 도면류·고서·민속자료 등을 전시하고 있다. 소장 문서 가운데는 특히 조선시대 일본(쓰시마)과 조선의 외교·무역 등 통교 전반에 관한 엄청난 분량의 사료가 소장되어 있다.

현재 종가기록은 쓰시마역사자료관을 비롯하여 한국 국사편찬위원회, 일본 국회도서관, 동경대학 사료편찬소, 게이오慶應義塾대학 도서관 등 5곳에 분산되어 있다. 우리나라 국사편찬위원회에도 양질의 사료가 약 2만 8,000점이나 소장되어 있는데, 이것은 일제강점기인 1926년과 1938년 두 차례에 걸쳐 조선총독부 산하 조선사편수회에서 조선사편찬을 위해 가져왔던 것인데, 해방이 되면서 그냥 두고 가버린 것이다.

아이러니하게도 식민지 지배를 위해 역사를 편찬하기 위해 쓰시마에서 임시로 가져왔던 자료인데, 해방이 되자 몸만 빠져 나가느라 미처 챙기지 못한 것이다. 수 만 점의 우리 문화재와 유물, 서적 등이 강제로 반출된 것과는 전혀 성격이 다른 유물인 셈이다.

쵸쥬인

아메노모리 호슈의 묘

쓰시마역사자료관에서 길 건너 맞은편 언덕에 아메노모리 호슈의 묘인 쵸쥬인長壽院이 있다.

도쿠가와 막부 시대에 조선을 가장 잘 이해하고 있던 소위 '조선통'이던 아메노모리 호슈와 그의 가족묘이다. 앞서 서술했지만 호슈는 쓰시마 출신은 아니지만 20대에 쓰시마번에 취직하여 쓰시마로 이주해 온 이후 죽을 때까지 쓰시마번의 여러 직책을 두루 거치면서 쓰시마번이 조선과 통교 무역을 하는데 많은 아이디어를 내었다. 호슈는 조선과의 교제에서 '서로 다투지 말고 속이지 말며 성신으로 할 것'을 기본으로 주장했다. 조선과의 실무경험과 조선인과의 교류를 통하여 얻은 체험, 통신사 수행원들이나 역관들과의 오랜 교제에서 얻은 결과였던 것이다. 호슈와 교제했던 대표적인 통신사 수행원이 신유한이었고, 역관으로는 현덕윤이 있었다. 아메노모리 호슈의 묘소는 명성에 비해서는 너무 초라하지만, 이즈하라에서 한번쯤은 꼭 들러 보아야 할 곳이다.

슈젠지와 면암 최익현

슈젠지修善寺는 구한말 항일의병장으로 명성을 날렸던 면암勉菴 최익현崔益鉉(1833~1906)이 쓰시마에서 순국한 후 유해를 한국에 옮겨 오기 전에 안치했던 절이다. 절의 경내에는 최익현 선생의 순국 기념비가 서 있다. 기념비는 약 2m 정도의 높이로 정면에는 '대한인 최익현 순국지비大韓人崔益鉉殉國之碑'라는 글자가 새겨져 있다.

최익현 선생의 순국비는 1986년 8월 3일 한일 양국의 유지들이 힘을 모아 세운 것이다. 그렇다면 왜 평생 일본과 싸웠던 항일의병장의 순국비가 이 슈젠지의 뜰 안에 세워졌을까? 그 이유는 구국항일투쟁의 상징인 최익현 선생이 순국한 곳이 바로 이즈하라였고, 순국 후에 이곳에서 유해를 임시로 수습했기 때문이다.

최익현은 한말의 애국지사로 본관은 경주, 자는 찬겸, 호는 면암으로 경기도 포천 출신이며 최대崔岱의 아들로 태어났다. 최익현은 1855년(철종 6) 명경과에 급제하여 승문원에 출사한 이후 사헌부 지평, 사간원 정언, 신창 현감, 성균관직강, 사헌부 장령 등의 관직을 역임하고 1870년(고종 7)에 승

슈젠지 항일의병장 최익현은 일제에 체포되어 쓰시마로 압송되었고 거기서 순국했다. 그의 유해가 고국으로 돌아
오기 전 임시 안치되었던 절이다.

정원 동부승지를 지냈다. 그는 불의와 부정을 척결하여 자신의 강직성을 발휘하였다. 특히 1868년에 올린 상소는 경복궁 재건을 위한 대원군의 비정을 비판하여 건의한 것으로, 그의 우국애민 정신의 발로이며 막혔던 언로를 연 계기가 되었다.

또 1873년에 올린 〈계유상소癸酉上疏〉는 1871년 신미양요를 승리로 이끈 대원군이 그 위세를 몰아 서원의 철폐를 단행하자 그 시정을 건의한 것이다. 이 상소를 계기로 대원군의 10년 집권이 무너지고 고종의 친정이 시작되었다.

그는 고종의 신임을 받아 호조참판에 제수되었고 누적된 폐해를 바로잡고자 하였으나 권신들이 반발하였고, 이후 민씨 일족의 옹폐를 비난하였으나 상소의 내용이 과격하고 방자하다는 이유로 제주도로 유배되어 3년간의 유배 생활을 했다.

1876년에는 병자 수호조약을 반대하다가 흑산도로 유배되었고, 그후 20년 동안 은둔생활을 했다. 그러나 1895년 을미사변과 단발령을 계기로 다시 항일 위정척사운동에 앞장섰다. 1905년 을사조약이 체결되자 곧바로 〈청토오적소請討五賊疏〉를 올려 조약의 무효를 국내외에 선포할 것과 망국조약에 참여한 박제순 등 오적을 처단할 것을 주장하였다. 이 사건을 계기로 위정척사운동은 항일의병전쟁으로 전환되었다.

최익현은 1906년 2월, 자신의 문하생인 임병찬林炳瓚을 찾아가 구체적인 거사 계획을 수립하였다. 거사 장소는 태인의 무성서원武城書院으로 정한 뒤, 담양의 용추사로 가서 기우만奇宇萬 등 50여 명을 소집, 이들과 회동하여 항전 방책을 논의하고 113명에 달하는 지사들의 연명부인 '동맹록同盟錄'을 작성하였다. 이어 순천, 흥양, 여수, 돌산, 광양, 장흥, 보성, 강진, 해남, 완도 등 호남 고을마다 격문을 보내 외세를 척결하고, 부패한 관료들

면암 최익현 순국비

을 처단할 목적으로 거병함을 밝히고 양심적인 지사들은 동참할 것을 촉
구하였다. 그리고 의병의 군율, 의복제도, 규칙 등을 작성하고, 임병찬이
주관이 되어 무기를 비롯한 각종 군비를 마련하였다.

1906년 6월 4일 최익현은 호남의병진이 무성서원에서 거의한 당일에
의병을 일으킨 목적을 밝힌 〈기일본정부서寄日本政府書〉를 발표하였다.

나라에 충성하고 사람을 사랑하는 것은 성性이라 하고 신의를 지키고 의리
를 밝히는 것은 도道라고 한다. 사람으로 이 성이 없으면 반드시 죽고 나라에 이
도가 없으면 반드시 망한다. 이것은 다만 노생의 범담일 뿐만 아니라 또한 개화
열국이라 할지라도 이것을 버리면 아마도 세계 안에 자립하지 못할 것이다. (중
략) 이제 우선 귀국(일본)이 신의를 저버린 죄를 논한 다음에 귀국이 반드시 망하
게 되고 동양의 화가 그칠 때가 없게 되는 이유를 밝히고자 한다.

이어 그는 강화도조약이 불법임을 선언하고, 강화도조약 체결 이래 조선에 대해 '기의배신棄義背信'한 일제의 죄상을 16가지로 나누어 조목조목 논술하여 한·일 양국을 위해, 나아가서는 동양평화를 위해 일제의 각성을 촉구하였다.

그리고는 80여 명이 대오를 편성한 뒤 태인 본읍을 향해 행군을 개시하였다.

최익현 의병진이 태인 본읍으로 진군해 오자, 군수 손병호孫秉浩는 저항은 엄두도 못내고 도망쳤다. 최익현 의병진은 태인을 점령한 뒤, 이후 정읍을 거쳐 순창을 점령하고, 6월 8일 남원으로 진출코자 행군, 정오 무렵 50여 리 떨어진 곡성에 당도, 일제 관공서를 철거하고 세전稅錢, 양곡 등을 접수하였다. 이처럼 최익현 의병진은 의병을 결성한 후, 초기에는 80여 명에 지나지 않던 병력이 이때에 와서는 9백여 명에 달했고, 그중 상당수가 소총 등의 화기를 소지하게 되어 전력이 크게 증강되었다.

6월 11일 아침, 광주관찰사 이도재李道宰는 의병 해산을 명하는 광무황제의 선유조칙과 관찰사 고시문을 최익현에게 보내어 의병해산을 종용하였다. 그러나 최익현은 이를 단호히 거절하였다. 그러자 전라북도 관찰사 한진창은 전북지방 진위대를 동원해 의병을 해산시키라는 훈령을 내렸다. 한진창은 전주와 남원의 진위대를 출동시켜 6월 11일 순창 외곽을 봉쇄하며 의병진을 압박했다.

최익현은 처음에 이들이 일본군인 줄 알고 즉시 전투태세에 돌입했었다. 그러나 얼마뒤 척후병의 보고로 이들이 일군이 아니라 동족인 진위대 군사임을 알고는 동족상잔의 비극을 피하기 위해 진위대 측에 다음과 같은 간곡한 통첩을 보냈다.

우리 의병은 왜적을 이 땅에서 몰아내고자 하는 목적으로 싸울 뿐 동족 간의 살상은 원치 않는다. 진위대도 다같은 우리 동포일진대, 우리에게 겨눈 총구를 왜적에게로 돌려 우리와 함께 왜적을 토멸하도록 하자. 그리함으로써 후세에 조국을 배반했다는 오명을 씻을 수 있으리라.

그러나 진위대는 최익현의 이와 같은 호소를 묵살한 채 오히려 의병진에 일제히 공격을 가해 왔다. 의병측은 이미 '동포끼리는 싸워서는 안 된다'는 생각으로 응전을 포기하던 중 중군장 정시해가 전사하자 진영이 와해되고 말았다. 최익현은 주위를 돌아보며 "이곳이 내가 죽을 땅이다. 제군은 모두 떠나라"고 하며 순창 객관에 그대로 머물렀는데, 그의 곁을 떠나지 않은 자가 22명이었다.

6월 14일 끝까지 남아 있던 최익현 이하 임병찬 등 13인이 전주로 압송되고, 이로써 최익현의 의병항전은 막을 내리게 되었다.

6월 말 최익현은 이들과 함께 다시 경성부로 압송되어 경성 주재 일본군사령부에 감금당하였다. 최익현 이하 13인의 의병장들은 이후 2개월 간 일본군사령부에 감금된 끝에 최익현과 임병찬은 그해 8월 하순 일본의 쓰시마 섬 이즈하라의 위수영衛戍營으로 압송되어 감금되었다. 당시 이즈하라의 위수영에는 홍주 의병진의 유준근, 이식 등 의병 9인이 이미 감금되어 있었다.

이즈하라의 일본군 위수영에서 최익현은 일본 정부 측의 온갖 협박과 회유를 뿌리치고 단식에 돌입하였다. 최익현은 죽음이 임박해지자 임병찬에게 〈유소遺疏〉를 구술하게 했다.

신의 나이 75세이오니 죽어도 무엇이 애석하겠습니까. 다만 역적을 토벌

하지 못하고 원수를 갚지 못하며, 국권을 회복하지 못하고 강토를 다시 찾지 못하여 4천년 화하정도華夏正道가 더렵혀져도 부지하지 못하고, 삼천리 강토 선왕의 적자가 어육이 되어도 구원하지 못하였으니, 이것이 신이 죽더라고 눈을 감지 못하는 이유인 것입니다.

결국 1907년 1월 1일 이즈하라의 위수영 감옥에서 순국하였다. 순국한 최익현의 유해는 임시로 이즈하라의 슈젠지로 옮겨졌으며, 간단한 수습과정을 거쳐, 1월 5일 배편으로 부산 초량草梁으로 옮겨졌다. '춘추대의春秋大義 일월고충日月孤忠' 8자의 만장輓章을 앞세운 그의 영구靈柩는 연도에 수많은 인파가 늘어서 애도하는 가운데 구포, 성주, 황간, 공주 등지를 거쳐 1월 20일 청양의 본가에 도착하여 무동산舞童山 기슭에 묻혔다. 1907년 논산군 상월면의 국도변에 안장했다가 뒤에 예산군 관음리로 이장했다.

최익현이 순국한 이즈하라의 일본군 위수영 자리에는 현재 일본군 육상자위대가 주둔하고 있다.

"NO KOREA!"

이즈하라 시내를 걷다 보니 한 음식점 앞에 'NO KOREA, NOT ALLOWED(한국은 안 된다. 한국인의 출입을 허가하지 않는다)'라는 안내판이 붙어있다. 우동이나 야키도리 등을 파는 허름한 집인데, 너무 의외라서 일부러 문을 열고 들어가 보았다. 식당 종업원에게 왜 한국인은 받지 않는냐고 했더니, 그냥 심각하지 않게 '다메!(안 된다)'라고 답변할 뿐이었다. 도쿄에서 혐한 시위를 할 때 본 적은 있었지만 이렇게 지방 소도시에서 노골적으로 한국에 대해 배타적인 것은 의외였다.

현재 부산과 쓰시마 사이에는 1999년 7월부터 여객선이 취항하기 시

한국인 출입 금지 시내 중심가의 뒷골목 식당에 붙어있
는 안내문이다.

작하여 이제는 하루 2~3편씩 히타가츠와 이즈하라를 왕래하고 있다. 승객은 거의가 한국인 관광객으로 2015년 한 해에 쓰시마 인구의 6배가 넘는 21만 3,000명이 다녀갔다.

이즈하라 시에서는 한국인 관광객을 위해 매년 8월 15일, 아리랑축제를 하면서, 통신사 행렬을 재현하는 등 한국인 관광객 유치에 매우 적극적이다. 이러한 분위기와는 너무 대조적인 모습이다.

이키 ～ 아이노시마

신유한 일행은 쓰시마에서의 체류가 끝난 후, 다시 길일吉日을 정하여 순조로운 항해를 기원하면서, 이테이안 승려와 함께 쓰시마 태수의 호위를 받으며 에도로의 먼 길을 다시 재촉해 나갔다. 조선후기의 통신사는 아이노시마에서 곧바로 시모노세키로 갔지만, 조선전기에는 후쿠오카의 하카타博多를 거쳐서 시모노세키로 갔다. 신유한은 이즈하라를 출발하는 모습을 다음과 같이 기록했다.

이른 아침 쓰시마 태수의 배에서 북을 치므로 세 사신이 국서를 받들고 의장을 갖추어 항구로 나가 돛을 올렸다. 아침 햇살이 동쪽 산마루에 오르기 시작하였다. 태수와 장로 이하 봉행과 재판이 각각 배를 타고, 기실과 금도, 통사와 따라가는 왜인이 1천여 명이나 되고, 작은 배가 1백 척이나 되었다. 싸가지고 가는 의복과 양식과 기물이 만여 가지나 되어 온 섬을 몽땅 비우는 것 같았다. 운집한 돛대는 바다를 덮었고, 군악은 하늘에 진동하였다. 사방을 돌아보니 깊고 넓은 바다뿐이어서 몸이 날고 정신이 생동하는 듯하였다.(7월 19일)

이후 이키壹岐, 아이노시마藍島를 거쳐 시모노세키下關에 상륙했다. 중간 경유지였던 아이노시마의 모습에 대해 신유한은 이렇게 적었다.

남도는 축전주의 소속인데, 위쪽은 푸른 산이 3면으로 막고 있어 반달과 같고 가운데는 평야로 되어 있어 민가와 농토가 바다를 내려다보게 되어 있다. 바다 밖에는 먼 산이 100리가량 둘러 싸 둥근 거울과 같은 편편한 호수로 되어 있는데, 푸른나무 숲과 구름 안개가 모두 시원스럽고 밝으며 그윽하고 청초하여 보는 사람이 곧 황홀하여 정신을 잃을 지경이었다. 내가 항해해 온 이후 처음 보는 신선의 경지였다.

새로 지은 사관이 거의 천 칸이나 되는데 장막이나 비품이 모두 화려하였으며, 날마다 공급하는 음식도 일기도에 비하면 또 배나 되었다. 나의 숙소가 서쪽 모퉁이에 있는데 또한 매우 맑고 깨끗하여 서산의 서늘한 기운을 받아들일 수 있었다. 태수는 원선정源宣政인데, 연봉이 52만 석이다. 태수가 있는 곳이 복강福岡인데 여기에서 동남쪽으로 50리의 거리이다. 봉행을 보내어 우리를 접대하는데 소면素麪 한 꾸러미와 견포鰹脯 한 상자와 곤포昆布 한 소반을 나에게 별도로 선사하였다. 종이 첫머리에는 제술학사製述學士라 쓰고 중간에는 물품의 목록을 나열하고 끝에는 비전수肥前守라 썼는데, 뒤에도 모두 이와 같이 하였다.

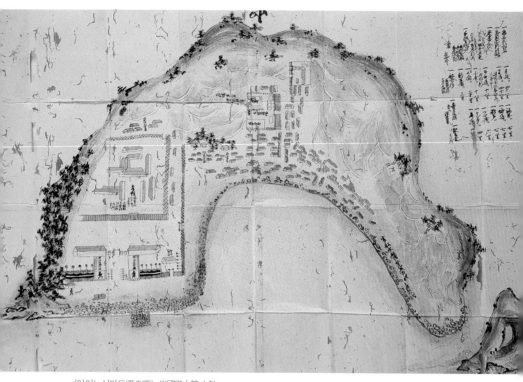

〈아이노시마도(藍島圖)〉 岩國微古館 소장.

　지금은 이즈하라에서 정기여객선 쾌속선을 타면 3시간 정도면 이키 섬의 마쓰모토松本항을 중간 경유지로 하여 후쿠오카의 하카타항으로 입항한다.

3. 전쟁과 평화

(후쿠오카 ~ 아리타 ~ 시모노세키)

중계무역지 후쿠오카

후쿠오카福岡는 후쿠오카현의 현청 소재지로 일본에서 8번째 큰 도시이다. 지정학적으로 한반도와 중국 대륙으로 향하는 길목이어서, 선사시대부터 일본에서 한반도와 중국에 가는 관문이었다. 그래서 선사시대부터 농경문화와 철기문화의 유입로였고, 한반도와 대륙으로 나가는 출구이기도 했다. 근처에는 벼농사로 대표되는 농경유적지인 이타즈케다바나板付田端 농경문화유적지, 청동기문화의 요시노가리吉野ヶ里 역사공원 등이 있고, 견수사·견당사·신라 사절이 왕래했던 객사가 있는 고로칸鴻盧館과 다자이후太宰府 등이 있다. 이러한 역사적인 배경을 가지고 후쿠오카시는 현재 '아시아를 향한 국제 도시'를 지향하고 있다.

후쿠오카시의 원래의 명칭은 하카타博多였고, 중세까지도 하카타는 무역항으로 번성했다. 그래서 조선전기에는 조선과의 통교도 하카타항에서 이루어졌고, 조선에서 파견된 사절들도 모두 하카타항으로 입항했다. 1420년 무로마치 쇼군에게 파견되었던 회례사 송희경 일행도 하카타를 경유하여 세토내해로 들어갔다.

그 후 에도시대에 들어와 도쿠가와 무사정권이 하카타를 지배하면서 시내 중심부를 흐르는 나카강 서쪽에 구로다黑田 씨 등의 무사들에 의해 새로운 도시가 형성되었고, 그 지역을 후쿠오카라고 부르기 시작했다. 그러다가 메이지유신 후인 1889년에 후쿠오카와 하카타를 통합해서 후쿠오카시를 발족하게 되었다. 통합 당시 시의 이름을 둘러싸고 논쟁이 일어났는데, 시의 이름은 '후쿠오카'로 하고 대신에 철도역과 항구 이름을 '하카타'로 하기로 결론을 보게 되었다. 그래서 지금도 JR 신간센의 종착역을 '하카타역', 항구를 '하카타항'으로 부르고 있다.

신유한은 하카타에 관해 다음과 같이 기록했다.

복강 10리 밖에 박다진博多津이 있는데, 이곳은 신라 충신 박제상朴堤上이 충의에 죽은 곳이고, 포은 선생 정몽주가 사신 갔다가 억류되었던 데도 또한 여기다. 왜인에게 물었더니, 옛일을 아는 사람이 없다고 하였다. 아마 알지 못하는 것이 아니라 우리에게는 숨기는 듯하다. 우삼동雨森東이 남도에서 나에게 지어준 시에, "웅장한 관문에 뜬 달이 패가대에 비친다(雄關月照覇家臺)"는 글귀가 있어서 패가대가 어디냐고 물었다. 우삼동이 말하기를, "이것은 박다진인데 일본 음으로 화가다和家多입니다. 귀국의 문충공文忠公 신숙주가 사신으로 왔을 때의 필록筆錄에 패가대라고 썼는데, 이것은 음역音譯이 잘못된 것이나 그 뜻이 아름다워 지금 그렇게 부릅니다" 하였다. (8월 1일)

성복사

　　조선전기에는 하카타를 경유하여 시모노세키로 향했지만, 조선후기에는 하카타를 거치지 않고, 시모노세키로 향했다. 후쿠오카 시내에는 1420년에 무로마치 막부쇼군에게 파견되었던 회례사 송희경의 『일본행록日本行錄』에 나오는 성복사聖福寺와 승천사承天寺라는 절이 있다.

　　송희경의 『일본행록』은 1420년(세종 2) 윤정월부터 10월까지의 일본 사행일기이다. 일기는 간단히 그 날의 일을 쓰고 주로 시로써 자기의 생각을 표현하였다. 시는 절구와 사율을 합해 227편이나 되는데, 시의 서문이 아주 자세하여 그동안의 일들을 대강이나마 살펴볼 수 있다.

　　송희경 일행은 1419년 이종무李從茂가 쓰시마를 토벌한 다음 해에 일본에 파견되었다. 당시 일본에서는 조선이 명나라와 합세해 일본을 정벌한다는 말이 와전되어 양국관계가 매우 불편했다. 송희경은 이러한 상황에서 조선이 쓰시마를 토벌한 이유를 막부쇼군에게 설명하고, 그들을 회유하기 위한 목적으로 교토에 파견되었다.

『일본행록』에는 시와 함께 일본의 제도, 풍습과 불교의 숭상, 사찰과
승려에 대한 관찰, 삼모작을 하는 농촌 풍경 등이 상세히 묘사되어 있다.
또한, 조선에서 일본에 이르는 해로海路와 포구에 관한 기록과 조선에서
보낸 서계 가운데 중국의 연호가 문제가 되어 그를 구류하려는 일본 측에
대해 설득하는 과정이 서술되어 있고, 이 일이 계기가 되어 나중에는 더
욱 후한 대접을 받았다는 내용도 있다. 『일본행록』은 일본에 관한 최초의
기록으로 일본의 문물을 자세히 소개했을 뿐만 아니라, 당시 양국 간의
사정을 소상히 밝혀놓고 있어 사료적으로 매우 가치가 크다.

소바와 만두 발상지
『일본행록』에는 후쿠오카 시내에 있는 성복사와 승천사와 관련된 시
문 2편이 실려 있다.

〈성복사 승려 7~8인이 와서 나의 시를 구함〉	〈盛福寺僧七八輩來求詩〉
시를 구하는 중의 왕래가 빈번하구나	求詩釋子往來頻
적막한데 낯선 사람 어찌 싫으랴	寂裏何嫌面目新
창 앞의 꽃나무에 봄바람 가득하니	窓前花木春風遍
누가 하릴없이 한가한 도인인가	誰是無爲閑道人

성복사盛福寺에는 고려범종이 소장되어 있는데, 일본에 있는 대표적인
고려범종의 하나이다. 일반적인 고려범종과 같이 한 마리의 용두와 음통
을 갖추고 있다. 상하대, 당좌, 천인상 등을 갖추고 있으나, 음통은 뒤에 보
수한 흔적이 있다.
음통의 배면에 직사각형의 명문틀을 만들어 6행의 음각으로 '해마다

전쟁이 있었다(連年有兵)'는 명문이 있어서 이 종을 '연연유병명종連年有兵銘鍾'이라고 한다. 명문에 구체적인 연대는 나오지 않으나, 해마다 전쟁이 있었다는 명문 기사로 볼 때, 거란이나 몽골의 침입이 있었던 때로 12세기 전후에 제작된 것으로 추정된다.

이 종에는 이후 네 차례에 걸쳐 명문이 새겨져 있는데, 모두 일본으로 건네진 이후의 일이다. 이에 따르면 1502년 조선에서 수입하여 구주의 평등사平等寺에 기부하였다가 오토모 씨大友氏와 오우치 씨大內氏의 다툼 때에 본국사本國寺로 옮겼다가, 다시 평등사로 갔다가, 하카다의 성복사에 기부되었다고 한다.

승천사承天寺는 일본 소바와 만두의 발상지로 널리 알려져 있다. 비석 앞에는 다음과 같은 안내문이 적혀 있었다.

승천사

소바와 만두의 발상지 비석

○ 우동·소바 발상지 기념비

1241년 중국 송나라에서 돌아온 쇼이치聖一 국사가 양갱·만두·우동·소바를 만드는 기술과 함께 제분기술도 일본에 들여왔습니다. 이 비석은 제법·제분 기술을 일본에 전하여 분식문화의 발전에 크게 기여한 쇼이치 국사의 위업을 후세에 전하기 위해 건립하였습니다.

○오만주도코로 기념비

선의 포교를 위해 나섰던 쇼이치 국사는 지나는 길에 들린 찻집 주인으로부터 융숭한 대접을 받았습니다. 그것을 기뻐한 쇼이치 국사는 중국 송나라에서 배워 온 만주의 기법을 찻집 주인에게 가르쳐주고, '오만주도코로御饅頭所(만주파는 곳)'라는 간판을 써 주었습니다. 간판은 지금도 도쿄의 토라야虎屋가 소장하고 있고, 그 복제품이 하카타마쓰야博多松屋에 전해지고 있습니다.

한편 송희경의 『일본행록』에는 승천사에 관해 다음과 같은 시가 나온다.

〈승천사 주승에게 줌〉	〈贈承天寺住僧〉
정사에 있는 고승은	精舍高僧在
몇해나 벽을 향해 참선했던고	幾年向璧間
세 가지 업이 물과 함께 깨끗하고	水俱三業淨
한평생 구름과 같이 한가롭구나	雲與一生閑
경문 외는 탑에는 향연 등불 고요하고	誦榻香燈靜
선방에는 꽃과 나무 아롱져있네	禪房花木斑
스님의 그 마음 누가 알 수 있으랴	師心誰得識
염불로 기관이 환하게 통하네	念佛透機關

또한 승천사에도 고려종으로 보이는 '계지사금종戒持寺金鐘'이 있다. 이 종에는 명문이 양각으로 새겨져 있는데, 말미에 대장大匠, 부대장副大匠 등 제작에 관한 장인의 직급과 이름이 새겨져 있으나, 구체적으로 누구인지는 알 수 없다. 원래의 명문 옆에 1498년 일본에서 추가로 새긴 명문이 있

는 것으로 보아, 이 종은 그 이전에 일본으로 건너와 승천사에 소장되었음을 알 수 있다.

이곳 하카타에서 서쪽으로 가면 임진왜란의 침략기지였던 나고야성이 있다. 조선통신사의 사행로는 아니지만, 조선시대 한일관계사에서 빼어 놓을 수 없는 역사의 현장인 만큼 일부러라도 답사해 볼 가치가 있는 곳이다.

조선 침략기지, 나고야성

규슈 사가현 가라쓰唐津市와 켄가이초玄海町에 있는 '나고야名護屋성 터'와 주변 지역은 토요토미 히데요시가 일으킨 임진왜란과 정유재란의 조선침략기지이며, 한반도와 일본 간의 오랜 교류를 단절시켰던 불행한 역사의 무대이다. 나고야성 터를 중심으로 반경 3km 범위에 걸쳐 펼쳐있는 이 유적지는 당시 일본 전국에서 130여 곳의 영주들이 집결해 진영을 구축했던 곳이다.

전국시대를 통일한 토요토미 히데요시는 조선에 사자를 보내 일본에 복속할 것과 명나라 침공에 대한 협력을 요청했다. 그러나 그 내용을 그대로 조선에 전달할 수 없었던 쓰시마는 명을 정복하고자 하니 길을 빌려달라는 '정명가도征明假道'로 둔갑시켜 조선에 전달했다. 조선에서 이를 거절하자, 1591년 8월 이듬해 봄에 조선 침략을 결행한다는 것을 전국에 알리고 나고야를 전진기지로 하기 위해 성을 축조할 것을 명령했다.

히데요시는 자신의 고향 나고야名古屋와 같은 지명을 갖고 있는 이 지역에 대해 특별한 인연이 있다고 여겼고, 성이 세워지는 산의 이름이 가쓰오야마勝男山인 것도 길조라고 생각했다. 10월초부터 전국에서 다이묘들이 도착하여 성의 축조를 시작했다. 가토 기요마사加藤淸正와 데라자와 히로타카寺澤廣高가 나고야성의 건축을 관장했고, 성은 1592년 3월에 완성했다.

면적이 17만㎡로 규모로는 오사카성 다음으로 컸다.

당시 일본에 머물렀던 포루투갈의 가톨릭신부였던 '루이스 프로이스'는 그의 저서 『일본사』에 '사람의 그림자가 없는 황무지'였던 나고야에 전국에서 군사들이 집결해 '산이나 들이 빈 데가 없었다'고 적고 있다. 관서지방의 군사를 중심으로 15만 8,000명이 9군으로 편성되어 4월 1일 출전한 일본군은 이키, 쓰시마를 거쳐 조선에 침공했다. 히데요시는 4월 25일에 나고야성에 도착하여 이곳을 본영으로 삼고 전쟁을 지휘했다.

일본군은 임진왜란 초기에 승리했지만, 이순신 장군에 의해 남해의 제해권이 장악되고, 의병과 승병 등에 의해 일본군이 고전하면서 1593년 4월부터는 강화화의가 시작되고 전쟁이 장기화되었다. 4년 여에 걸친 강화회담이 결렬되자 히데요시는 1597년 2월, 다시 14만 명으로 조선을 침략했다. 이것이 정유재란이다. 정유재란 때에도 나고야성은 보급·연락의 중계지로 중요한 역할을 했다. 1598년 8월 18일, 히데요시가 사망하고 일본군이 조선에서 철수하자 나고야성도 그 역할을 끝냈다. 전쟁 기간 중 히데요시가 나고야성에 머문 기간은 총 1년 2개월이었다.

전쟁이 끝난 후, 나고야성은 데라자와 히로타카가 다스리게 되었다. 세키가하라 전투 이후 1602년 데라자와는 가라쓰성을 쌓기 시작했는데, 이 때 나고야성을 허물고 그 자재를 다시 사용했다. 이후에 석벽의 네 모퉁이를 허는 등의 작업이 이루어져 성을 다시 사용할 수 없게 되었는데, 그 이유와 시기에 대해서는 명확하지가 않다.

나고야성 터 입구에 있는 나고야성 박물관에서는 임진왜란과 정유재란을 '침략전쟁'이라고 규정하고, '일본열도와 한반도의 교류사'를 테마로 고대부터 현대까지 2,000년에 걸친 한·일 교류와 관련된 약 220점의 자료를 상설 전시하고 있다.

나고야성 박물관

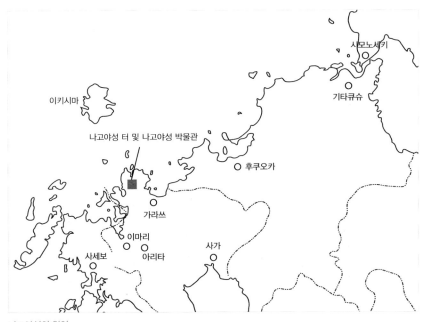

나고야성의 위치

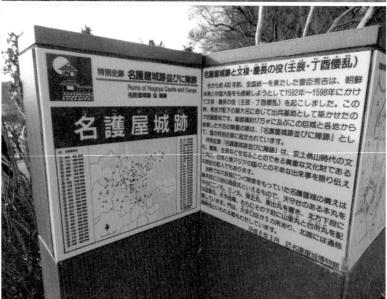

나고야성 터 입구와 안내문

끌려간 피로인들

전쟁이 끝나자 조선피로인의 쇄환은 1604년 이전에는 강화를 요청하는 쓰시마 사절에 의해 주도되었고, 그 이후에는 탐적사, 회답겸쇄환사, 통신사 등 조선사절단에 의해 이루어졌다.

조선피로인의 숫자는 정확히 알 수 없다. 일본학자는 2~3만, 한국학자는 10만에서 40만까지 추정하고 있다. 거주 지역은 조선침략에 참가했던 다이묘大名들의 출신 지역과 구주 지역이 제일 많았다. 쇄환된 피로인은 조선사절의 사행로 주변에 살고 있던 사람들이 많았다.

쇄환 인원이 이렇게 적은 이유는 일본 측의 비협조적인 태도, 귀국을 원치 않는 경우, 조선정부의 피로인 정책 부재, 피로인에 대한 차별과 멸시·소외 등이었다. 조선사회에서는 유교적 가치관에 의해 오랑캐 나라(일본)에 끌려갔다가 돌아왔다는 자체가 차별과 멸시의 대상이 되었다. 절의節義를 강조했던 가치관에서는 받아들이기가 어려웠다. 또한 양반 중심의 신분제사회에 쇄환된 평민이나 천민이 설 자리는 없었다. 이 점에서 조선왕조의 피로인 쇄환 정책은 한계를 가질 수 밖에 없다.

임란 직후부터 일본에서 강화를 요청하면서 보내온 피로인의 수는 다음 표와 같다.

임란 직후 피로인 송환 일람표

번호	연대	사자	내용	출처(『조선왕조실록』)
1	1599. 6	源智實	피로인 정희득 등 15인 송환	선조 32년 7월 신유
2	1600. 2		피로인 160명 송환	선조 33년 2월 정유
3	1600. 4		피로인 200여 명 송환	선조 33년 4월 갑신
4	1601. 6	橘智正	전현감 남충원 등 250명 송환	선조 34년 6월 갑오
5	1602. 7	橘智正	피로인 229명 송환	선조 35년 8월 임진
6	1603. 3	橘智正	피로인 94명 송환	선조 36년 3월 경진
7	1605. 4	惟政	1,390명 송환(3,000명 송환설도 있음)	선조수정 38년 4월
계			2,158명 (3,768명)	

이상의 내용을 통해서 보면, 1607년 회답겸쇄환사가 파견되기 전까지 송환된 피로인은 2,158명이며, 사명대사의 3,000명설을 인정해도 3,768명이다.

그리고 1607년 회답겸쇄환사가 파견되면서 쇄환한 인원을 포함해 보면, 1607년 1,418명, 1617년 321명, 1624년 146명, 1636년 미상, 1643년 14명으로 쇄환사에 의해 돌아온 피로인은 1,899명으로 사명대사의 3,000명 설을 감안하더라도 5,667명으로 6,000명을 넘지 않는다.

현재 임진왜란 때의 피로인 수를 정확히 알 수는 없다. 1607년 회답겸쇄환사로 파견되었던 경섬이 '지금 쇄환해 오는 수는 아홉 마리 소 가운데 털 한 개 뽑을 정도도 못되니, 통탄함을 이길 수 있겠는가'라고 한탄을 금지 못하는 표현을 보면 쇄환된 피로인의 수는 지극히 일부에 지나지 않았음을 알 수 있다.

도자기의 신, 이삼평

임진왜란 때 일본군에 의해 약탈된 문화재 가운데 가장 주목할 것이 조선 도자기의 약탈이다. 이러한 연유로 임진왜란을 도자기 전쟁이라고 부르는 사람도 있다. 일본군은 계획적으로 조선 도공들을 납치해 갔는데, 제2군에 소속되었던 나베시마 나오시게鍋島直茂가 제일 심했다. 그는 주로 남부지방인 웅천, 진주, 김해, 울산, 경주 지역의 도공들을 잡아갔다고 한다.

조선에서 끌려간 도공들은 집단을 이루며 한곳에 살았다. 그 대표적인 지역이 나베시마의 영지였던 규슈의 아리타有田였다. 이곳은 일본에서 최초로 조선 도공에 의해 일본백자가 생산된 곳으로 널리 알려져 있다. 이곳의 백자가 유명하게 된 까닭은 도자기 생산에 필요한 흙과 땔감, 물

도조 이상평의 비석

도잔신사

덴구다니요 조선에서 끌려간 이삼평이 일본 최초의 백자를 구웠던 곳이다. 이삼평은 일본에서 도자기의 신으로 추앙된다.

을 갖추고 있기 때문이다.

일본군이 조선 도공을 납치해간 이유는 조선의 도자기 제작 기술과 상품성 때문이었다. 당시 일본 사회는 센리큐千利休에 의해 와비차侘び茶라는 다도가 유행했다. 임란 때에도 일본에서는 도자기에 대한 수요가 증가했고, 이것을 조선 도공들이 만족시켜 주었다. 지금도 고려다완高麗茶碗으로 알려져 있는 조선의 막사발과 같은 차 대접이 인기를 끌고 있다. 조선 도

이즈미 광산

14대 이삼평의 전시실

공에 의해 만들어진 도자기는 상품성도 대단하여 아리타에서 생산된 도자기가 1651년부터 네덜란드의 동인도회사를 통해 유럽으로 수출되기 시작하여 막대한 수입을 올렸다.

당시 유럽에서는 차문화가 발달하여 인도에서는 차, 중국에서는 경덕진요景德鎭窯에서 생산된 도자기를 수입하였는데, 명·청 교체기의 혼란기를 맞이하여 중국에서 도자기를 수입할 수가 없게 되자 일본으로 눈을 돌렸다. 그리하여 일본에서는 유럽 사람들의 기호에 맞추어 유럽형 도자기를 생산했고, 이러한 전통이 지금도 계승되고 있다. 이러한 연유로 해서 아리타의 이삼평 신사 앞에 장식된 도자기들도 모두 유럽형 도자기 모습을 보여주고 있다.

또한 당시 일본에서는 유럽에 수출하는 도자기 포장지로 우키요에浮世繪가 그려진 종이를 신문지처럼 꾸깃꾸깃 접어서 사용했는데, 이것이 유럽 화풍에 영향을 주어 후기 인상파들에게 인기가 있었고, 특히 고흐가 우키요에 작품을 수집하고 모방해서 그렸다는 일화가 있다.

규슈 지역에서 만들어진 도자기는 이처럼 엄청난 영향력과 경제력을 지닌 것이었고, 그 생산자는 전쟁에서 끌려간 조선 도공들이었다. 현재 아리타 주민 가운데는 마쓰모토松本, 후루타古田, 이와나가岩永, 히사토미久富 등의 성씨를 사용하는 사람들이 많은데, 이들은 모두 조선 도공의 후예라고 한다.

임진왜란 때 수많은 조선 도공이 끌려가 규슈 지역에 정착해 살았지만, 이삼평李參平과 같이 이름이 남겨진 경우는 매우 드물다. 이삼평(? ~1656)은 임란 때 일본에 끌려가 일본 도자기의 시조가 된 인물이다. 이삼평은 1598년 정유재란 때 충청도 공주 지역에서 나베시마에 의해 일본으로 끌려가 가라쓰唐津 근방에서 도자기를 구웠다고 하는데, 20년만인 1617년 경

14대 이삼평과 필자

에 아리타에서 백토를 발견하여 덴구다니요天狗谷窯를 만들어 백자를 구워내기 시작했고, 이것이 일본 백자의 시초가 되었다.

이삼평은 도공 18명과 함께 아리타 지역으로 거처를 옮긴 후, 가네가에金江라는 일본성으로 이름을 바꾸고, 아리타를 일본 도자기의 산실로 만들었다. 일본에는 그때까지 진짜 백자가 없었으므로, 일본 도처에서 도자기 굽는 법을 배우려고 모여들었다. 그리하여 아리타에는 수많은 도공들이 집결하여 번성했고, 이곳에서 만들어진 도자기는 일본 최고의 수준으로 평가받았다. 현재 아리타에는 이삼평을 신으로 모시고 있는 도잔신사陶山神社와 1917년 세워진 도자기 시조라는 의미의 '도조이삼평비陶祖李参平碑'라고 새겨진 기념비가 있다. 또한 이곳에는 14대 이삼평이 가업으로 조선 도공의 맥을 이어가고 있다. 한편 규슈의 남쪽인 가고시마 지역에는 남원 지역에서 끌려간 도공 심당길의 14대손 심수관沈壽官이 조선 도공의 맥을 이어가고 있다.

통신사 상륙지 아카마 신궁, 쇼군시대의 개막

아이노시마를 떠난 신유한 일행은 항해를 계속하여 규슈와 혼슈를 이어주는 길목인 시모노세키下關에 이른다. 시모노세키는 바다의 폭이 1.5km 정도 되는 간몬關門 해협을 사이에 두고 규슈의 북쪽 지방인 기타규슈北九州와 연결되는데, 이곳을 통과해야 세토내해로 들어갈 수 있기 때문

시모노세키의 간몬대교 규슈와 혼슈를 연결하는 다리이며, 간몬해협은 일본의 수에즈로도 불린다.

에 간몬해협을 '일본의 수에즈'라고 부르는 사람도 있다.

원래 규슈와 혼슈를 연결하는 교통로는 바닷길밖에 없었다. 그러나 1942년 해저터널을 뚫고 바다 위로 간몬대교를 놓아 규슈와 혼슈를 연결했다. 지금은 해저터널로 신간센도 연결되어 도쿄에서 후쿠오카까지 신간센이 달리고 있다.

20세기에 들어와 1905년 경부선 철도가 부설되자, 부산과 시모노세키 사이에는 부관釜關연락선이 정기적으로 운행되기 시작했고, 일제강점기에 일본 지역에의 강제징용도 대부분 이 길을 따라 이루어졌다. 1945년 일제의 패전과 함께 부관연락선이 끊어졌다가 1970년 페리호의 운항이 재개되면

아카마 신궁 시모노세키에 도착한 통신사 일행의 숙소였던 아미타사가 있던 곳이다.

서, 지금은 부산에서 매일 한두 편씩 정기여객선이 왕래하고 있다.

원래 세키關란 교통의 요충지에 설치했던 검문소였다. 그래서 육지에는 주로 꼭 통과해야 하는 고개에 설치했고, 바다에도 해상 교통의 요충지에 설치했다. 세토내해에는 두 개의 해상 검문소가 있는데, 아래쪽에 있는 검문소가 시모노세키下關이고 위쪽에 있는 검문소가 가미노세키上關인데 시모노세키에서 약 100km 정도 오사카 쪽으로 가면 있다.

조선시대 통신사가 이곳을 방문했을 때의 시모노세키는 지명이 아카마세키赤間關였다. 아카마의 지명 유래에는 여러가지 설이 있다. 이곳의 지형이 붉은 소를 의미하는 아카우마에서 유래했다는 설, 이곳에서 붉은 미역을 의미하는 아카와카메가 많이 생산되었다는 설, 1185년에 8살짜리 어린 안토쿠 천황이 죽어서 그를 애도하는 의미의 아카쨩(어린아이)의 아카가 지명에 붙었다는 설 등이 있다. 어느 것이 옳은지는 모르지만 이곳에 있는 아카마 신궁도 온통 붉은 칠로 채색을 한 것이 눈에 띈다. 붉은 색은 천황의 색깔로 신성하고 범하기 어려운 색이라고 한다.

1719년 8월 18일, 시모노세키에 도착한 신유한은 다음과 같이 기록했다.

적간관은 해문海門의 요새였다. 소창小倉 이북에서부터 여러 산이 굽이굽이 바다를 안아서 활을 버티어 당긴 것과 같고, 혹 묶은 것이 시괄矢括(화살의 묶음)과 같았다. 동북으로 대판성에 이르기까지 천여 리는 수세水勢와 산형이 문득한 구석진 구역이 되었다. 백성들은 소금을 팔아 먹고 살며 아침 저녁으로 조수가 생긴다. 이곳은 곧 일본의 서해도西海道인데 적간관이 그 목구멍에 해당되어 동서남의 큰 바다의 모든 배를 받아들인다. 만약 해군 수만 명을 두어서 이해利害를 정찰하고 방비를 잘하면 그 나라로 하여금 은연중에 천혜의 요새를 가지게 할 수 있으므로 여기에다 관방關防을 설치한 것이다. 이곳이 하관下關(시모노세키)이 되고, 또 동으로 2백리 밖에 조관竈關이라고 부르는 곳이 있는데, 상관上關(가미노세키)이라고 한다. 각각 창고·양식과 군함·화포火砲 등 모든 기구를 설치하여 급할 때에 서로 응하게 하였다.

시모노세키에 도착한 통신사를 접대하는 일은 나카토번주인 모리毛利 씨가 담당했다. 통신사가 이곳으로 온다는 소식을 들으면 모리씨는 통신사의 숙소로 사용할 아미타사阿彌陀寺(후에 아카마 신궁으로 바뀜)를 수리하고, 접대할 음식을 준비했다. 통신사의 배가 간몬해협을 들어서면, 시모노세키에서 안내선 100여 척이 나와 마중을 했고, 항구에 도착하면 곧바로 숙소에서 성대한 연회가 베풀어졌다. 지금은 아미타사의 자취가 없고, 아카마 신궁만 남아 있다.

일본에는 전국에 8만여 개의 신사가 있는데, 그 가운데서 특히 천황과 관계가 있거나 천황을 안치한 신사는 신궁이라 호칭하여 일반 신사와 구분한다.

아카마 신궁은 1185년에 건립되었는데, 같은 해에 여덟 살의 나이로 죽은 안토쿠安德 천황의 위패를 안치했다. 안토쿠 천황은 무장 타이라노 기요모리平清盛의 외손자로 세 살의 나이로 천황이 되었다. 헤이지平氏와 겐지源氏의 전투에서 헤이지가 패배하자, 마지막 전투를 벌인 시모노세키 앞바다인 단노우라壇の浦에서 여덟 살 때에 할머니의 치마폭에 감싸여 바다에 몸을 던져 빠져죽었다.

이 사건은 일본사에 아주 중요한 의미를 갖는다. 즉 안토쿠 천황의 죽음으로 일본사는 고대사가 끝나고 막부가 시작되는 중세사로 접어들기 때문이다. 물론 시대 구분에는 다른 견해도 있지만 천황의 시대에서 사무라이 즉 무사정권의 막부시대로 바뀌는 것이다. 헤이지를 물리친 겐지는 1192년 가마쿠라 막부를 세우는데, 이때부터 1868년 메이지유신 때까지 670여 년간의 무사정권 시대가 계속되었다.

안토쿠 천황이 사망한 후, 사람들은 진흙으로 상을 만들고, 천황과 함께 사망한 사람들의 화상을 그려놓고 제사를 지냈다. 그 사당이 바로 아미타사옆에 있었다. 따라서 아미타사를 방문한 통신사라면 안토쿠 천황의 진흙상을 목격하고, 어린 나이에 죽은 천황을 떠올렸다. 안토쿠 천황에 대한 이야기는 이미 1471년 편찬된 신숙주의 『해동제국기』에도 등장한다.

1185년 3월에 단노우라에서 헤이지가 패전하자, 조모가 천황을 품에 안고 바다에 빠져 죽었으며, 나카토주長門州에서 진흙상을 만들어 제사를 지낸다는 내용이다. 조선후기에 들어와서는 1604년 탐적사로 일본을 방

〈사로승구도〉의 아카마세키 국립중앙박물관 소장.

문하여 임진왜란 때 끌려간 조선피로인을 쇄환한 사명대사가 아카마 신궁에 들러 안토쿠 천황을 조문하는 시를 지었다. 그리고 이후의 통신사들도 그 운자를 따서 여러 편의 시를 남겼다.

2016년 1월 23일, 대학생 신조선통신사를 인솔하여 아카마 신궁을 찾았을 때, 미즈노水野 궁사는 보물로 소장되어 있던 1711년 통신사 부사 임수간이 안토쿠 천황의 죽음을 조문하는 시와 시모노세키의 모습을 그린 이성린의 〈사로승구도樓路勝區圖〉를 보여주었다. '아카마세키赤間關'라고 표제를 붙인 이 그림은 현재 국립중앙박물관에 소장되어 있다. 〈사로승구도〉는 1748년 통신사 화원 이성린이 부산에서 대마도를 거쳐 에도까지 통신사 노정을 30폭에 담은 그림으로 15폭씩 2권의 두루마리로 되어 있다.

임수간의 시는 다음과 같다. 〈사로승구도〉와 임수간의 시는 2017년 10월 '조선통신사 UNESCO 세계기록유산'에 포함되어 있다.

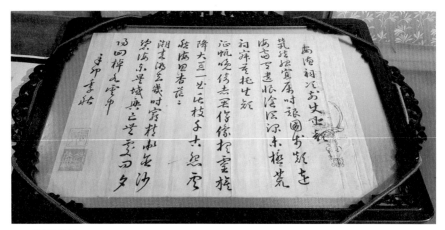

임수간의 시

〈안덕사에서 앞서 온 사신의 시를 차운함〉	〈安德祠次前使臣韻〉
외로운 고아와 늙은이가 어려운 때를 만나	煢然孤寡屬時艱
나라의 운명은 바다 섬 사이에서 위태로웠네	國步顚連海島間
남은 한은 깊고 깊어 바다보다 더하고	遺恨滄溟深未極
황량한 사당 고요한데 생전의 얼굴을 의탁했네	荒祠寂寞托生顔
떠나는 배 저물녘에 적간관 곁에 의지하여	征帆晚倚赤關傍
천황의 깃발이 대황大荒(거친바다)에 떨어질 때를 상상하네	像想靈旗降大荒
어부의 죽지사곡은 천년 역사를 원망하고	一曲竹枝千古怨
무수한 근심과 생각은 아득히 흩어 지나니	雲愁海思杳茫茫
조수가 오고가는 것 어느 때야 그치리	潮來潮去幾時窮
정위精衛(상상의 새)는 푸른 바다 동쪽의 모래를 머금네	精衛含沙碧海東
이역의 흥망은 물을 곳이 없고	異域興亡無處問
석양 비치는 물안개 속에서 뱃길을 돌리네	夕陽回棹水雲中
	– 신묘년 9월

아카마 신궁 본전 옆에는 보물전이
있다. 이곳은 안토쿠 천황의 사당에 있
던 물품을 전시한 곳이다. 안에 들어서
니 입구에 진흙으로 빚은 안토쿠 천황의
조각상이 있는데, 높이가 1m 정도 되는
것으로 보아 여덟 살에 죽은 천황의 실
제 크기와 같이 만든 것으로 보인다. 조
각상의 뒷벽쪽으로 헤이지平氏와 겐지源
氏의 전투장면을 그린 병풍그림이 전시
되어 있다. 1682년 통신사 한학으로 이
곳에 왔던 김지남이 당시의 모습을 『동
사일록東槎日錄』에서 다음과 같이 기록하
고 있다.

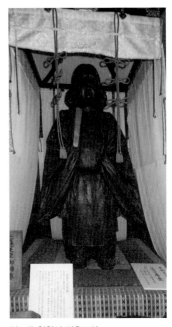

안토쿠 천황의 진흙조상

비가 내렸다. 아미타사阿彌陀寺에 머물렀다. 아침에 상사가 수승守僧을 시켜
서 그 신사를 열게 해서 구경했다. 정당에 소상을 앉히고 금으로 장식을 하였
다. 순금으로 일월성신日月星辰과 여러 가지 보물 모양을 만들어 붉은 실로 꿰
고, 전후좌우에 술을 드리워 놓았는데, 주야로 등불을 밝혀두었다. 옆방에는
안덕安德과 원뢰조源賴朝가 서로 싸우던 모습을 그렸는데 금빛 채색이 찬란해서
완연히 싸움터에서 실지로 목격하는 것과 같았다.

당시에는 여러 개의 방에 나누어서 전시를 했던 모양인데, 지금은 그
건물들이 모두 사라지고 유물들을 한곳에서 보여주고 있다. 신유한도 당
시의 상황을 다음과 같이 기록했다.

헤이지 일가의 묘소

　　사관의 북쪽에 웅장하고 화려한 미타사彌陀寺가 있는데, 예전부터 사신행
차의 숙소였다. 절 옆에 안덕천황安德天皇의 묘가 있었다. 묘는 좁고 작은데 소
상塑像을 모시었다. 안덕은 500년 전의 천황인데, 그의 조모 백하후白河后가 대
신 평청성平淸盛(타이라 기요모리)과 간통하여 대장군 원뢰조源賴朝(미나모토 요리토모)를 내
쫓으므로 원뢰조는 군사를 일으켰고, 이에 평청성이 패하여 달아났다. 그래
서 백하후가 안덕천황을 업고 도망하여 여기에 이르러 바다에 빠져 죽었다.
그때 안덕의 나이가 여덟 살이었다. 백성들이 불쌍히 여겨서 사당을 세웠는
데, 지금 그 소상이 남아있다.

　　보물전을 나와 뒤편으로 돌아서자 안토쿠 천황과 운명을 같이했던
타이라平씨의 묘소가 있었다. 전체적인 모습으로 볼 때, 지금의 아카마 신
궁은 옛날 아미타사에 해당되며, 보물전을 중심으로 사당이 있었던 곳인

데, 그 자리에 현재의 아카마 신궁이 세워졌다고 한다.

아카마 신궁을 보고 계단으로 내려오다 오른쪽으로 슌판루春帆樓라고 하는 고풍스런 건물이 눈에 들어온다. 한말의 우리 역사에서 잊을 수 없는 곳이다.

시모노세키조약, 조선 침략의 서막

슌판루春帆樓는 1895년 4월, 동학농민전쟁을 진압한다는 명분으로 조선에 들어온 청일 양국 군이 청일전쟁 직후 시모노세키조약下關條約을 맺은 장소이다. 일본은 이 조약을 통해 한반도에 영향을 미치고 있던 청을 완전히 배제시키고 조선을 그 세력권 안에 넣고 대륙 침략의 발판을 삼게 되었다.

평양·황해·위해위威海衛 등지에서 승리한 일본은 1895년 3월 20일부터 시모노세키에 있는 슌판루에서 강화회의를 개최했다. 일본 측에서는 이토 히로부미伊藤博文·무쓰 무네미쓰陸奥宗光, 청측에서는 이홍장李鴻章 등 11명이 참석했다. 회의는 여러 차례 거듭한 끝에 4월 17일, 전문 11개 조항이 체결되었다. 이 조약은 당시 시모노세키의 지명이 마관馬關이었기 때문에 마관조약이라고도 한다.

이 조약에 따라 청은 조선의 독립을 인정했고, 일본은 조선에 대한 정치적·군사적·경제적 지배권을 확립했다. 또 청나라는 랴오둥반도와 타이완 및 평후제도澎湖諸島 등을 일본에 할양했으며 일본에 배상금 2억 냥을 지불했다. 현재 중국과 일본 간에 영토분쟁이 일고 있는 다오다오이[센카쿠제도] 섬도 1895년 청일전쟁 와중에 일본이 이 섬들을 무주지無主地라며 일방적으로 자국 영토로 편입시켰다고 중국은 주장하고 있다.

이 기념관은 시모노세키 강화조약을 기념하기 위해 1937년 6월 강화

슌판루   강화회담 모습(그림)

조선통신사 상륙 기념비

회의가 열렸던 슌판루 옆에 개관하였고, 강화회의에서 사용한 비품과 양
국 대표의 유묵 등을 전시하고 있다. 또한 전시관의 중앙에는 강화회의
공간을 재현하여 당시의 모습을 소개하고 있다.

　전시관 밖에는 '이홍장의 길'이라는 팻말이 붙어 있다. 강화회의가 시
작되고 이홍장이 제3차 회의(3월 24일)를 마치고 숙소로 돌아가던 중 일본 청
년에게 저격을 당한 일이 발생했다. 그 일로 강화회의는 일시적으로 중단
되었다가 4월 10일에 다시 재개되었다. 이후부터 이홍장은 종래에 다니던

큰 길을 피하고 산길을 왕복하여 숙소를 왕래했다고 하는데, 이홍장이 다니던 산길을 '이홍장의 길'이라고 부르게 되었다.

순판루는 원래 아미타사의 방장이 머물던 곳이었으나, 절이 폐사가 된 이후 부젠豊前 지역 출신의 안과의사 후지노 겐요藤野玄洋가 인수하여 진료소로 운영하다가 그가 사망한 이후에 여관 겸 요정으로 바뀌었는데, 청일전쟁 강화회담이 이곳에서 열리면서 그 이름이 알려지게 되었다.

순판루의 길 건너 아카마 신궁 맞은편에는 조선통신사 상륙 기념비가 있다. 이 기념비는 한일 의원연맹 회장이던 김종필 씨가 양국 국회의원들의 뜻을 모아 2001년 8월 25일에 세웠다.

4. 여기가 별천지인가?

(히로시마 ~ 시모카마가리 ~ 토모노우라)

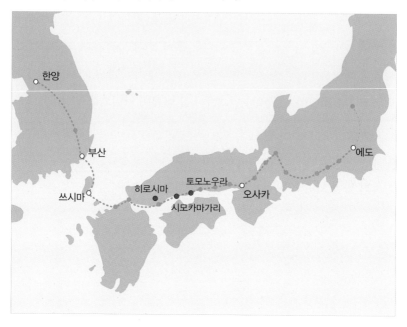

원자폭탄과 히로시마

시모노세키(아카마세키)를 출발한 신유한 일행은 오사카에 상륙하기 위하여 일본의 다도해라고 불리는 세토瀬戸내해를 항해했다. 통신사 선단이 세토내해를 항해하는 동안 무카이지마向島, 가미노세키上関, 시모카마가리下蒲刈, 토모노우라鞆の浦, 우시마도牛窓, 무로쓰室津, 아카시明石, 효고兵庫 등 8곳 이상의 포구에 기항했는데, 그 가운데서도 경치가 빼어난 곳이 히로시마현에 있는 시모카마가리와 토모노우라였다.

그런데 현재 육로로 이 두 곳에 가기 위해서는 히로시마를 거쳐야 한다. 히로시마 하면 사람들은 바로 원자폭탄을 떠올린다. 세계 제2차 대전 말기에 미군이 이곳에 원자폭탄을 투하하여 일본인뿐만 아니라 많은 조선인

히로시마 원폭시계 　　　　　피폭된 상공회의소 건물 잔해

이 희생되었다. 전후에 일본에서는 원자폭탄이 투하된 지역을 중심으로 평화공원으로 조성하였다. 그리고 이곳에는 한국인 위령비도 세워졌다.

　　1945년 8월 6일 오전 8시 15분, 히로시마에 세계 최초로 원자폭탄이 투하되었다. 원자폭탄은 우라늄이나 플루토늄이 핵분열을 일으키면서 발생하는 에너지를 무기로 사용하는 것이다. 또한 강력한 파괴력을 가지며, 핵 분열 때 발생하는 방사선은 오랜 기간에 걸쳐 인체에 심각한 영향을 끼친다. 히로시마에 투하된 원자폭탄은 길이 약 3m, 무게 약 4t으로 개발 초기에 설계한 것보다 작게 만들어졌다고 해서 '리틀보이'라고 불렀다 한다. 약 50kg의 우라늄 235를 장착한 것으로 알려졌는데, 그 중 1kg에 달하지도 않는 양이 순식간에 핵분열을 일으켜 고성능 폭약 1만 6,000t 분에 상당하는 에너지 양을 방출했다. 폭발과 함께 강렬한 열선과 폭풍이 폭심지로부터 2km 이내에 있었던 대부분의 건물을 날려 버렸다. 그리고 방사선으로 인한 급성장애가 진정되었다고 하는 1945년 12월 말까지 약 14만 명에 달하는 생명을 빼앗아 갔다. 이 가운데 한국인 사망자도 약 3만 명에 이르는 것으로 알려져 있다.

히로시마 한국인 위령비

당시 히로시마에는 군수공장이 밀집되어 있어 강제동원된 노동자를 포함하여 약 14만 명 정도의 조선인이 거주하고 있었다. 1972년에 한국의 원폭피해자협회는 이 가운데 히로시마 원폭으로 총 5만 명의 피해자가 발생했고 그 중에 3만 명이 사망했다고 발표했다. 그리고 생존자 2만 명 가운데 귀국자가 1만 5,000명, 잔류자가 5,000명 정도 되는 것으로 보았다. 1967년 한국에서 '원폭피해자협회'가 결성된 후 지속적으로 일본정부에 대해 치료와 피해 보상을 요구하는 과정에서 1970년 4월에 민단 히로시마본부의 주도 아래 '한국인 원폭 희생자 위령비'가 건립되었다.

시모카마가리의 통신사 접대

히로시마에서 버스로 2시간 정도 세토내해 바닷가로 가면 시모카마가리下鎌刈에 도착한다. 시모카마가리는 네 개의 섬으로 연결이 되는데, 예로부터 이곳에는 세토내해 해상교통의 요충지로 산노세三の瀬라는 해상역이 있었다. 이 섬은 행정구역으로는 히로시마현 구레呉시에 속한다. 조선후기 12회의 사행 중 11번이나 들렀을 정도로 통신사와 인연이 깊은 곳이다. 지금도 440여 호에 인구는 3,200명 정도의 작은 섬으로 겨울에도 날씨가 따뜻하여 밀감이 많이 생산되고, 해초를 넣어 만든 소금이 유명한 특산물이라고 한다. 옛날에는 섬이었지만, 지금은 아키나다安藝灘다리가 연결되어 차로 바로 갈 수 있다.

아카마세키를 떠난 신유한 일행은 중간에 가미노세키上關를 거쳐, 시모카마가리下鎌刈에 도착하였다.『해유록』에는 다음과 같이 기록하였다.

맑음. 첫새벽에 밀물을 따라 배를 띄워 드디어 겸예鎌刈에 도착하였다. 배 안에서 여러 사람이 곤하게 자다가 깨어 일어나니, 해가 이미 높았다. 사관使

후쿠시마 나가간키(선착장)

상야등

館에 당도하니 관이 광대하고 화려하였는데, 비단 장막과 금은 병풍으로 장식해 놓았다. 바닷가에서부터 관에 이르기까지는 백여 보쯤 되었는데 모두 붉은 담요를 깐 각도閣道 가운데로 가게 하였다. 주방廚房에서는 하루아침에 꿩 3백여 마리를 바쳤는데 적간관에서도 이와 같지는 못하였다.

겸예는 일명 포기蒲磯라 하는데, 땅은 안예주安藝州에 속한다. 솔밭 대밭 사이에 민가가 비늘처럼 빽빽하여, 앞바다로 더불어 거울같이 서로 비치니, 명랑하고 깨끗한 것이 또한 바다 가운데의 명승지였다. (8월 27일)

1748년 통신사행의 화원 이성린의 〈사로승구도〉의 10번째 그림에 이 지역의 모습이 나오는데, 마을 뒤로 산이 둘러싸고, 해안을 따라 이어진 집들이 오늘날의 이 지역 모습과 너무나 닮아 있다. 또한 당시 배의 접안시설이 잘 묘사되어 있어 썰물 때에는 이곳에 배를 대는 것이 매우 어려웠다고 한다. 그래서 당시 히로시마현에서는 계단식 선착장을 만들었다고 하는 데 이것을 후쿠시마 나가간키福島長雁木라고 한다. 지금도 당시의 후쿠시마 나가간키가 남아 있으며 밤새워 불을 켜 놓았던 상야등이 있다.

도쿠가와 막부는 통신사를 각별히 접대하도록 특별한 지시를 내렸다. 1636년 김세렴은 『해사록』에서 다음과 같이 적었다.

대군이 각로의 여러 장수들에게 분부하기를, "조선 신사는 이미 대관이니 각별히 잘 접대하라. 관백이 관할하는 곳과 10만여 석의 녹을 받는 곳은 에도에서 사람을 보내 주관할 것이며, 에도로 향하는 각 길에는 파발을 두어 사신의 동정과 접대의 잘잘못을 낱낱이 6일 안에 에도에 알리라"고 했다.

이러한 막부의 명령에 따라서 각 지방에서는 번주의 책임 하에 통신사에게 최고의 접대를 했고, 그 가운데서도 히로시마번이 가장 융숭했다. 히로시마번에서의 통신사 접대 상황은 『해행총재』의 여러 곳에서 언급하고 있다.

○ 접대를 위한 정보 수집

히로시마번에서는 통신사가 오기 6개월 전부터 접대를 준비했다. 히로시마번에서는 통신사가 출발했다는 소식이 들리면, 바로 쓰시마에 가신을 파견하여 정보를 수집했다. 통신사로 어떤 인물이 오는지, 또 어떤 음식을 좋아하는지 등 통신사 일행에 대하여 조사하여 보고토록 했다. 그리고 아이노시마나 아카마세키에도 가신을 파견했다. 가신들은 통신사 일행에 대한 신상과 각 번의 접대상황을 상세히 파악하여 히로시마번에 보고했다. 그리고 히로시마번에서는 400~500명의 통신사 일행과 쓰시마에서 따라붙는 수행원 및 접대하는 가신단 등 1,000여 명이 넘는 인원의 숙식 전반을 준비했다.

○ 바닷길의 안내와 준비

통신사 일행이 타는 배는 기선 3척과 복선 3척 등 총 6척으로 편성했다. 일본 측에서는 배의 안전한 항해를 위해, 쓰시마에서는 물길을 아는 사람을 조선 배의 선두에 타고 안내하도록 했으며, 조선 배는 돛을 세워 항해하지만 바람이 없는 때를 대비하여 노도 준비하도록 했다. 그리고 각 번에서는 조선 배 1척당 일본 배 4척이 사방으로 둘러싸 안내를 하도록 했다. 또한 정사와 부사선을 끄는 예인선도 준비했고, 그 외에 안내선, 물을 나르는 배, 짐을 나르는 배 등 히로시마번에서 동원된 배만 해도 334척이나 되었다고 한다. 이렇게 수백 척의 배가 항구에 들어올 때는 마치 해상 퍼레이드를 펼치는 것 같았다고 한다.

이곳 산노세 해협은 6시간에 한번씩 조류가 바뀌어 항해가 매우 어려웠는데, 해안에는 조류를 관측하는 관조루觀潮樓를 지어 조류의 흐름을 관측하여 통신사선의 통행을 순조롭게 하였다.

1711년 히로시마번에서는 통신사를 응접하기 위해 740여 명을 동원하였다. 이 중에는 통역관이 10여 명 포함되어 있는데, 히로시마번에서는 통신사 응접을 위해 별도로 조선어 통역관을 양성하여 항상 준비하고 있었다. 삼사의 안내원을 비롯하여 음식재료와 도구, 여러 가지 물품을 관리하는 사람, 차와 담배, 청소, 등불을 관리하는 사람 등 각기 역할에 따라 사람들이 배치되었다. 또한 통신사 일행 이외에 통신사와 함께

관조루 조류가 심하게 바뀌는 산노세 해협에 설치된 조류 관측 정자로, 통신사 일행을 태운 배들이 무사히 통과할
수 있도록 돕는 시설이었다.

관조루 앞바다와 시모카마가리 대교

온 쓰시마번의 관리를 위해서도 요리하는 사람, 물고기를 씻는 사람 등이 배치되었다.

○ 숙소와 식사

통신사 일행에게 여행 중에 가장 중요한 것은 역시 숙소와 식사였다. 가미노세키는 번주가 순회할 때 머무는 혼진本陣과 반쇼藩所가 있었지만 이 시설로는 충분치가 않았다. 그래서 통신사가 올 때는 아카마세키에서처럼 숙소를 새로 지었다. 숙소는 크게 세 구역으로 나누어졌는데, 삼사의 숙소와 쓰시마번주 및 수행원이 묶는 숙소, 히로시마번의 무사들이 묶는 숙소로 되어 있고, 접대물품을 보관하는 창고도 필요했다. 숙소를 지을 때는 지위에 따라 건물과 방의 크기를 달리했고, 특별히 정사와 부사가 머무는 곳에는 경비소와 요리를 만드는 방을 따로 만들었다. 후쿠시마 통신사 숙소 평면도를 보면, 삼사의 거실, 목욕탕, 화장실을 합친 건물이 24채이고, 부속 건물로 동서 65칸, 남북 70칸을 새로 지었는데, 동서 115m, 남북 126m에 달하는 거대한 건물 군으로 구성되었다.

한편 쓰시마의 수행원들은 숙소가 부족하자 마을의 민가에서 숙박을 했고, 자신의 집을 숙소로 제공한 주민들은 산속의 소나무 숲이나 대나무 밭에 임시로 숙소를 만들어 지내게 했다. 배를 대는 선착장에서 삼사의 숙소까지는 회랑을 만들었고, 경비 초소도 몇 개나 지었다.

1636년 통신사 정사 김세렴은 『해사록海槎錄』에서 숙소의 모습을 다음과 같이 기록하였다.

오후에 겸예鎌세에 닿았는데, 곧 안예주安藝州 지방이다. 물가에 판자집 70~80칸을 지었는데, 일행의 원역을 진무振舞하기 위해 지은 것이다. 모두 금

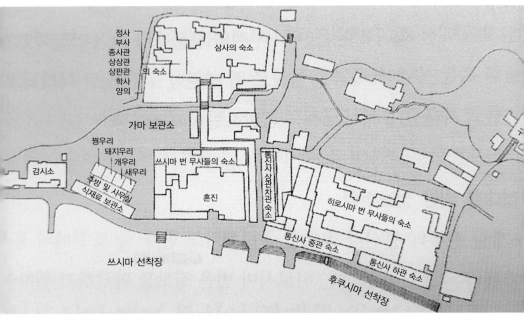

히로시마번 후쿠시마의 통신사 숙소 설계도

병金屛을 베풀었다. 사신이 묵을 곳은 바로 태수의 다옥茶屋이다. 음식을 대접할 때 상관上關보다 더욱 풍성하게 차렸다. 밤이 되자 수백 개의 등을 강기슭에 달아 날이 샐 때까지 끄지 않았다.(11월 4일)

1747년 통신사 종사관 조명채는 『봉사일본시문견록奉使日本時聞見錄』에도 다음과 같은 기록을 남겼다.

신시申時(오후 4시경)에 포예의 선창에 배를 대니, 다락을 세 곳에 벌여 세워 세 사신의 배를 각각 매어 두게 하였는데, 난간을 설치하고 붉은 전氈으로 덮었다. 태수가 사자를 보내어 문안하고 이어서 뭍에 내리기를 청하므로, 비를 무릅쓰고 부사와 함께 정사의 배 선창에 나아가서 국서를 지영祗迎하여 함께 모시고 가려 했으나 관소의 문에서 3~4간쯤 밖에 떨어지지 않았으므로, 그대로 걸어서 들어갔다. 새로 지은 행각行閣 20여 간에 붉은 전을 이어 깔고, 행각 좌우는 비단 포장으로 가렸다. 행각이 끝나고서 10여 층의 돌사닥다리를 오르니, 드디어 관사가 나왔다. 부사와 신嚞이 든 곳은 뒤 행랑을 조금 돌아서 있는데, 왕래하는 툇마루에도 붉은 전을 깔았다. 칸막이 문에는 파랑·빨강·노랑의 세 가지색으로 섞어 짠 포장을 드리워서 그 광채가 찬연하다. 이것은 바로 기묘한 무늬의 신식 비단인데, 아란타阿蘭陀(네덜란드)에서 나는 것이라 하며, 이부자리 따위도 다 이와 같다.

이른바 모기장의 채색 실과 금 갈고리도 다 지극히 화려하며, 뒷간까지도 능화지綾花紙로 도배하고 다담茶毯을 깔았다. 그 밖의 괴상한 물건들은 모두 형용할 수 없다. 혹 세 사신이 들어 있는 곳의 곁에 화초가 없으면 곧 다른 것을 옮겨다 꽂는데, 가꾸어 길러서 살아 자라고 있는 것 같다. 그들이 마음을 쓰고 인공을 쓰는 것에 겉으로 꾸미는 것이 많은 것 같다.(4월 11일)

신식비단이란 아마도 카페트를 말하는 것 같다. 조명채는 일본인의 접대에 겉치레가 많다고 했지만, 이러한 접대는 일본 내에서도 최고의 접대임에 틀림이 없다.

○ 음식 준비

숙소에 이어 음식은 더 큰일이었다. 히로시마번의 경우 갑자기 2천 명에 달하는 인원이 머물렀기 때문에 음식 뿐만 아니라 물까지도 운반해 왔다. 물만 하더라도 새로 우물을 파기도 했기만 한계가 있었고, 충분한 물을 확보할 수가 없어서 100여 척의 배를 동원하여 히로시마와 인근 마을의 우물에서 물을 운반해 왔다.

통신사 음식 접대의 한 예로 1655년 통신사의 경우를 보자. 당시 통신사행원은 총 485명이었는데, 그중 100명이 오사카에 남고 385명이 에도를 방문했다. 당시 에도에서의 하루분 식량이 쌀 20섬, 간장 1말, 식초 1말 반, 된장 5말, 소금 3말, 기름 7말, 닭 100마리, 기러기 10마리, 비둘기 100마리, 농어 400마리, 도미 20마리, 정어리 50마리, 연어 10마리, 가다랭이 1,000마리, 전복 200근, 꼬치고기 500마리, 계란 400줄, 파 100단, 나물 150단, 무 2,000개, 알토란 5말, 송이버섯 100개, 두부 200모, 겨자 1말, 앵속 5근 그리고 후식으로 포도 300송이, 백설탕 5근, 양갱 50상자, 조청 20근, 콩과자 50근, 시루떡 100근이었다. 물론 일본인 수행원도 포함한 몫이 겠지만, 대단한 양이다.

뿐만 아니라 조선인의 식성까지 고려하여 메뉴를 준비하도록 지시했다. 예를 들면 1748년 통신사의 경우, 쓰시마 도주는 통신사가 묵는 각 지역에 '조선인이 좋아하는 음식'을 적어 사전에 통보했다. 흡사 요즈음의 음식 메뉴판 같다.

조선인이 좋아하는 것.

-. 소, 멧돼지, 사슴, 돼지, 닭, 꿩, 오리, 계란, 도미, 전복, 대구, 청
어, 방어, 삼치, 문어, 이세새우, 게, 대합, 그 외에도 새 종류의 고
기를 아주 좋아한다. 대체로 생선종류를 좋아한다. 소금에 절인
물고기나 강고기는 먹기는 해도 좋아하지 않는다.

-. 무, 실파 종류, 미나리, 우엉, 표고버섯, 상추, 참마, 순무, 가지,
채소, 튀김, 청각채, 미역, 그 외에도 해조류, 야채, 건어물 종류를
좋아한다.

-. 수박, 감, 배, 귤, 향귤, 유자, 포도, 오이, 앞에 말한 수분이 많은
과실을 특히 좋아한다.

-. 국수, 메밀국수, 만두, 떡 종류, 양갱, 막대사탕, 용안육, 빙과, 사
탕, 카스텔라, 사탕절임, 꿀절임, 그 외에도 대체로 과자를 좋아
한다.

-. 오래된 술, 소주, 그 외에도 대체로 술 종류를 좋아한다.

-. 학, 잉어, 자라, 이런 것은 조선인이 이전에는 좋아하지 않았으나
지금은 좋아하는 사람이 있는 줄로 알고 있다. 이상.

물으시는 바 글로 올립니다. 조선인에 따라서 싫어하는 것도 있겠지
만, 위에 올린 것들은 대체로 좋아하는 것인 줄로 아뢰옵니다. 뜨거
운 요리를 싫어하고 대개 미지근한 요리를 좋아합니다.

쓰시마 수호 타이라히라도 나오에몽平田直右衛門

스기무라 사부로 사에몽杉村三郎左衛門

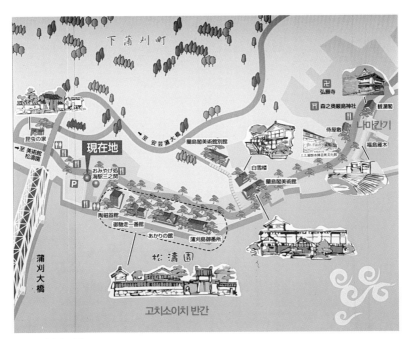

시모카마가리 안내도

　시모카마가리에는 쇼토엔松濤園이라는 조선통신사 자료관인 고치소이치반간御馳走一番館이 있다. 고치소이치반간이란 '음식 맛이 최고인 집'이란 뜻이다. 이곳에는 통신사를 접대한 요리를 복원하여 전시하고 있다. 통신사 삼사에게는 최고의 손님을 맞이하였을 때 대접하는 절차에 따라 식사 전의 술접대인 7·5·3선膳(반찬)과 본격적인 식사인 3탕 15찬의 요리를 접대했다.

　에도시대의 7·5·3선에 관해서는 다음과 같은 설명이 있다.

　7·5·3선은 에도시대 손님을 맞이하였을 때, 최상으로 접대하는 요리로서 일정한 기준과 규정에 의하여 정해진 규칙하에 만들어졌다. 그리고 에도·나고야·오사카·시모카마가리·쓰시마 등 거의 전국이 똑같이 만들어져 나왔으

며, 과일 부분만 계절과 지방에 따라 재료 부분이 다른 정도였다. 일정한 기준과 규정에 의하여 만들어졌기 때문에 쉬워 보이지만 그 재료를 수집하기 위한 고생은 대단한 것이었다.(김상보·장철수, 「조선통신사를 포함한 한일관계에서의 음식교류」)

3탕 15찬의 요리

①도미구이 ②닭고치구이 ③된장과 겨자를 올려놓은 익힌 무
④오리고기회 ⑤대구찜 ⑥유자된장 ⑦꿩구이 ⑧두부튀김 ⑨넙치회
⑩대구국 ⑪전복찜 ⑫오징어말이 ⑬연어구이 ⑭무된장절임
⑮간을 한 맑은 물에 넣은 두부 ⑯밥 ⑰삶은 도미 ⑱오리삼나무구이
⑲장어구이

7·5·3선의 종류를 보면 7번의 상차림이 술과 함께 차례로 나왔는데 다음 표와 같다.

연회구성	술	상차림	찬품	찬품의 종류
7·5·3선	첫잔	본선	절인연어·생선구이·해삼창자젓·어회·야채절임·어묵·도미조림	7
	둘째잔	2선	문어·해파리·도미국·대형고동·염장숭어알·새우·야채국	7
	셋째잔	3선	작은꼬치 · 게 · 백조국 · 새 · 잉어국	5
		4선	술에 절인 생선·조개·건어초조림·고래국	4
		5선	초밥·메추리·건오징어·게국	4
		6선	가물치·붉은조개·가오리국	3
		7선	물고기·학·붕어	3

그리고 이러한 음식과 더불어 술은 조선에서 나는 인삼과 인동초로 만든 인동주로 접대했다.

이곳의 인동주 맛이 좋았는지, 1643년 통신정사 조경은 『동사록』에서 다음과 같은 찬사를 보내고 있다.

인동주

겸예에서 생산되는 좋은 인동주	忍冬美酒出鎌刈
옥 잔에 담아오니 호박처럼 짙고나	玉椀盛來琥珀濃
바로 입안에 넣자 대도를 통하니	頃刻入唇通大道
하필 대량을 마셔야 흉차가 넓어지랴	何須吞石吐奇胸
천일주 선방은 헛되게 전하는 말	虛傳千日眞仙術
중산의 명주쯤은 조그만 속국이로세	始覺中山小附庸
어쩌면 한사를 따라 포도를 얻어다가	安得蒲萄隨漢使
흐뭇이 술을 빚어 우리 임금께 드릴꼬	薰醸風味滿堯鍾

조선통신사 일행에 대한 융숭한 접대는 지역민들에게는 엄청난 부담이었고 고역이었다. 통신사의 비용은 한양에서 부산까지는 조선에서 부

담하지만, 부산을 출항하여 다시 부산에 돌아올 때까지는 전액을 일본에서 부담했다. 당시 히로시마번에서 지불했던 비용은 시모카마가리에서만도 3만 냥이 되었고, 지금의 돈으로 환산하면 13~14억 엔이 된다고 한다. 기록에 의하면 일본에서는 통신사 접대비용으로 100만 냥이 들었는데, 이는 막부의 1년 예산과 맞먹는 금액이라고 한다. 결국 통신사 단절도 경제적인 문제가 중요한 이유 중의 하나였음은 당연하다.

한편 통신사 일행이 도착했을 때, 이 지역의 주민들이 지켜야 할 규칙이 정해져 있었다. 이 규칙은 1747년 통신사행 때 시모카마가리의 접대 총책임자였던 오카모토 다이쇼岡本大歳가 작성한 『히로시마번 조선통신사 래빙기4』에 상세히 기록되어 있다.

이에 따르면 접대를 할 때는 정한 규칙대로 하고, 예의를 갖추어 접대하되 무례함이 없도록 하였다. 또한 통신사 일행은 외국인이고 일본인과는 풍속과 습관이 다르며 여행 길에 마음이 지쳐있으니 싸움을 일으키지 않도록 하라고 했다. 조선통신사나 쓰시마번주 일행을 만났을 때는 길을 비켜가도록 했고, 조선인에게 붓이나 글을 요구하지 말라고 했다. 그리고 주민들에게는 집을 청소하고 깨끗한 옷을 입도록 했으며, 주의사항을 써서 벽에 게시하였다.

1. 접대하는 자라도 조선관인과 쓸데없는 말을 하지 말 것.
2. 물건을 매매하지 말 것.
3. 몰려 다니며 구경하지 말 것.
4. 산에 올라가 구경하지 말 것.
5. 접대소가 완성된 후에는 다른 나라 사람이나 민간인의 출입을 금할 것.
6. 물이 부족하기 때문에 물을 중요하게 여길 것.

7. 시끄러운 논쟁을 하지 말 것.

8. 일행이 머무는 곳에 여자는 출입금지할 것.

9. 놀이기구를 배에 싣지 말고 있는 것은 버릴 것.

10. 술 매매 금지하되 허가증을 가진 자만 허가할 것.

11. 조선관인이 떨어뜨린 물건은 어떤 것이라도 관에 가지고 갈 것.

12. 식사에 대해서는 규정한 것 이외에는 요구하지 말 것.

이러한 시모카마가리의 접대에 대해 1643년 통신사 종사관 신유는 다음과 같은 시를 남겼다.

뜨거운 햇살이 돛대에 내리쬐고	畏日危檣落
무더운 구름은 포구에 뭉게뭉게	炎雲別浦生
날씨는 가는 길을 애태우나	天時惱行役
지방관은 영접할 줄을 알아	地主解逢迎
비를 들고 서늘한 다락문을 열고	擁篲開風榭
등을 달아 성안이 환하구나	懸燈燎火城
꽃 소반에 차린 진수 성찬	花盤與綺食
가는 곳마다 인정이 고맙네	到處任人情

시모카마가리에서 접대를 마친 신유한 일행은 이튿날 미시(1시~3시) 토모노우라鞆の浦에 도착했다.

8월 28일 미시(오후 1시~3시)에 도착하였다. (중략)

도포鞱浦(토모노우라)는 비후주備後州에 속한다. 사관은 복선사福禪寺로 정했다.

절은 해안산海岸山 아래 있었는데, 집이 굉장히 컸고, 장막과 기구가 풍부하고 사치스러웠다. (중략)

해안산이 높이 솟아 바다에 닿아 삼면의 모든 산과 더불어 서로 당겨서 만을 이루었다. 산 밑이 바다에 침식된 곳에는 돌을 깎아 제방을 만들었는데, 평평하게 정돈되어서 깎아 놓은 듯하였다. 소나무, 삼나무, 귤, 유자 등 온갖 나무숲이 양쪽을 끼고 있어, 푸른 것이 사방에 둘러 있으면서, 그림자가 물속에 거꾸로 비치고 있으니, 사람들이 모두 여기에 이르러서는 제일의 경치라고 감탄하였다.

그 동쪽으로는 높은 절벽이 바다 가운데로 뻗었는데 벼랑을 파서 길을 내고 돌을 쌓아 대를 만들어 놓았다. 대 위에 날아갈 듯한 층층 다락을 지어 놓았는데, 채색한 벽이 구름 밖에 빛났다. 이곳을 원법사圓法寺라고 부른다. 배 위에서 바라보니 마치 신선이 사는 곳 같았다. (8월 28일)

토모노우라, 일동제일형승 대조루

조선통신사가 세토내해를 항해할 때 반드시 기항했던 토모노우라는, 서쪽 끝인 시모노세키까지 직선거리가 220km이고 동쪽끝인 오오사카까지는 210km로, 세토내해의 중간 지점이라고 할 수 있다.

세토내해의 항해는 기본적으로 조수간만의 차이를 이용했는데, 밀물 때에 토모노우라로 들어왔다가 썰물을 이용해서 빠져 나갔다. 이 조수의 흐름을 탄 항해는 하루 70~80km가 한도였다고 하는데, 바람 사정이 좋으면 그 이상을 항해할 수도 있었다. 그래서 통신사들은 이곳의 숙소인 복선사 관음당에 조수의 흐름을 바라본다는 의미의 대조루對潮樓라는 이름을 붙이기도 했다.

조선통신사가 세토내해를 항해할 때는 보통 8곳에 기항했다. 토모노우라항은 세토내해에서 가장 경치가 좋을 뿐만 아니라 배가 출입하는데

후쿠젠지

토모노우라 항구 전경

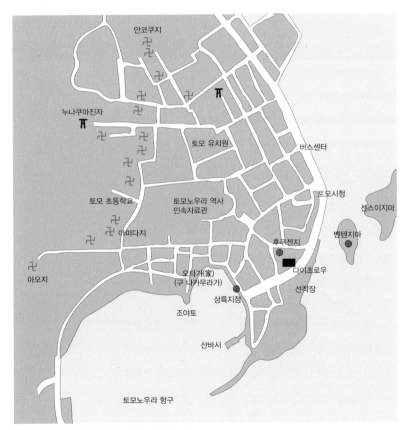

안코쿠지

누나쿠마진자

토모 유치원

버스센터

토모시청

센스이지마

토모 초등학교

토모노우라 역사
민속자료관

벤텐지마

아미다지

후쿠젠지

다이초로우

아오지

오타가(家)
(구 나카무라가)

선착장

상륙지점

조야토

산바시

토모노우라 항구

토모노우라 약도

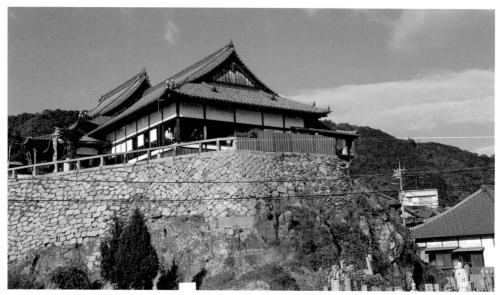

후쿠젠지 대조루

가장 좋은 조건을 갖춘 항구였다. 밀물과 썰물을 이용해 출입하기가 좋았고, 항내는 파도가 잔잔했고, 수심도 깊었으며, 대형선박이 접안할 수 있도록 계단모양의 선착장도 있었다.

토모노우라의 앞바다에는 크고 작은 많은 섬이 있었고, 그 섬들이 멋진 경치를 만들어 내고 있었다. 1617년 통신사 종사관 이경직은 『부상록扶桑錄』에서 "아카마세키에서 동쪽으로 섬들과 포구의 경치가 훌륭한 곳이 많고, 토모노우라에 도착하면 그 경치가 말할 수 없이 절경이었다"고 기록했다.

조선통신사의 숙소였던 후쿠젠지福禪寺는 10세기 중반 경 세워졌던 관음당觀音堂이 시초라고 전해진다. 후쿠젠지는 포교를 위해 많은 사람들이 모이는 번화가에 세웠는데, 이 사찰의 재정적 후원자는 토모노우라의 상인들이었다. 항구도시로서의 토모노우라가 번성했을 때인 17세기 말에 최대인구가 8천명이었고, 집은 700호가 넘었다고 한다.

대조루 현판

후쿠젠지 대조루 안내판

'일동제일형승' 현판 절벽 위에 세워진 후쿠젠지 일원의 경치가 최고라는 의미로 통신사 일행이 적어준 글을 새겨 본당에 걸었다.

관음당 후쿠젠지의 본당이며, 통신사 일행을 위한 영빈관으로 이용되었다.

후쿠젠지는 파도가 밀려오는 해안의 절벽 위에 서 있다. 후쿠젠지의 본당인 관음당 건물은 기와를 얹은 팔각지붕으로, 1690년에 번주의 명령에 의해 통신사의 영빈관으로 세워졌다. 관음당에서 바다쪽으로 사방 15m 정도의 정원이 있었다. 관음당의 동남쪽으로 창문이 있고, 동쪽 창으

삼사의 시 1711년 후쿠젠지를 방문한 통신사의 삼사가 지어준 시들이다.

후쿠젠지에서 바라본 벤텐지마의 정자 모습

로는 센스이지마仙醉島, 벤텐지마弁天島 등의 작은 섬이 보이고, 남쪽 창으로는 시코쿠四國의 산들이 보인다. 후쿠젠지에서 보는 이러한 아름다운 경치는 통신사의 거의 모든 사행록에 보인다.

1711년 통신사의 삼사와 종사관 등 8명은 에도로 가는 길에 토모노우라에 도착하여 후쿠젠지의 관음당에 모였다. 그리고 관음당에서 보는 토모노우라의 풍경을 "전부터 들어서 알고는 있었지만, 소문과 다름없는 훌륭한 풍경이다"라고 절찬을 했다. 그들은 모두 "쓰시마에서 에도까지 어디가 가장 경치가 좋은가 생각해보니 토모노우라가 으뜸임에 틀림없다. 16개의 눈이 보고 있으므로 틀림없다"며 이구동성으로 칭찬했다. 그러자 종사관 이방언이 붓을 잡고, 이 멋진 경치를 칭송하는 말을 먹자국이 선명하게 써 나갔다. 그것이 '일동제일형승日東第一形勝'이다. 이 글은 편액으로 만들어져 지금도 후쿠젠지의 관음당에 걸려있다.

호메이슈

통신사는 이 지방의 명주인 호메이슈保命酒를 마시며, 한시를 읊곤 했다. 호메이슈는 통신사를 접대하기 위해 특별히 제조되었는데, 찹쌀을 주원료로 한 소주 형태의 한방주로 지황·육계·맥문동 등 16가지의 한방성분을 배합하여 만들었다. 토모노우라에서는 지금도 이 술을 만들어 관광객들에게 판매하고 있다.

관음당에는 삼사가 지은 시 세 편이 모각되어 걸려 있는데, 정사 조태억의 시를 소개하면 다음과 같다.

저 멀리 널찍하게 보이는 최상의 전망대에	琬渺鰲頭最上臺
여덟 개 창의 발을 하늘을 향해 걸어 올린다.	八窓簾箔倚天開
연기는 해변 끝 저멀리 길게 뻗친 황혼 빛에 반짝이고	煙生極浦斜暉斂
눈은 그치고 아득한 저산이 맑아지기 시작한다.	雪羅遙山霽色來
이 바다에서 많은 사람들이 시회를 여는데	海內幾人能此會
멀리 떨어진 이국의 손님은 돌고 돌아 여기에 왔다.	天涯遠客得重廻
가을바람이 상쾌한 중앙지절에 풍류를 즐기니	秋風不盡登高興

호메이슈

호메이슈를 파는 가게

호메이슈 양조장 거리

지금 다시 신년맞이 떡갈나무 술에 취해나 보자   又醉新年柏葉杯

　　1784년 통신사 정사 홍계희는 귀국길에 관음당에서 보이는 멋진 경치에 감탄하여 관음당에 '대조루對潮樓'라고 이름을 지어 주었다. 그러자 그의 아들이며 명필이던 홍경해는 다다미 한 장 크기의 큰 종이를 사찰 주지에게 부탁하여 붓으로 '대조루'라고 쓰고는 '바다에서도 잘 보이게 했으면 좋겠다'고 했다. 이 말을 전해들은 번주는 홍경해의 말대로 앞바다를 지나가는 배에서도 그 문자를 볼 수 있도록 편액을 만들어 걸었고, 지금도 이 편액이 관음당에 걸려 있다.

5. 인문학을 소통하다

(오사카)

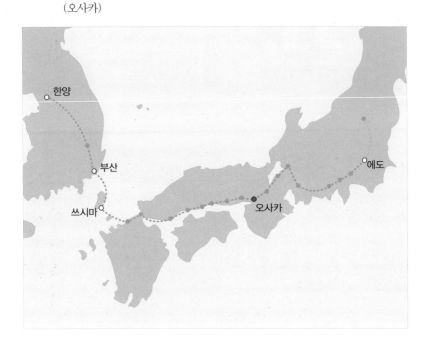

오사카의 요도가와

토모노우라를 떠난 통신사 일행은 항해를 계속하여 우시마도牛窓, 무로쓰室津 등을 거쳐 세토내해의 마지막 기착지인 오사카에 도착한다. 오사카부터는 육로로 다시 여행을 시작하여 에도까지 가야 하기 때문이다. 오사카는 해로의 종착지이자 육로의 출발점이다.

오사카에서의 숙소는 시내 중심가에 있는 니시혼간지西本願寺였다. 그런데 정박지에서부터 숙소에 이르는 강의 수심이 낮았기 때문에 조선 배로는 항해할 수가 없었다. 여기서부터는 조선에서 타고 온 배를 정박시켜 놓고, 일본에서 제공하는 배로 갈아타고 오사카 시내를 관통하여 숙소에 이르렀다.

오사카 일대와 비와코(위성사진)

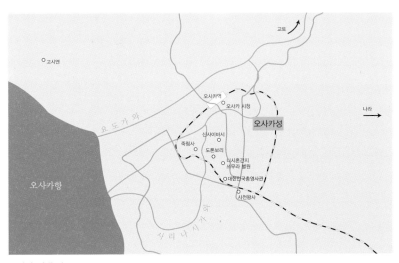

오사카 시내 지도

요도가와를 거슬로 올라가는 천어좌선의 모습

바다에서 오사카 시내에 연결되고, 다시 교토 쪽으로 연결되는 강을 요도가와淀川라고 한다. 이 강을 거슬러 올라가다가 나니와교難波橋에서 배를 내려 도보로 니시혼간지의 숙소로 들어갔다. 그리고 니시혼간지의 숙소에서 대략 일주일 정도를 머문 후, 나니와교에서 배를 타고 요도강을 32km를 거슬로 올라가 후시미伏見에서 상륙하여 교토로 향했다. 통신사 일행의 오사카 상륙지는 현재 오사카항 남서쪽인 시리나시가와尻無川였다.

오사카만 시리나시가와에 도착한 통신사 일행은 조선에서 타고 온 배 6척과 선원 100여 명 정도를 남겨두고 나머지 에도로 갈 수행원 들은 모두 일본 배로 갈아탔다. 당시 오사카와 교토는 막부의 직할 지역이었기 때문에 오사카에서의 접대는 막부가 직접 챙겼다. 오사카만의 시리나시가와에서 요도가와를 거슬러 후시미까지 타고 가는 일본 배는 막부에서 직접 제공한 배였다. 배의 종류와 용도에 따라 크게 공의선公儀船과 천어좌선川御座船(가와고자부네)으로 나눈다. 공의선은 막부의 어용선인데 대부분은 여러 다이묘로부터 헌상 받은 배로 국서선, 삼사의 승선에 쓰였다. 천어좌선은 시고쿠 다이묘들의 배나 쓰시마의 소우 씨의 배, 그 외의 여러 용도로 쓰이는 배들이다.

공의선은 천어좌선에 포함시키는 경우가 많았다. 특히 공의선은 모두 금은 주옥을 여기 저기 박아 아름다움을 뽐내었고, 2층으로 설계되어 있어 그 구조와 모양을 언어로 표현하기 어렵다고 극찬했다. 그래서인지 이 호화로운 배를 본 통신사 일행은 이 배가 혹시 막부쇼군이 타는 배가 아닌가 하여 신하의 입장에 있는 자로서는 승선할 수 없다고 사양한 일도 있었다.

공의선과 천어좌선의 뒤에는 수많은 작은 배가 뒤따랐고, 풍악을 울리며 2천여 명의 인부가 강변의 이쪽 저쪽에서 밧줄로 배를 끌어 당기며 요도가와를 거슬러 올라 갔다. 당시의 모습을 병풍에 그려서 지금도 전하고 있는데, 이 그림에는 배에 탄 사람의 얼굴 표정까지 섬세하게 그려져 걸작으로 평가받고 있다.

이런 모습은 오사카 주민에게는 일생동안 한두 번밖에 볼 수 없는 대단한 구경거리였다. 판선 위에 앉아서 맛차抹茶를 마시는 조선통신사의 모습 또한 연도 구경꾼에게는 그림 같은 선망의 광경이 아닐 수 없었다.

이 모습을 신유한은 다음과 같이 기록하고 있다.

여기는 모두 섭진주의 땅이다. 땅이 넓고 시원했고, 촌락이 자못 번성하였다. 앞산 기슭에 물을 둘러 섬이 된 곳마다 점포로 사용하는 민가가 있었다. 눈에 들어오는 동서의 울타리들이 바둑판을 펴 놓은 것 같았다.…

큰 강이 동쪽으로 흘러와 바다로 들어왔다가, 바다가 끝나자 물이 얕아졌다. 우리 배가 무거워서 갈 수 없었으므로 전례대로 배를 포구에 두고 일본의 누선으로 옮겨탔다. 이윽고 왜인들이 배를 가지고 오는데, 배의 제작이 찬란하고 교묘하였다. 배 위에는 층층 누각을 세웠는데, 나무로 기와의 형상을 조각하여 푸른 칠을 하고, 지붕 아래는 전체가 검은 색이고, 매끈하고 밝아서 사람의 얼굴이 비칠 정도였다. 추녀와 난간과 기둥에는 황금을 입혔고, 창문과 천장 또한 같아서, 사람이 앉고 누우면 의복이 금빛으로 빛났다. 붉은 비단으로 장막을 만들어 사면을 두르고 장막의 귀퉁이마다 크고 붉은 술을 달아서 길이가 네 댓자가 되는데 봉황의 꼬리와 같았다.

국서를 실은 배가 앞에 섰다. 정사 부사 종사관 이하와 당상 역관, 상통사와 군관 등 각 인원들이 탄 배는 모두 9척인데, 배마다 표지가 있고 화려한 모양은 차이가 심하지 않았다. (9월 4일)

강을 거슬러 올라가는 진귀한 모습을 구경하기 위해 양쪽 강변에는 사람이 구름처럼 몰려 들었다. 작은 배를 구해서 통신사를 가까이서 보려고 하는 사람도 있었고, 돈을 받고 구경꾼을 태워 통신사가 탄 배 옆으로 들이댔다가 혼이 나는 경우도 있었다. 주먹밥 장사가 등장해서 새벽부터 구경 나온 사람에게 값을 배나 받았지만 금방 동이 났다고 했다.

배에서 내려 숙소로 가는 길목도 마찬가지였다. 길에는 수많은 사람들이 무리로 앉아 행렬을 구경했고, 통신사 행렬이 잘 보이는 좋은 자리를 미리 잡아 놨다가 비싼 값에 팔아 넘기는 사람도 있었다. 20~30년에 한번 찾아오는 기회를 놓칠 수는 없었던 것이다.

그들 중에 앉은 자리가 가까운 자는 먼저 강 좌우에 대어 있는 배를 차지하여 자리를 연달아 펴서 옷깃이 서로 연하였고, 배에 다 타니 언덕에 이르렀고, 언덕이 꽉차고 나니 인가의 담(墻)과 다리의 난간에 미쳤는데, 혹은 자리를, 혹은 풀을, 혹은 화려한 자리·비단 장막을 깔고 앉기도 하였고, 술·차·밥·마실 것 등 여러 가지 음식물을 준비하고 있었다.

들으니, 그 자리는 각각 주인이 있어 미리 돈을 주고 빌린 것인데, 한 사람이 앉을 자리의 세(稅)는 은(銀) 2전으로 자리의 멀고 가까운 것, 좋고 나쁜 것

〈사로승구도〉에 나타난 오사카의 다리들 왼쪽 위로 오사카성이 보인다. 국립중앙박물관 소장.

에 따라 차이가 있다고 하였다. 때때로 어린애 울음소리와 여자의 웃음소리
가 들렸는데, 웃을 때에는 반드시 그림무늬의 손수건으로 입을 가렸고 구슬
을 굴리는 듯한 작은 웃음소리가 새소리와 같았다. 그 밖에 한 사람도 자리에
서 나오거나 길을 범하거나 떠들거나 하는 자가 없었다.(9월 4일)

통신사 일행이 탄 천어좌선은 토사보리가와土佐堀川를 통해서 도시 가
운데를 횡단하여 나니와교難波橋에 이른다. 토사보리가와를 거슬러 올라가
는 중에 배에서 왔던 다리에 대해서 긴 무지개 같다고 표현했고, 이성린
은 〈사로승구도〉에 그 다리들을 멋지게 그림으로 남겼다. 토사보리바시土
佐掘橋, 엣츄바시越中橋, 치쿠젠바시築前橋, 산자바시三左橋, 히고바시肥後橋로 그
밖에도 텐마바시天満橋, 교바시京橋 등이 그려져 있다.

나니와교에 이르면 오른쪽 남쪽 강변에 선착장雁木(간기)에 상륙하였다. 배에서 내린 통신사 일행은 일본 측에서는 미리 준비한 말과 가마를 타고, 사카이쓰지堺筋 거리로 남쪽으로 갔다가, 빙고쵸備後町에서 꺾어서 직진하면 숙소인 혼간지 쓰무라 별원에 도착했다. 숙소로 가는 길에도 다리가 여러 개가 있었는데, 다리를 건널 때마다 일본인 구경꾼들이 방해가 되지 않도록 세심한 주의를 기울였다. 삼사는 가마를 탔고, 일부는 현교와 말을 타기도 했다.

구경꾼들에게는 신유한의 기록처럼 지켜야 할 일이 있었는데, 첫째가 이이들의 울음소리, 둘째가 큰소리를 내며 통신사를 향해 손가락질을 하는 일, 셋째가 남녀가 함께 섞여서 문란하게 구경하는 것 등을 금지하는 것이었다.

신유한도 배에서 내려 숙소로 향하면서 번화한 오사카 모습을 보고 놀랐던 모양이다. 그 모습을 다음과 같이 기록했다.

다리는 2백여 개요, 절은 3백여 개나 되고, 공후公侯의 좋은 집들은 또 그것의 배나 되고, 서민庶民·농업·공업·상업 등의 부호富豪의 집들이 또 천이나 만으로 헤아린다. (중략)

왜인의 풍속이 음란을 좋아하고 예쁜 것을 숭상하여 남녀가 모두 비단옷을 입었다. 글을 직업으로 하는 자는 더러 학식이 많고 문장을 지을 줄 알아서 군국郡國에 나가 놀면서 제후諸侯의 객이라 불린다. 의술醫術과 칼 쓰기도 배워서 녹을 먹는 자가 가장 많다. 혹은 유도柔道를 배워서 몸을 나는 것처럼 하고, 치고 찌르는 것을 겸하여 불의不意에 남을 습격하니 병가兵家에서 중히 여긴다. 다른 백공百工의 기교技巧와 잡화雜貨의 거간꾼이 온 나라에 퍼져 있으며, 또 바다 섬의 모든 오랑캐와 교통한다. 이런 번화하고 풍부함과 시원하고 기이한 경치가 천하에 으뜸이라 할 수 있다는 것이 옛 글에 기록된 바, 계빈罽賓·파사波斯의 나라도 이보다 더할 수는 없을 것이다.(9월 4일)

니시혼간지의 필담창화

통신사 일행의 숙소는 니시혼간지西本願寺였다. 이 절은 오사카의 절 가운데서 가장 크고 화려한 절로 천 여간이나 되었다. 법당은 높고 큰데 무늬있는 괴목으로 기둥을 만들고, 돌을 깎아 섬돌을 만들었는데, 높이가 한 길이나 되었다. 마루안의 기둥과 들보에는 모두 황금을 칠하였고, 나무를 조각하여 철망처럼 만들고, 붉은 검은 칠을 하여 어른어른한데, 다만 단청은 그러지 아니하였다. 일본의 절들은 대개 단청을 하지 않았기 때문이다.

현재 니시혼간지는 지하철 요츠바시四橋역에서 두 구간을 지나 혼초本町에서 걸어서 5분 거리에 있다. 그런데 절 아래층은 상가 건물로 쓰이고 있고, 정토종淨土宗 본원사파本願寺派 쓰무라별원津村別院이라는 간판이 붙어있다. 니시혼간지는 에도시대에는 몇 차례 화재가 있었지만 그때마다 복원을 했었다. 그러나 제2차 세계대전 당시 완전히 소실되었다. 1963년에 콘크리트로 복원하여 원래의 모습을 전혀 상상하기도 힘들다.

니시혼간지를 숙소로 한 통신사의 오사카 체류는 길어야 10일 이내였다. 그러나 이 기간 중 다른 어느 지역에서보다 많은 일본인들이 시문창수를 원했으며, 자작시의 비평이나 평을 청하러 방문했다.

구지현 교수의 연구에 의하면, 1719년 통신사행 중에 작성된 필담창화집에 등장하는 일본 문인은 100여 명이다. 1711년 250명 가량이었던 것에 비해 상당히 줄었다고 한다. 1711년 전 여정을 함께 했던 아메노모리 호슈雨森芳洲의 『호저풍아집縞紵風雅集』에는 250명에 달하는 일본 문사가

니시혼간지의 쓰무라 별원

1711년 발행된 《필담창화집》

등장한다. 반면 1719년은 전체를 망라한 필담창화집은 없기 때문에 전체 규모를 파악할 수 없다. 그러나 필담창화의 양상을 보면 1711년과 비슷한 규모거나 더 많은 숫자의 일본 문인이 조선 문인를 만났을 것으로 보인다. 구교수는 1719년 필담의 특징을 다음과 같이 정리하였다.

첫째, 막부의 유신儒臣과 번 소속의 유관儒官들의 필담창화가 정례화된 양상을 보인다고 했다. 통신사 일행은 에도에 도착해 하야시林가의 문인 30명과 접견하여 필담창화를 나누었고, 1711년 23인보다 숫자가 좀 더 늘었는데, 이중 반수는 8년 전과 같은 인물이고, 나머지는 새로운 문하생들이었는데, 이때부터 필담창화가 정례화되어 갔다고 한다.

둘째, 필담창화가 일반 문인으로 확대되는 경향을 나타낸다고 했다. 『화한창화집和韓唱和集』은 오사카에서 만난 조선 문인 8인의 필담창화를 기록한 것인데, 이들은 유학과는 별도로 한문학의 효시로 꼽히는 토리야마 토모노리鳥山芝軒의 문인들이다. 1711년에는 오규 소라이荻生徂徠가 아메노모리 호슈雨森芳洲를 통해 화운시와 오규 소라이의 편지를 전했던 사정에 비하면 필담창화의 폭이 일반 문인에까지 확대되었음을 알 수 있다.

셋째, 10대 초반의 어린 동자가 많이 등장한다는 점이다. 이리에 작수이入江若水가 데리고 온 도보우 쿠니고東鳳國子나 아버지 미즈타리 뵤잔水足屏山을 따라 온 히로가와博川의 예에서 보듯이, 제술관 등을 만나 글씨와 시를 보이고, 화운시와 서문을 받았는데, 조선 문인들로부터 특별한 관심을 받았다. 이는 자연스럽게 세대교체를 할 정도로 일본 한문학의 층이 두터워졌음을 의미한다고 했다.

구교수는 결론적으로 1719년의 이러한 양상은 1711년 필담창화의 방식이 그대로 계승되면서 일본 문인의 범위는 확대되고 세대 교체가 이루어지는 모습을 보여주는 것이라고 평가하였다.

신유한은 당시 필담창화했던 모습을 다음과 같이 기록했다.

대판에 머무는 5일 동안 서생書生 10여 명과 늦은 밤중까지 시간을 함께 보내면서 동자로 하여금 먹을 갈아 놓고 기다리게 하여 날마다 겨를이 없었다. 그 사람들이 와서는 각기 성명·자·호를 써서 뒤섞어 들이대는 것이 눈에 해괴한 것이 많고, 그들이 지은 시詩도 치졸稚拙하여 읽을 수 없었다. 강약수江若水와 지남명池南溟 등 두 사람의 시는 약간 운치韻致가 있었다. 한 동자는 나이 14세에 얼굴이 그림과 같았는데 종이와 붓을 들고 앞에 나와 필담筆談을 하는데 순식간에 시를 썼다. 이름은 수족안방水足安方이라 하고 집은 4천 리 밖 북륙도北陸道에 있으며 그 아버지 병산屛山이란 자와 함께 왔다 하는데, 사신의 관館에 재주를 보이려 온 것이었다. 내가 그의 머리를 어루만지며 신동神童이라고 하자, 그 부친이 크게 기뻐하여 자字·호號를 지어 주기를 청하였다. 내가 이르기를, "수족씨水足氏란, 『예기禮記』에 있는 넓은 못[溥博淵泉]이란 뜻에 해당하니, 호를 박연博淵이라 하고, 안방安方이란 발로 대도大道를 밟는 상象이 있으니, 자는 사립斯立으로 하는 것이 좋겠다" 하고, 따로 글을 써서 주니, 두 부자가 머리를 조아리며 사례하였다. 이에 이르러 단아한 동자들이 매우 많이 찾아왔다.

대판에서는 글을 청하는 자가 다른 곳보다 배나 많아서, 혹은 닭이 울도록 자지 못했고, 음식을 놓고도 입에 넣었던 것을 토할 정도로 분주했다. 수응酬應의 괴로움이 이와 같았다. 그런데도 오히려 쓰시마 왜인이 막아서 들어오지 못한 자가 있었다고 한다. 그것은 사신의 관館이 깊고 엄중하여 소위 찾아온 서생書生이 만약 초라하고 낮은 평민의 무리라면 법에서 금지하였기 때문이다. 통역을 해주거나 금령禁令을 주관하는 것도 권한이 쓰시마에 있었으므로 전부터 쓰시마 왜인이 중간에 조정하여 뇌물을 요구하는 폐단이 있었다

고 하는데, 구체적인 것은 알 수 없었다.(9월 4일)

　신유한의 표현처럼 찾아오는 일본인들을 대응하여 시를 짓느라고 닭이 울 때까지 자지 못했다. 뿐만 아니라 조선 문인과의 필담창화를 위해 쓰시마 관리들에게 뇌물을 쓰는 관행도 있었다고 한다. 그래서인지 통신사를 수행했던 아메노모리 호슈雨森芳洲는 시문 창화의 인원을 제한하자고 했지만 지켜지지는 않았다.

　17세기 후반에 들어서 양국 사이에는 피로인의 쇄환과 같은 외교 현안은 줄어들었다. 일본에서도 막부쇼군의 권위가 확고해짐에 따라 통신사를 정치적으로 이용하려는 막부의 의도가 퇴색하면서, 통신사의 역할도 점차 정치적인 측면보다도 문화 교류의 측면이 강해지기 시작했다. 통신사의 문화교류는 학자 문인 화원들 사이에 이루어졌다. 통신사가 숙소에 들어가면 일본의 학자와 문인 들이 다투어 그곳으로 달려와 시문을 주고 받고, 서화와 휘호를 간청하였다. 그런데 그 수가 너무 많아 조선 사람들이 일본의 학문 수준을 깔보는 일이 생겨서는 안되니 자숙해야 한다는 의견이 일본 내부에서 일어날 정도였다. 이렇게 일본에서 조선의 시문과 서화에 대한 요구가 많아지자 조선에서는 통신사를 임명할 때, 중국 사행에는 없는 제술관製述官이라는 직책을 특별히 두어 학문과 문장의 대가大家를 임명하였다. 제술관의 호칭도 이러한 연유에서 생기게 되었던 것이다.

　신유한도 오사카에 머무는 5일 동안 일본 문인들의 요청으로 시문을 쓰느라 그 어느 때보다도 분주했다. 그 가운데서도 미야케 간란三宅觀瀾, 미즈아시 헤이잔水足屛山과 그의 아들 하카이즈미博泉를 만나 시문 창수를 했다. 특히 미야케 간란은 자신의 문집인『평수집萍水集』이란 책에 서문을 써 주기를 청하였다. 신유한의『문견잡록』에는 미야케와 주고 받은 시가 수록되어 있다. 신유한이 에도로 가는 길에 미야케에게 지어 준 시문이다.

이역異域에서 같은 선성先聖(孔子)의 문하에 노니　　異域同遊先聖門

유가儒家의 한 물줄기가 흘러 쉼이 없구나　　儒流一派正源源

후생이 비로소 은殷 나라 예禮를 말할 만하니　　後生始可言殷禮

다행히 기자箕子의 나라에 문헌이 있었네　　幸有箕邦文獻存

그리고 에도에 갔다가 조선으로 돌아가는 길에 또 한 절구를 지어 주었다.

돌아가는 배가 눈 속에 온 것이 산음山陰과 같으니　　歸舟乘雪似山陰

흥이 다하고 사귐이 쉬어지매 눈물이 옷깃에 가득하네　　興盡交休淚滿襟

다른 날 높은 누각에 머리 돌려 바라보는 곳에　　他日高樓回首處

뜬 구름이 오늘 이별하는 정만큼 깊지 못하리　　浮雲不及別情深

이에 대해 미야케는 신유한에게 다음과 같은 시문으로 화답하였다.

일본과 한韓이 지맥地脈이 통하였고　　和韓通地脈

높은 뫼가 신을 두 번째 낳았구나　　嵩岳再生申

오늘 날 문장의 선비요　　今日文章士

다른 날 사직신이 되리라　　他年社稷臣

조선 문인과 일본 문인이 시를 주고 받으며 나눈 교감이 느껴진다.

화원들의 교류

오사카에서는 문인들의 교류만이 아니라 화원畵員들의 교류도 있었다. 1747년 통신사 때는 화원 이성린과 오오카 슌보쿠大岡春朴, 1763년 통신사 때는 김유성과 이케노 다이가池大雅, 성대중과 기무라 켄카도고쿄木村蒹葭堂孔恭의 만남이 있었다.

이성린(1718~1777)의 호는 소제蘇齋, 자는 덕후德厚이다. 본관은 전주이며, 사자관 이동빈李東彬의 친손자이다. 또한 이성린은 1682년 수행화원 함제건의 외증손이며, 1719년 수행화원인 함세휘의 외손이기도 하다. 이성린은 외가의 영향으로 도화서 화원이 되어, 전주이씨의 화원 가문을 형성하였다. 이성린의 화원 가문은 이후로 정조 대의 도화서 화원 이종현·이수민, 이의록, 이재기에 이르는데, 이성린은 종3품인 첨사에 올랐고, 증손자 이형록은 종2품에 이르렀다. 이성린은 사행이전에 『장조헌경후가례의궤』(1744)의 제작에 참여했다.

오사카의 객관에는 조선의 시문과 서화를 청하는 일본인들로 북적거렸다. 당시에 객관을 찾아갔던 오오카 슌보쿠와 이성린의 만남을 요시다 히로시吉田宏志 교수는 『상한회화桑韓繪畵』에서 다음과 같이 소개하였다.

올해 여름, 조선통신사가 오사카 낭화에 체류했다. 전부터 좋은 일을 하는 선비가 많아 여관에 와서 그 수행원들과 시와 글을 주고, 혹 필담을 하기도 했다. 어느 자는 종이를 지참하고 부채를 휴대해 와서 글을 쓰게 하는 자 등, 매일같이 그 사람들의 주위는 바빴다.

조선 화원 이성린이라는 자가 소재라고 칭하고 있었다. 몰래 그의 작품을 구걸하는 자도 적지 않았다. 무릇 나는 윗분의 명령을 받고 통신사에 식사를 제공하는 일을 하고 있었다. 그런 까닭에 매일 아침저녁으로 숙사에 갔다. 낭

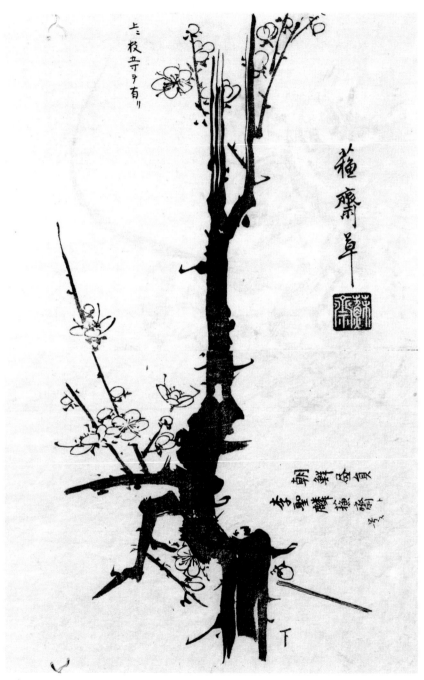

이성린의 〈묵매도〉

김유성의 〈월화〉

화의 화공은 오오카 슌보쿠였는데, 숙사에 와서 소재를 면회하고 싶어 했다. "당신은 그 담당이기 때문에 바라는 것은 나를 위해 만날 수 있도록 자문해 주기를 바란다"고 했다.

"나는 사절의 접대에 관계하고 있지만, 마음대로 편의를 계획하여 관법을 어겨서는 안 된다. 도대체 당신은 낭화의 이름난 화가인데도 불구하고 이성린을 우러르는 것은 왜인가? 그의 그림을 갖고 싶은 건가?" "아니라고는 안 한다." "그럼 당신 기예를 자랑하고 싶은 건가?" "아니라고는 안 한다." "그럼 왜 만나고 싶은지 이유를 모르고 있는 것 아닌가?" (중략) "그럼 왜 만나기를 희망하는지 들어나 보자"라고 하자, 남자 노인은 웃으면서 말했다. "나는 늙은이다. 그림에 도가 통한 지 오랜 전의 일이다. 게다가 게을리 하지 않고 열심히 자네와 이런 얘기를 하는 것은 이것도 진보를 바라기 때문일지도 모른다. 지금 여기에 조선으로부터 손님이 와 있어 만날 수 있고, 다행히 곁에서 그 필의筆意를 듣고 우리들의 화도畵圖에 도움이 된다면 좋을 것으로 생각했을 뿐이다"라고 말했다. 그것을 듣고 나는 "아! 아주 좋은 일이다. 하지만 나의 힘으로 어떻게 할 수 없다" 하고, 바로 쓰시마로부터 와 있는 일본 측의 관리에게 부탁하자마자 곧 소재를 소개해주었다. 그러자 소재는 승낙하고 급히 남자 노인을 초대해 주었다. 남자 노인이 곧 찾아오자 소재는 슌보쿠의 손을 잡고 무릎을 만지며 기뻐하며, 남자 노인이 온 것에 감사했다. 자리에 앉자 서로의 붓을 휘두르며 묵화를 그렸다. 소재는 신수화를 그리고 슌보쿠는 말, 산수, 매화, 기러기, 중국 신선의 그림을 그렸다. 또 옆의 문인도 물총새, 할미새, 참새, 연꽃, 원숭이를 그렸다. 서로 그린 그림을 교환하고 오랫동안 집의 보물로서 보장할 것을 약속했다.

이 기록은 일본 화공인 오오카 슌보쿠와 조선 화원 이성린의 만남을 감동적으로 전하고 있다. 당시 슌보쿠의 나이가 68세였고, 이성린의 나이는 31세였다. 둘의 만남이 주선되자 이성린도 주저함 없이 슌보쿠를 초대했다. 회화교류의 생생한 현장이다. 그림을 통해 짧지만 이들 간에는 깊은 우정도 생겼고, 헤어질 때는 아쉬움으로 남을 수밖에 없었다. 이들이 주고받은 그림과 시, 그리고 휘호는 이성린이 귀국한 그 이듬해에 오오사카에서 『가표집家彪集』이란 이름으로 오사카 서점에서 책으로 발간되어 지금도 전해오고 있다.

오사카성, 히데요시의 몰락

니시혼간지에서 며칠 여장을 푼 통신사 일행은 다시 천어좌선을 타고 요도가와를 거슬러 올라 교토로 향했다. 강을 거슬러 올라가는 동안 남쪽으로 오사카성이 보였다. 오사카성은 지금은 일본이 세계에 자랑하는 관광지가 되었지만, 우리에게는 잊을 수 없는 불구대천의 원수 토요토미 히데요시가 쌓은 성이다.

오사카성은 히데요시가 1580년 권력을 잡은 후 3년 뒤인 1583년부터 공사를 시작하여 1598년에 완공하였다. 일본에서는 센코쿠戰國시대에 각지의 영주들이 자신의 영지에 성을 쌓고 방어와 공격의 거점을 삼았다. 그래서 지금도 일본의 지방도시 어느 곳을 가나 많은 성들이 남아 있고, 지방 관광의 명소가 되고 있다. 일본에는 현재 센코쿠시대에 쌓은 성이 100여 곳이 남아 있는데, 그 가운데 오사카성이 제일 유명하다. 그러나 현재 남아 있는 오사카성은 실상은 1931년에 콘크리트로 복원한 성이다.

오사카성은 1598년 완성이 되었으나, 본래의 성주였던 히데요시는 성이 완공되기 전에 죽었으므로, 이 성에서는 하룻밤도 자지 못했다. 성은 그의 아들, 토요토미 히데요리豊臣秀賴의 차지가 되었다. 당시 히데요리의

오사카성

나이는 15세였다. 어린 아들을 두고 눈을 감을 수 없던 히데요시는 아들의 안위를 위해 도쿠가와 이에야스德川家康 등 5인의 장수에게 아들을 잘 보필해 달라는 유언을 남겼다. 그러나 히데요시의 유언과는 달리 이후 1615년 아들이 죽을 때까지 토요토미豊臣 파와 도쿠가와德川 파의 전쟁이 계속되었고, 이 전쟁은 아들 히데요리와 히데요시의 애첩이며 히데요리의 어머니였던 요도도노淀殿가 함께 할복 자살하면서 끝이 났다. 이 전쟁을 오사카 여름전투라고 하는데 이 때에 오사카성이 불에 타버렸다.

　성 뒤편에 있는 히데요리의 자살지에는 초라한 비석과 함께 안내문이 적혀 있다.

　비극적인 역사의 현장이다. 이 비석을 보면서 도대체 임진왜란은 누구를 위한 전쟁이었을까? 새삼 생각하지 않을 수 없다. 전쟁을 일으킨 장본인도, 전쟁에 동원된 다이묘들이나 일본의 백성들 아무에게도 득이 없

히데요리(秀賴)와 요도도노(淀殿)가 자살한 곳   1615년 음력 5월 8일. 오사카여름 전투에서 도쿠가와군에게 쫓긴 토요토미 히데요리와 그의 어머니 요도도노가 야마사토마루(山里丸)에 있던 망루에 숨어서 자살했다고 기록은 전하고 있다.

는 전쟁이었다. 다시는 이 같은 비극을 초래한 전쟁은 없어야 한다는 엄연한 절대 진리를 증언해준다. 이래서 역사는 유적과 유물을 만들고, 유적과 유물은 역사를 증언한다고 하나보다.

도쿠가와 막부는 권력을 잡은 후, 오사카성은 1619년에 막부의 직할령으로 편입되었고, 1620년부터 도쿠가와 히데타다德川秀忠에 의해 성이 재건되어 1629년에 다시 복원되었다. 그러나 오사카성의 성벽과 해자의 일부를 헐었고, 흙을 돋우었다. 그리고 그 위에 높은 석벽을 쌓아, 옛 토요토미의 오사카성의 흔적을 지워버렸다. 그리고 성곽의 전체 면적을 1/4로 축소시켰다. 그러나 성의 상징인 천수는 크기와 높이 면에서 기존의 토요토미의 천수각을 능가했다고 한다.

그리고 막부의 직할성이 되자 오사카성의 성주는 도쿠가와 막부가의

〈1682년 조선통신사 행렬도〉(일부)

역대 쇼군이었다. 오사카성은 그 후 여러 번의 화재로 손상을 입어 수리를 했는데, 1665년에는 낙뢰로 인해 천수각이 소실되었고, 그 후에 천수각의 복원은 없었다고 한다. 그러다가 1931년에 오사카 시민들이 모금을 하여 다시 복원했는데, 이 때는 콘크리트로 복원하여, 건물 내부가 8층이 되었고, 엘리베이터가 설치되었으며 8층에는 전망대를 만들어서 현재에 이르렀다.

성 앞 공원 터에는 태평양 전쟁 당시 육군 제4사단 본부 건물을 세웠고, 해방 이후에 경시청, 박물관 건물로 쓰다가 지금은 음식점과 매점으로 쓰고 있지만 흉물스럽게 남아있다.

1624년 부사 강홍중은 『동사록』에서 오사카성의 모습을 다음과 같이 기록하였다.

남쪽으로 대판성大坂城을 바라보니, 층루層樓와 비각飛閣은 수리가 패전할 때에 모두 불타버리고, 이제 다시 공사工事를 일으켜 성城은 이미 완축되고 목

〈조선통신사어누선도병풍〉(일부)

역木役은 아직 끝나지 않았다. 역사役事의 거창한 것은 이루 형언할 수 없어 인
력으로 이룬 것이 아닌 듯하였다. 성밖에 있는 민가도 그 당시에 모두 불탔는
데, 이제 이미 복구되어 빈 터가 하나도 없으니, 백성과 물력의 풍부함을 또한
알 수 있다. 성 밖에는 곳곳에 조산造山이 있고 혹은 구덩이를 메운 곳도 있었
으니, 이는 모두 가강이 성을 함락시킬 때에 만든 것이었다.(11월 18일)

　　1615년 오사카 여름전투에 불타버린 것을 1624년에 복구하는 모습을
기록하고 있다.
　　오사카성의 석재는 근처의 우시마도牛窓 등 가까운 섬에서 배로 운반
했다. 오사카성은 지금 토요토미 히데요시의 박물관으로 활용하여 일반
인에게 공개를 하고 있는데, 성의 축조과정과 복원과정을 상세히 설명하
고 있다. 강홍중은 11월 8일 일기에서 그 모습을 다음과 같이 기록했다.

　　우창牛窓에서 10여 리 떨어진 곳에 한 외딴섬이 있으니 모두 석산石山인데,

왜인이 집을 짓고 살고 있다. 바야흐로 돌을 떠서 해안에 내리는데 산더미처럼 쌓였고 한 덩이 돌의 크기가 집채만큼 하였다. 물으니, 대판大坂에서 바야흐로 성 쌓는 일이 있어 여기서 가져간다 하였다. (11월 8일)

현재 오사카성의 맞은편에는 일본 NHK 오사카 방송국 건물이 있고, 그 옆에 오사카 역사박물관이 있다. 오사카 역사박물관에는 유명한 재일 사학자 신기수 선생이 평생 소장하고 있던 조선통신사 관련 유묵을 기증받아 신기수컬렉션을 운영하고 있다. 그 가운데는 '조선통신사어누선도병풍'와 '조선통신사소동도', '천화도조선통신사행렬도' 등 아주 잘 알려진 귀중한 유묵이 소장되어 있다. 2016년 1월 이곳을 방문하였을 때, 기획홍보과장 오자와 겐이치大澤研一 씨가 행렬도를 보여주었다. 현재 전해지고 있는 조선통신사 행렬도는 4점 정도가 있다. 우리나라의 국사편찬위원회, 오사카 역사박물관, 고려미술관, 국립중앙박물관 등에 소장되어 있는데, 오사카 역사박물관 신기수컬렉션이 단연 압권이다.

지금은 고인이 되었지만 신기수 선생은 1979년에 〈에도江戸시대의 조선통신사〉라고 하는 영화를 제작하여 조선통신사 연구의 붐을 일으켰다. 『조선통신사왕래-260년간의 평화와 우호』(1983)를 비롯해 통신사에 관한 여러 권의 저서를 남기는 등 큰 업적을 남겼다. 지금은 딸 신이화 씨가 한국과 일본을 오가며 선생의 유지를 이어가고 있다.

봄이 오면 고향에 돌아갈 수 있을까

조선통신사는 오사카에도 여러 흔적을 남겼다.

오사카시 마쓰시마松島 공원 한쪽에는 조선통신사 기념비가 서 있다. 이 기념비는 1992년 인근 치쿠린지竹林寺 주지가 세운 것이다. 마쓰시마 공

마쓰시마 공원의 조선통신사 기념비

원 앞 버스정류장에서 누구나 볼 수 있도록 길가에 서있다. 조선통신사와 오사카의 학자, 문인과의 교류사실이 소개되어 있으며, 치쿠린지 주지가 지은 노래 말도 함께 새겨져 있다.

기념비 옆에는 치쿠린지竹林寺라고 하는 절이 있는데, 이 절에는 1763년 통신사 수행원 중에 도중에 병이 나서 이곳에서 죽은 소동 김한중金漢重의 묘소가 있다. 조선통신사의 사행은 여행기간이 길고, 해로와 육로 등 여행환경도 복잡하고 열악하여 환자가 자주 발생했다. 수행원 중에는 항상 의원이 동행했지만 병이 심한 경우에는 병사하는 경우도 있었다.

1763년 사행원 중에 소동 김한중은 오사카에 도착 전에 이미 병이 심해져서 오사카에서는 일행과 함께 상륙도 하지 못하고 배에 머물렀

김한중 묘소

〈조선통신사소동도〉

다. 그러다가 병세가 더욱 깊어지자, 요양을 겸해서 치쿠린지로 옮겼다. 절에서는 정성을 기울였지만, 그는 끝내 병을 이기지 못하고 숨지고 말았다. 그의 나이 22세였다.

소동은 그 명칭에서 알 수 있듯이 대부분 나이 어린 소년이었다. 통신사 행렬도 그림을 보면 머리를 길게 늘어뜨리고 부채를 든 채로 말을 타고 가는 소동이 있다. 김한중은 22세였으니 나이가 조금 많은 편이다.

1763년의 정사는 조엄이었는데, 조엄은 경상도 관찰사, 동래 부사를 지낸 일이 있었다. 김한중의 주소가 동래 초량인 것을 보면, 정사가 직접 발탁한 소동일지도 모른다. 소동은 중관에 속하는 비교적 신분이 낮은 편이고, 보통 15명에서 20명 내외였다.

조엄의 『해사일기』에는 소동은 통인通引인데, 통인이란 지방 관청에 소속된 낮은 신분의 관리로 지방 수령의 측근에서 시중을 들거나 잔심부름을 하였다고 적혀 있다.

소동은 신분은 낮았지만, 학식은 제법 있었던 것 같다. 행렬도의 그림을 보면 소동이 말을 탄 채 일본인이 내미는 종이에 글을 써주는 모습이 있는데, 이를 보면 그 실력을 짐작할 수 있다. 또한 김한중이 자신의 운명을 예감하고 쓴 한시를 통해서도 소동들의 지식 수준을 어느 정도 짐작할 수 있다.

치쿠린지 1763년에 통신사 일원으로 일본에 왔던 김한중이 22세의 나이로 병사한 곳이다. 절 후원에 그의 묘가 있다.

그는 숨지기 전에 고향에 두고 온 두 아들이 보고 싶어 눈물을 흘리곤 했다고 한다. 그해 2월 10일, 고향을 그리는 시 한편을 남기고 눈을 감았다.

이 봄은 일본의 과객이지만	今春倭國客
지난 해에는 정녕 한국인이었네	去年韓人中
뜬구름 같은 세상 어디 머물 곳 없을까	浮世何定處
봄이 오면 고향에 돌아갈 수 있으랴	可歸古地春

이 시는 치쿠린지의 뒷마당 한쪽에 있는 비석에 음각이 되어 있다. 이 절에서는 지금도 매년 2월 10일, 김한중의 영혼을 달래는 법요식을 행한 다고 한다.

김한중의 경우는 병사였지만, 통신사행 중에는 사고사도 많았다. 1763년의 경우는 특히 사고사가 많았는데, 출항 직후에는 선장인 유진원이 항해 중에 배 밑창 곳간에 떨어져 목숨을 잃었고, 이어 격군 이광하가 정신질환을 일으켜 자신의 목을 찔러 자살하였다. 그러나 가장 끔찍한 사고는 도훈도 최천종이 에도에서 돌아오는 길에 오사카의 숙소에서 일본인의 칼에 찔려서 피살된 사건이 일어났다.

최천종 살해사건

1764년 4월 7일 새벽, 정사 조엄은 니시혼간지의 숙소에서 잠자리에서 최천종이 피습되었다는 보고를 받았다. 조엄은 즉시 군관과 의관을 보내었으나, 현장에 다녀온 목격자의 보고는 절망적이었다. 최천종이 피가 흥건하게 젖은 목을 감싸고 숨을 헐떡거린다는 것이었다. 당시의 상황을 조엄은 다음과 같이 기록하였다.

꼭두새벽에 갑자기 들으니, 도훈도 최천종이 왜인에게 칼을 맞고 거의 죽음에 이르렀다고 한다. 벌떡 일어나 즉시 군관·의관 등을 보내어 급히 가보도록 하였다. 이어서 사람을 시켜 그 곡절을 물었더니, 돌아와서 고하기를, "최천종이 피가 흘러 흥건하고 숨이 거의 끊어질 듯한데도 오히려 손으로 목을 만지면서 찔렸던 상황을 말하기를, '닭이 운 뒤에 문을 열고 상사에게 보고하고 돌아와서 침소에 누웠습니다. 새벽잠을 막 곤하게 자는데 가슴이 갑자기 답답해서 깜짝 놀라 깨어 보니, 어떤 사람이 가슴을 걸터앉자 앉아 칼로 목을 찔렀습니다. 그래서 급히 소리를 지르면서 바삐 칼날을 뽑고 벌떡 일어나 잡으려 하니, 적은 재빨리 달아났지요. 이웃방의 불빛이 비치기에 보니 분명 왜인이었는데, 그때 나는 기진하여 땅에 엎드린 채 연달아 소리만 질렀더니, 이웃방의 사람들이 비로소 알았습니다'고 하였다. 또 그가 말하기를, '나는 이번 길에 어떤 왜인과도 다투었거나 원망을 맺을 꼬투리가 없는데, 왜인이 나를 찔러 죽이려 하다니, 실로 그 까닭을 모르겠습니다. 만약 내가 나랏일로 죽거나 사신의 직무를 위하여 죽는다면 죽어도 한 될 것 없겠지만, 이제 공연히 왜인에게 찔려서 죽게 되니, 죽음이 극히 원통합니다'라고 했다" 하였다.(4월 7일)

약을 달여 먹이고 출혈을 막으려 했지만 최천종은 해가 뜰 무렵 숨을 거두고 말았다. 범인을 체포하기 위해 증거물을 찾았다. 현장에서는 범인의 칼로 추정되는 일본 칼이 발견되었다. 최천종이 지른 고함소리에 잠이 깬 사람들이 목격한 범인의 모습도 일본인이 분명했다. 조사 결과 범인의 인상착의는 얼굴색이 희고 키는 5척 3촌 정도, 나이는 26세 가량이라는 것이 밝혀졌다. 이같은 자료를 근거로 최천종 주변에서 근무한 일본인을 전부 소집했는데, 수상하게도 역관인 스즈키 덴죠鈴木傳藏만 나타나지 않았다. 그는 자신에게 혐의가 좁혀지자 범인 자백서를 보내고 도망쳤다. 니시혼간지를 빠져나가 오사카를 벗어나던 그는 결국 잡히고 말았다.

니시혼간지에서 심문을 받은 스즈키 덴죠는 범행 일체를 자백했다. 그리고 조선통신사가 지켜보는 가운데 5월 2일 사형당했다. 조선통신사 최초의 국제 살인사건은 이렇게 매듭이 지어졌다.

그러나 이 스즈키 덴죠가 왜 최천종을 살해 했는지 그 원인에 대해서는 명쾌하게 의문이 풀리지 않았다. 스즈키 덴죠는 최천종이 자신의 거울을 잃어 버렸는데, 자신을 범인으로 간주하고 사람들이 보는 앞에서 채찍질을 하여 그에 대한 앙갚음으로 살해했다고 진술했다. 그러나 그 이유는 너무 단순했고 사람을 죽일 만한 이유라고 보기는 어려웠다.

그래서 살해의 진짜 이유는 인삼과 관계된 밀거래로 보는 견해가 많다. 조선통신사 수행원들은 정해진 양의 인삼을 가지고 일본에 갈 수 있었는데, 중관 이하 하관들은 정량 이외의 인삼을 몰래 가지고 가서 밀거래하는 경우가 많았다. 그리고 밀거래 후에 값을 나누는 문제로 다투는 경우가 종종 있었다. 그래서 최천종 사건도 밀거래에서 발단된 사건으로 보는 견해가 많다. 그러나 이 사건은 끝내 이유가 명확히 밝혀지지 않았고, 그러한 궁금증에서 뒤에 일본 전통극인 '가부키'로 극화되어 공연이 되는 등 일본인들에게 문학적 소재가 되기도 했다.

한편 1719년 신유한 통신사행에서도 역관 권흥식의 밀매사건이 있었다. 당시는 에도에서 국서전명식을 하고, 쇼군의 회답서를 기다리는 중이었는데, 밀무역사건이 발각이 된 것이다. 신유한의 『해유록』에는 이에 관해 다음과 같은 기사가 실려 있다.

이날 밤 종사관이 막하 장교의 고발을 통해 역관이 행장을 수색하였더니, 권흥식權興式의 행장 속에서 인삼 2근과 은 2,150냥, 황금 24냥을 받았고, 오만창吳萬昌의 행장에서 인삼 한 근을 찾아내었다. 그래서 두 사람을 묶어서 큰칼을 씌우고, 쓰시마에 이르러서 처단하기로 의결하였다. 처음 사신행차에 인삼과 화물을 몰래 무역하는 것은 국법에서 금하고 있으므로 사신을 따라온 모든 역관이 만약 금령을 범하면 10냥 이상은 곧 목을 베기로 경연에서 허락을 받았던 것인데 이 무리들이 죽음을 무릅쓰고 법령을 어겼으니, 타국에 알리지 않으려 한 것이다.(10월 7일)

밀무역에 대해서는 이미 사행 전에 엄한 처벌을 하도록 명령을 받았지만, 당시는 쇼군의 회답서를 기다리는 중이었고, 또한 막부의 수도인 에도였기 때문에 죄인의 처벌을 뒤로 미루었다. 그러나 역관 권흥식은 결국 귀국길에 쓰시마에서 스스로 독약을 마시고 자살하였다.

오사카는 지금도 화려한 도시이고, 한국의 관광객이 제일 선호하는 도시이다. 그런데 오사카에 대한 관심은 통신사에게도 마찬가지였던 모양이다. 특히 통신사들에게는 일본의 성 풍속이 너무 생소했다. 역대 통신사행에서 일본의 풍물을 기록한 사행록 가운데 신유한처럼 일본의 성 풍속도를 적나라하게 묘사한 것도 없다. 그는 오사카 화류계 여인들의 성 풍속도를 많은 시로 읊었을 뿐 아니라 『문견잡록』에서도 다음과 같이 기록했다.

나라 안에 인구가 매우 번성한데 여자가 남자에 비하여 더 많다. 결혼은 동성同姓을 피하지 않고 사촌남매끼리도 서로 혼인한다. 형수와 아우의 아내가 과부가 되면 또한 데리고 살므로 음탕하고 더러운 행실이 곧 금수와 같다. 집집마다 반드시 목욕탕의 설비가 있어서 남녀가 함께 벗고 목욕을 한다. 대낮에 서로 정사를 하기도 하고, 밤에는 반드시 불을 켜고 정사를 하는데 각기 색정을 돋구는 기구를 사용하여 즐거움을 극대화시킨다. 사람마다 춘화도를 품속에 지녔는데 화려한 종이 여러 폭에 각기 남녀의 교접하는 모습을 백 가지, 천 가지로 묘사하였으며, 또 춘약春藥 몇 가지를 가지고 색정을 돋군다고 한다.

또 풍속에 각 지방에 노래하고 춤추는 기생을 설치하는 법이 없으므로 부유한 상인으로 여행하는 자들이 지나는 곳마다 모두 사사로이 창녀를 접하므로 이름난 도시의 큰 객점에는 모두 창루가 있다. 대판의 번화한 곳은 화류花柳로 가장 이름이 났다. 층층의 다락과 구불구불한 집이 길거리에 연하여 병풍, 장막, 이불, 베개, 술병, 찻단지 등이 모두 비단과 금은으로 되었고, 그 가운데 각각 미인을 두고 위에 금빛 글씨로 쓴 간판을 달아 상상창루上上娼樓라

하였다. 호협한 남아들이 금을 싸 가지고 와서 자기 마음에 드는 집을 찾아 간다고 한다. 상상의 집이라도 하루의 화채花債가 백금白金 열 냥에 지나지 아니하고, 중파하는 차등이 있다고 한다. 내가 통역들이 말하는 것을 듣고 웃으며 흥보기를, "옛적부터 정情과 색色 가운데에 빠진 남녀들이 있어, 남자는 인연을 기뻐하며 천금을 아끼지 아니하고, 여자는 정에 감동되어 한 푼의 돈도 사랑하지 않나니, 이것이야말로 상상의 풍류다. 그런데 지금 너희들이 말하는 상상上上주妹라는 것은 추잡한 놈이나 이름난 사람들을 가리지 않고 단지 돈만 보고 애교를 바친다 하니, 이것은 문에 기대어 웃음을 파는 하품下品으로서 몇 푼어치도 못 된다" 하였더니, 통역이 말하기를, "나라의 풍속이 서로 다릅니다. 여자의 마음이야 어찌 그렇겠습니까? 일본의 부귀한 집에서 그런 특수한 미인을 사서 이익을 얻는 물건으로 삼기 때문에 소위 창루에 주인이 화려한 온갖 기구를 다 설비하여 놓고 문에 간판을 붙여서 그 값을 정하고는 매일 세금을 받아가니, 저 미인들은 감히 제가 임의로 할 수 없으므로 눈물을 흘리면서 이별을 서러워하는 자도 있고, 부끄러움을 무릅쓰고 억지로 몸을 바치는 자도 있습니다" 하였다.

내가 대판에 이름 있는 창녀의 이름과 나이가 얼마인가를 물었더니 대답하기를, "화자花紫는 스물두 살이요, 약자若紫는 스무 살이요, 소자小紫는 열다섯 살이요, 만주춘滿洲春은 스무 살이요, 보야향保野香은 스물다섯 살이요, 발지發枝는 스무 살이요, 우영友影은 열일곱 살이요, 촌춘村春은 열여섯 살이요, 촌우村雨는 스물한 살이니, 이들이 상상上上과 상중上中의 미인입니다" 하였다.

신유한뿐만 아니라 통신사 일행을 가장 놀라게 한 일본의 풍속은 남창이 성한 것이었다. 신유한은 이에 대해서도 매우 호기심 어린 시선으로 묘사하고 있다. 『문견잡록』의 기록을 더 살펴보자.

일본에서 남창의 곱기는 여색보다 배나 되고, 그것을 사랑하여 혹하는 것이 또 여색보다 배나 된다. 나라 안의 사내아이가 나이 열네댓 살 이상으로 용모가 특수하게 아름다운 자는 머리에 기름을 발라 양쪽으로 땋아 늘이고 연지분을 바르고 채색 비단옷을 입히고, 사향과 진기한 패물로 꾸며 그 가치가 천금에 해당한다. 관백 이하 부호와 일반 백성이 다 그것을 사서 데리고 있어, 앉으나 누우나 출입할 때에 반드시 딸려서 추행을 실컷 하고 혹은 밖의 사람과 통하면 질투하여 죽인다. 그들의 풍속이 남의 처나 첩을 몰래 통하는 것은 쉬운 일로 알아도 주인 있는 남창에게는 더불어 말도, 감히 웃지도 못한다.

우삼동이 저술한 문고 가운데 귀인들의 화려한 생활을 묘사한 글에 '왼쪽에는 붉은 치마요, 오른쪽에는 어여쁜 총각이다'라고 한 문구가 있었다. 내가 그 문구를 가리키며 말하기를, "어여쁜 총각이란, 이른바 남창을 말하는 것이오?" 하니, 그렇다고 하였다. 내가 말하기를, "귀국의 풍속이 괴이하다 하겠소. 남녀의 정욕은 본래 천지 음양의 이치에서 나온 것이니 천하가 동일한 바이나 오히려 음란하고 미혹되는 것을 경계하는데, 어찌 양陽만 있고 음陰은 없이 서로 느끼고 좋아할 수 있다는 말이오?" 하였다. 우삼동이 웃으며, "학사는 그 즐거움을 알지 못하는 모양입니다" 하였다. 우삼동과 같은 사람이 말하는 것도 오히려 그와 같은 것을 보면 그 나라 풍속의 미혹됨을 알 수 있겠다.

신유한이 이렇게까지 일본의 성 풍속을 상세하게 기록한 것은 아마도 유학자의 눈으로는 일본의 성 풍속을 부정적으로 볼 수밖에 없었기 때문이었을 것이다.

오사카에 남은 사람들

한편 오사카만 시리나시가와尻無川에 정박한 6척의 배와 100여 명의 조선 선원들의 일상은 어떠했을까? 기록에 의하면 시기에 따라 조금씩의 차이는 있지만 1719년 신유한 일행은 총 485명 중 109명이 오사카에 잔류했다. 통신사 본대가 9월 4일 오사카에 상륙하였고, 에도를 왕복하여 11월 4일 돌아오기까지 2개월을 오사카에 잔류하였다. 이 선원들의 모습을 적은 기록이 현재 국사편찬위원회 쓰시마 종가문서 기록 속에 〈1719년 신사지절대판잔조선인어횡목방기록일장信使之節大坂殘朝鮮人御橫目方記錄日帳〉이라는 이름으로 소장되어 있다.

이 기록에 의하면 당시 쓰시마번에서는 통신사의 일본 사행 때의 모든 실무를 담당하였기 때문에 오사카 잔류 선원들의 관리도 쓰시마번의 책임이었다. 쓰시마번에서는 잔류 조선 선원들이 지켜야 할 규칙을 정하여 통보하였다. 그 내용은 '첫째, 일본인과 조선인이 일상적으로 만나는 것을 금한다. 둘째, 조선인이 이것 저것 구경하고 싶다고 해도 머물고 있는 절과 배 밖으로는 절대 나가는 것을 승인하지 않는다. 셋째, 오사카에 남아 있는 조선인은 한 명도 빠짐없이 승선한 상태로 있어야 한다.'였다. 일본인과 통신사간에 어떤 문제도 일어나서는 안 된다는 것이 쓰시마번의 기본방침이었던 것이다.

한편 선원들은 오사카에 머무는 동안 돌아갈 때의 항해에 대비해서 배의 상태를 점검하고 정비해야 했다. 그러나 기본적으로 하선이 허가되지 않는 환경이라면 그들이 받는 정신적 육체적 고통이 심했을 것이다. 요즈음 말로 스트레스가 엄청 쌓였을 것이다. 병든 선원도 종종 나타났다. 이런 경우 오사카 행정책임자의 허락을 받아 일본인 의사를 초청하여 진찰과 약 처방을 받았다. 그래서인지 어떤 때는 막부에서 특별히 하선을 허가하여 조선 선원들에게 씨름대회를 하도록 했다. 장소는 배가 정박해 있는 시라나시가와에서 가까운 치쿠린지였다. 그러나 이 씨름은 에도에 가있는 통신사 본대에는 알리지 않고 몰래 행하는 이벤트였다. 그래서 씨름대회 중에 다치는 일이 없도록 유의하라는 지시가 막부로부터 쓰시마번에 특별히 내려졌다. 상륙을 하고 싶어 했던 조선 선원들은 이 제안을 받아 들여 모두 15차례나 씨름대회를 했다. 일본인과의 시합도 고려했지만 일본 스모가 조선 씨름과는 달리 거칠어서 실현되지는 않았다.

6. 천황은 위황이다

(교토 ~ 히코네)

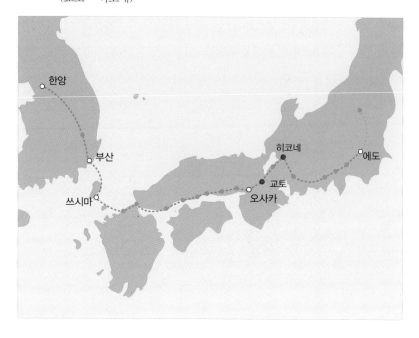

후시미성

9월 10일 오사카의 숙소를 떠난 신유한 일행은 막부가 제공한 천어좌 선을 타고 다시 요도가와를 거슬러 올라가 요도우라淀浦까지 이동했다. 여기서부터는 육로로 에도까지 왕복을 해야 했다. 통신사가 배를 내린 곳은 현재 그 흔적이 남아 있다. 교토 경마장 서쪽으로 1km 떨어진 납소에 세 워진 도진간키唐人雁木이다. 간키는 선착장으로, 조선인 전용 선착장이 이곳 에 있었음을 말한다.

배에서 내린 조선통신사 일행은 행렬을 갖추어 이동하기 시작했다. 청도기淸道旗가 맨 앞에 서고 조선국왕을 상징하는 형명기形名旗를 앞세우고 조선국왕의 국서 가마가 뒤를 따르는 긴 행렬이었다. 요도우라에서 15리

후시미성의 성문

정도 이동하면 짓쇼지實相寺가 있는데, 일행은 여기서 옷을 갈아 입었다. 정
사·부사·종사관의 삼사는 공복을 입고 나머지 관리는 관복, 군관은 융복으
로 갈아 입었다. 교토에 들어가면서 사절단의 위엄을 뽐내기 위해서였다.

　1764년 짓쇼지에서는 원중거·남옥·김인겸 등이 미처 옷을 갈아 입지
못한 일도 있었다. 옷을 갈아 입으려고 했는데 짐을 실은 말이 먼저 가버
려 빚어진 일이었다. 그 외도 일본어가 서툴러 가마를 세우지 못하는 경
우도 있었다. 모두 초행길이라 일본에서의 관례나 습속에 익숙치 못해 벌
어진 일이었다.

　숙소로 가는 길에 동쪽으로 오츠카야마大塚山를 지났는데 산 위에는 왜
황의 무덤이 많다고 전해 듣기도 했다. 10여 리쯤 지나 분칠한 담이 어른어
른한 후시미성伏見城에 이르렀다. 후시미성은 토요토미 히데요시豊臣秀吉가 도
읍했던 곳으로 '별궁과 별장, 시가지의 번성함이 왜적(풍신수길)이 있을 때보다
덜하지 않다'고 하면서 멀어서 눈으로 볼 수 없었다고 했다.

후시미성의 천수각

1590년 임진왜란 직전 일본의 정세를 정탐하기 위해 파견되었던 황윤길, 김성일 통신사가 토요토미 히데요시를 만난 곳도 이 성이고, 1607년 임진왜란의 강화사였던 회답겸쇄환사 여우길·경섬 일행이 도쿠가와 이에야스德川家康를 만난 곳도 이 성이었다.

그런데 왜인이 말하기를 "정강淀江 언덕에 진주도晋州島라고 칭하는 곳이 있는데, 그곳은 임진년 전쟁에 왜인들이 진주 사람을 포로로 잡아 와서 살게 한 곳으로 지금도 그 마을에는 다른 인종이 없습니다" 하였다. 당시를 생각하니 털끝이 쭈뼛 솟았다고 했다.

통신사에게 비친 교토京都는 한마디로 거대한 사찰도시였다. 1,000년의 수도였던 교토에는 유네스코 세계문화유산으로 등록된 건물이 17개인데, 그 가운데 12개가 사찰이다. 통신사는 교토에서 2~3일 정도 머물렀는데, 숙소는 모두 오래된 사찰이었다. 사행록을 보면 다이도쿠지大德寺, 다이후쿠지大福寺, 혼노지本能寺, 혼코쿠지本國寺, 쇼코쿠지相國寺 등이 숙소로 이용되었다.

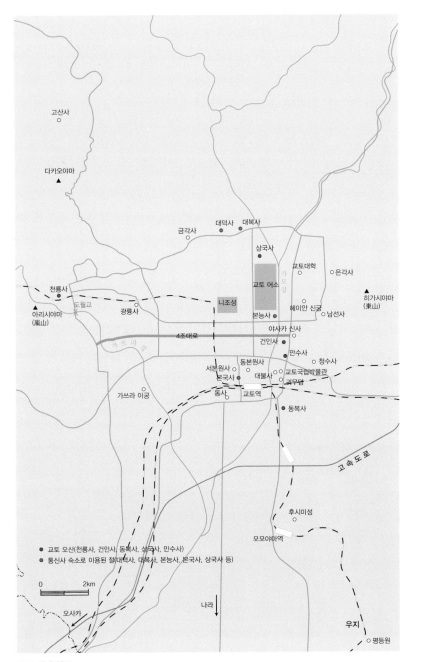

고산사 ○

다카오야마 ▲

대덕사 ● 대복사 ●

금각사 ● 상국사 ●

교토대학 ○ 은각사 ○

천룡사 ● 교토 어소

니조성 히가시야마 ▲
(東山)

아리시야마 ▲ 도월교 광룡사 ●
(嵐山) 가쓰라 천 본능사 ● 헤이안 신궁 남선사 ○

4조대로

가쓰라 강 야사카 신사

건인사 ●

만수사 ● 청수사 ○

서본원사 ○ 동본원사 ○
본국사 ● 대불사 교토국립박물관 ○
귀무덤

가쓰라 이궁 동사 교토역

동복사 ●

고속도로

후시미성

모모야마역

● 교토 오산(천룡사, 건인사, 동복사, 상국사, 만수사)
● 통신사 숙소로 이용된 절(대덕사, 대복사, 본능사, 본국사, 상국사 등)

0   2km

나라 ↓

오사카

우지

평등원 ○

교토 시내 약도

쇼코쿠지와 지쇼인

이 가운데 쇼코쿠지相國寺는 무로마치 막부의 3대 쇼군이었던 아시카카 요시미츠足利義滿가 천황의 명을 받아 세운 임제종의 대본산이다. 교토 관광의 명소인 킨가쿠지金閣寺, 긴가쿠지銀閣寺 등 90여 개의 말사를 거느리고 있다. 현재의 법당은 토요토미 히데요리豊臣秀賴가 건립하였다. 법당의 천장에는 에도시대의 유명한 화가인 가노 에이토쿠狩野永德의 맏아들인 가노 미쓰노부狩野光信가 그린 거대한 용 그림인 〈반룡도蟠龍圖〉가 있다. 용 그림은 천장의 중앙부분을 동그랗게 차지하고 있었는데, 이 용은 울음을 우는 용으로 유명하다.

쇼코쿠지와 반룡도에 관해서는 2013년 12월, 유홍준 교수의 〈나의 일본문화유산답사〉 팀에 동행하면서 들은 설명이 기억이 난다. 적송들의 행렬 사이로 드러난 쇼코쿠지의 운치와 더불어 에도시대 일본화를 이끈 가노파狩野派의 미쓰노부光信의 대작으로 용은 불법을 수호하는 신인 동시에 물을 다스리는 신으로, 화재로부터 건물을 방어해 준다는 상징성이 있다고 하면서 이 법당이 여러 차례의 화재에 살아남은 것도 용 그림 덕이라고 했다.

쇼코쿠지 교토의 대표적인 사찰로 킨가쿠지, 긴가쿠지 등이 이 절의 말사이다. 통신사 일행의 숙소로 이용되던 절이다.

〈반룡도〉

지쇼인

벳쇼 스님 영정

〈한객사장〉

〈한객사장〉을 펼쳐놓은 모습

　　쇼코쿠지 법당에서 10분 거리에 있는 지쇼인은 1711년 조선통신사 일행이 쇼코쿠지 주지였던 벳쇼別宗 스님에게 준 시문이 100여 점 소장되어 있다. 2016년 1월 '대학생 신조선통신사'를 인솔하여 지쇼인을 방문했는데, 주지 히사야마 류쇼久山隆昭 스님은 유물 100여 점을 펼쳐 보이면서 1711년 통신사 정사 조태억과 안내승이었던 벳쇼 스님과의 교류를 소개해 주었다.

　　벳쇼는 1658년 태어나 1714년 사망한 인물로 1700년 5월부터 이듬해 6월까지 쓰시마 이테이안 윤번승을 담당했고, 1711년 통신사 때에는 접반승接伴僧으로 임명되었다. 이테이안 윤번승이란 교토 오산 승려가 2년 임기로 쓰시마의 이테이안에 교대로 근무하면서 조선외교를 담당했던 외교승이었다.

벳쇼는 교토에서부터 에도까지 통신사를 접대하는 접반승의 자격으로 통신사와 함께 도쿄를 왕래했고, 통신사를 수행하는 동안 수개월간 시문을 주고 받았다. 후에 이 가운데 85편을 모아 4축의 두루마리를 만들었고, 〈한객사장韓客詞章〉이란 제목을 붙였다. 시문은 조선의 한지에 쓰여졌고, 표구도 조선의 직물로 했다.

시문을 써준 사람은 정사 조태억, 부사 임수간, 종사관 이방언, 제술관 이현, 서기 홍순연, 엄한중, 남성중 등과 같은 문사를 망라하고 있었다.

〈한객사장〉에 수록된 시 한 수를 소개해 보자.

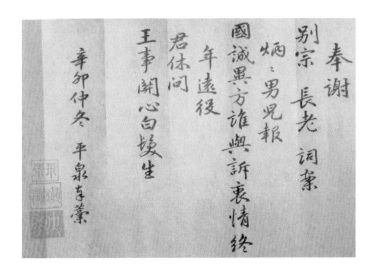

〈삼가 벳쇼 장로에게 사례함〉

나라 은혜 갚으려는 남아의 뜨거운 정성

낯선 타향에서 누구에게 그 충정을 말하리오

추운 겨울의 사행길 그대는 말도 마오

나랏일에 마음 쓰느라 백발이 생겼다오

　　　　　　　　　　　　　　　－ 신묘년 11월에 평천이 삼가 작성함

사행길 문안을 묻는 벳쇼에게 감사하며, 자신은 통신사의 임무를 다하느라 흰머리가 생길 정도라고 하소연하는 시이다. 두 사람의 격의없는 친분을 보여주는 시이다. 끝에 있는 낙관 '평천平泉, 조태억趙泰億, 대년大年' 세 개는 각기 조태억의 호와 이름, 자字이다.

한편 통신사가 남긴 글 가운데는 한글 시조도 있었다.

한글로 시조를 쓴 다음 이에 해당하는 한자를 병기한 것이 두 점 있었는데, 농와라는 호를 가진 사람이 쓴 것이었다. 한글을 묻는 일본인에게 한자로 뜻을 풀이해준 것으로 짐작된다. 농와가 누구인지는 알 수 없다.

국화야 너는 어이

삼월동풍 다 보내고

낙목한텬의 네 혼자 퓌었ᄂᆞ니

진실노 오샹고절은 너뿐인가 ᄒᆞ노라

　　　　　　　도션 농와 서

반남아 늙어시니

다시 졈든 못ᄒᆞ어도

이후나 늙지말고 미양

이만ᄒᆞ엿고져

빅발이

네 짐쟉ᄒᆞ여 더듸 늙게

ᄒᆞ여라

　　　　　　　도션 농와 서

고려미술관 재일동포 실업가 정소문 씨가 건립한 미술관으로, 통신사가 남긴 서화 등을 소장하고 있다.

고려미술관

통신사가 남긴 서화를 소장하고 있는 자료관으로 교토의 기타구北區
에는 재일동포 실업가 정소문鄭詔文 씨가 건립한 고려미술관이 있다. 6세에
일본으로 건너가 자수성가했고, 많은 문화재를 수집하여 1988년 고려미
술관을 건립했다. 현재는 설립자의 외손녀인 이수혜 연구원이 관리를 하
고 있다.

안내 팜프렛에 쓰여진 설립자 정소문 씨(1918~1989)의 인사말에 숙연해
지는 마음을 금할 수 없어 여기에 소개해 본다.

단 하나의 백자 항아리에 끌려 골동품 가게 앞에 섰던 날이 40여 년 전.
조국은 해방되었으나 내게는 돌아갈 방법이 없었습니다. 언젠가 조국에 돌아
간다. 그렇게 결심하며 선물 하나를 하자고 그 집 문을 연 것이 오늘의 시작입

니다.

제가 바라는 것은 온 세계 사람들이 우리 조국의 역사와 문화를 올바르게 이해함으로써 진정한 국제인이 되기 위한 한걸음을 내딛는 것입니다. 조선이나 한국의 풍토 속에서 성숙한 아름다움은 여기 일본에서도 언어, 사상, 이념을 넘어 이야기 합니다.

부디 조용한 마음으로 그 흥취를 느껴 주시기 바랍니다.

1,700여 점의 소장품 가운데에는 조선통신사 관련 회화 및 〈통신사행렬도〉가 소장되어 있다.

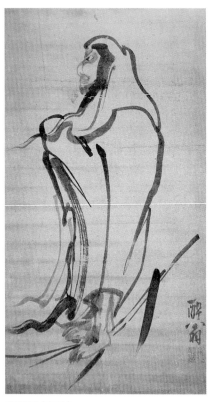

김명국의 〈달마도〉

특히 〈달마도〉로 유명한 1655년 통신사 화원 김명국의 그림을 비롯하여, 마상재馬上才 그림이 소장되어 있다. 통신사행에 두 번이나 화원으로 참가한 김명국에 대하여 유홍준 교수는 최근 발간한 『안목眼目』이란 책에서, '김명국은 인조 때 화원으로 조선통신사를 따라 두 차례나 일본에 다녀오면서 이름을 날렸다. 술을 좋아하여 말술을 마시는 주광酒狂으로 술 취한 늙은이라는 뜻으로 취옹醉翁이라는 호를 쓰기도 하였고 이로 인한 수많은 일화를 남겼

〈마상재지도馬上才之圖〉 고려미술관 소장.

다. 일필휘지로 그려낸 저 유명한 〈달마도〉가 그의 예술세계를 웅변해 준
다. 영조 때의 남태응南泰膺은 『청죽화사聽竹畫史』라는 책에서 김명국의 그림
을 이렇게 예찬하였다'고 하면서 다음과 같이 인용하고 있다.

　　김명국은 그림의 귀신이다. 그 화법은 앞 시대 사람의 자취를 밟으며 따
라간 것이 아니라 미친 듯이 자기 마음대로 하면서 주어진 법도 밖으로 뛰쳐
나갔으니, 포치와 화법 어느 것 하나 천기天機 아님이 없었다. 비유컨대 천마
가 재갈을 벗어 던지고 차고 오르는 듯하고, 사나운 독수리가 하늘을 가로 지
르면서 발톱을 펼쳐 먹이를 내려 차는 듯 변화가 무궁하여 어느 한 곳에 머물
지 않는다. 작으면 작을수록 더욱 오묘하고, 크면 클수록 더욱 기발하여 그림
에 살[肉]이 있으면서도 뼈[骨]가 있고, 형상을 그리면서도 의취意趣까지 그려냈
다. 그 역량이 이미 웅대한데 스케일 또한 넓으니, 그가 별격의 일가를 이룬
즉, 김명국 앞에도 없고, 김명국 뒤에도 없는 오직 김명국 한 사람만이 있을

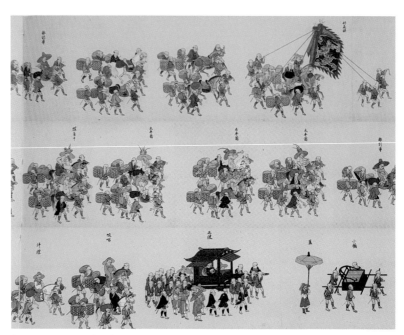

〈조선통신사행렬회권〉(부분) 고려미술관 소장.

따름이다.

일본 화원들과의 교류에서 김명국의 명성은 자자했고, 그래서인지 김명국은 1636년과 1643년 두 차례나 통신사행의 화원으로 다녀왔다.

윤동주, 하늘과 바람과 별과 시

쇼코쿠지相國寺 지쇼인慈照院과 담장을 사이에 두고 〈하늘과 바람과 별과 시〉로 우리에게 잘 알려진 시인 윤동주가 유학했던 도시샤同志社 대학이 있다. 그곳에는 유명한 〈서시〉의 시비詩碑가 서 있다.

서 시序詩

죽는 날까지 하늘을 우러러
한 점 부끄럼이 없기를,
잎새에 이는 바람에도
나는 괴로워했다.
별을 노래하는 마음으로
모든 죽어가는 것을 사랑해야지
그리고 나한테 주어진 길을 걸어가야겠다.

오늘 밤에도 별이 바람에 스치운다.

윤동주는 1917년 12월 만주 북간도의 명동촌明東村에서 태어나, 1945
년 2월 일본 후쿠오카 형무소에서 28세의 젊은 나이로 생을 마감했다. 그
는 1931년 명동소학교를 졸업하고, 가족이 용정으로 이사하자 용정에 있
는 은진恩眞중학교에 입학한 후, 1935년 평양 숭실중학교로 전학하였다.
학교가 신사참배 문제로 폐쇄당하자, 다시 용정에 있는 광명중학으로 편
입하여 거기서 졸업하였다. 1941년 서울의 연희전문학교延禧專門學校 문과를
졸업하고, 일본으로 건너가 도쿄에 있는 릿쿄立敎대학 영문과를 거쳐 도
시샤대학 영문과로 옮겼다. 1943년 7월, 학업 도중 귀향하려던 시점에 항
일운동을 했다는 혐의로 일본 경찰에 체포되어 2년형을 선고받고 후쿠오
카福岡 형무소에서 복역하던 중 건강이 악화되어 1945년 2월에 생을 마쳤
다. 유해는 그의 고향 용정龍井에 묻혔다. 한편, 그의 죽음에 관해서는 옥중
에서 정체를 알 수 없는 주사를 정기적으로 맞은 결과이며, 이는 일제의

도시샤대학의 윤동주 시비

생체실험의 일환이었다는 설도 있다.

　윤동주는 28세의 젊은 나이에 타계하고 말았고, 그의 생은 인생과 조국을 고뇌하는 가슴 아픈 삶이었다. 그의 시집은 본인이 직접 발간하지 못하고, 사후에 동료나 후배들에 의해 간행되었다. 그의 초간 시집은 하숙집 친구로 함께 지냈던 정병욱鄭炳昱이 자필본을 보관하고 있다가 발간하였고, 초간 시집에는 친구 시인인 유령柳玲이 추모시를 선사하였다.

　윤동주는 15세 때부터 시를 쓰기 시작하였고, 발표작으로는 만주의 연길延吉에서 발간된 『가톨릭 소년』지에 실린 동시 〈병아리〉(1936. 11), 〈빗자루〉(1936. 12) 등이 있다. 연희전문학교에 다닐 때에는 『조선일보』에 발표한 산문 〈달을 쏘다〉가 있고, 연희전문학교 교지 『문우文友』지에 게재한 〈자화상〉, 〈새로운 길〉이 있다. 그리고 〈쉽게 쓰여진 시〉가 사후에 『경향신문』에 게재되기도 하였다.

하숙집 앞에 서 있는 윤동주 시비

　그의 절정기에 쓰여진 작품들을 1941년 연희전문학교를 졸업하던 해
에 발간하려 하였으나 뜻을 이루지 못하다가, 친구 정병욱과 동생 윤일주
에 의해 사후에 『하늘과 바람과 별과 시』라는 제목으로 1948년에 정음사
에서 출간되었다.

　그의 시비는 통신사가 지나갔던 길목인 도시샤대학의 교정과 학교
근처의 하숙집 앞에 서있었다. 조선통신사와는 직접 관계는 없지만 이곳
을 지나면서, 20세기 초, 나라 잃은 우리의 젊은 영혼의 짧은 생을 들여다
보면서 그가 대학 시절 연희전문학교 교지에 실었던 '새로운 길'이란 시
를 한 번 더 읊고 싶다.

새로운 길

내를 건너서 숲으로
고개를 건너서 마을로

어제도 가고 오늘도 갈
나의 길 새로운 길

민들레가 피고 까치가 날고
아가씨가 지나고 바람이 일고

나의 길은 언제나 새로운 길
오늘도 …… 내일도 ……

내를 건너서 숲으로
고개를 넘어서 마을로

2016년 1월, '대학생 신조선통신사 탐방단'은 윤동주의 하숙집 앞에 서 있는 시비를 견학하고, 우리 학생들과 일본 대학생의 만남을 주선했다. 일본 대학생들은 통신사 연구의 대가인 나카오 히로시仲尾宏 교수가 재직하고 있는 교토조형예술대학의 학생들이었다. 학생들은 만난 지 5분도 안 되어 십 년지기를 만난 것처럼 친해졌다. 나카오 교수는 양국의 학생들을 대상으로 30분간 조선통신사의 역사와 의의에 대해 특강을 했다.

조선통신사는 조선전기 세종 때부터 파견되기 시작했고, 임진왜란으로 국교가 단절되었다가 1607년부터 회답겸쇄환사로 재개되어, 1636년부터는 통신사라는 명칭으로 부활했다는 점.

조선통신사는 500명에 가까운 외교사절단이었고, 사절단 가운데는 뛰어난 유학자, 한시작가, 화가, 의사, 서예가 등이 다수 있었으며, 일본 지식인들은 그들과의 교류를 원했고, 오사카, 교토, 나고야, 에도 등 각지에서 활발한 교류가 이루어졌다는 점.

조선통신사는 오사카에서는 니시혼간지에 체재하며 막부쇼군을 대리한 오사카죠다이大阪町代의 환영을 받았고, 여행의 피로를 달래며 교토까지 배를 이용하여 왔으며, 이후 육로를 통해 비와코 호수와 후지산의 경치를 즐기며 에도까지 가서 에도성에서 양국 국서를 교환하고 우호 친선을 약속했다는 점.

마지막으로 조선통신사가 왕래했던 시대에 양국은 서로 전쟁을 하지 않고 대등한 입장에서 진실한 마음을 가지고 교류하는 시대를 실현했다는 점 등을 강조했다.

나카오 교수는 나와는 30년 지기로 지금도 조선통신사의 마음으로 교류를 해오고 있다. 그와는 2010년 KBS와 NHK에서 한·일교류 2천년 특집 방송을 제작할 때 조선통신사의 양국 파트너가 되어 함께 작품을 기획하고 출연했다. 그는 통신사에 관하여 『조선통신사의 궤적』, 『대계 조선통신사』 등 많은 저술을 남겼다. 일반 대중을 상대로 문고판으로 『조선통신사 – 성신의 길』(한림학총서 98, 소화)이 있는데, 한번 읽어볼 만하다. 조선통신사 이해에 큰 도움이 된다.

한편 도시샤대학 교정의 윤동주 시비 옆에는 정지용의 시비가 나란히 서있다.

정지용은 1902년 6월 20일, 충북 옥천군 옥천면 하계리에서 태어났

도시샤 대학의 정지용 시비

다. 옥천보통학교를 마치고 휘문고등학교에 입학해서 박종화·홍사용·정
백 등과 사귀었고, 동인지『요람』을 펴내기도 했다. 1923년 4월, 도시샤
대학 영문과에 입학하여 유학생 잡지인『학조學潮』에 시〈카페 프란스〉등
을 발표했다. 1929년 졸업과 함께 귀국하여 8·15 해방 때까지 휘문고등학
교에서 영어교사로 재직했다. 1930년『시문학』의 동인으로 참가했으며,
1933년『가톨릭 청년』편집고문으로 있으면서 이상李箱을 세상에 알렸다.
같은 해 모더니즘 운동의 산실이었던 구인회九人會에 가담하여 기관지『시
와 소설』간행에 참여했다. 1939년에는『문장』을 통해 박목월·조지훈·박
두진 등의 청록파 시인을 등단시켰다. 1945년 해방이 되자 이화여자대학
교로 옮겨 교수가 되었고, 1946년에는『경향신문』주간이 되어 고정란인
〈여적餘滴〉사설을 맡아보았다. 1950년 한국 전쟁 때에 서울에서 행방불명
이 된 이후 그의 행적은 알 수 없다.

귀무덤, 목 대신 귀를

교토 국립박물관이 있는 히가시 야마구에는 임진왜란 때 조선인의 귀와 코를 베어와 묻은 귀무덤[耳塚]과 토요토미 히데요시의 토요쿠니 신사豊國神社가 있다. 귀무덤은 귀뿐만 아니라 코를 묻었다고 하여 코무덤[鼻塚]이라고도 한다. 토요토미 히데요시는 전쟁이 길어지고 강화회담도 별 성과가 없자, 1597년 정유재란을 일으켰고 일본군의 전과보고에 관해 특별 명령을 내렸다. 전과보고로 조선인의 머리를 베어오게 했는데, 머리는 부피가 너무 크다고 하여, 머리 대신에 코나 귀를 베도록 했다. 이 명령에 의해 약 20만 개 이상의 코나 귀가 잘려서 일본으로 보내졌고, 이를 확인한 토요토미 히데요시는 지금의 대불사 서쪽 현재의 자리에 귀무덤을 만들었다고 한다.

한편 대불사大佛寺의 옆에는 토요토미 히데요시의 토요쿠니豊國 신사가 있다. 그리고 이곳에서 멀지 않은 아미타봉 정상에는 토요토미 히데요시의 무덤인 토요쿠니묘豊國廟가 있다. 산 정상까지 계단을 한참 걸어서 올랐는데, 산꼭대기에 묘를 만든 이유는 그 스스로가 교토가 한눈에 내려다보이는 아미타봉 정상에 묘를 써달라는 유언 때문이라고 한다.

정상에 올라보니 과연 교토 시내가 한눈에 내려다 보였다. 그는 무슨 생각을 하고 이곳에 자신의 묘를 써달라고 했을까. 우리에게는 임진왜란을 일으킨 '불구대천의 원수'로 각인되어 있지만, 일본인들에게는 여전히 일본의 3대 영웅 중 한사람으로 손꼽히는 인물이다. 그의 묘는 오르기 힘든 산 정상에 있어 찾는 사람이 많지 않은지 묘소 관리가 제대로 되어 있지 않아 녹슨 철문 안에 폐허처럼 방치되어 있다. 도쿠가와 이에야스의 무덤과는 천지 차이를 보여준다.

귀무덤(코무덤)과 〈코베기문서(鼻請取狀)〉 1597년 8월 25일 경상남도 석산성 공방전에서 264개의 코를 베어 보낸다는 문서. 현재, 정유재란 당시 1597년 8월부터 9월 사이의 사료만으로도 약 3만 개의 코를 베었다는 기록이 남아 있다.

토요쿠니 신사

토요토미 히데요시의 묘

천황과 쇼군

교토를 방문한 통신사들은 항상 일본의 천황이 궁금했다. 천황에게는 정치적인 실권이 없어 통신사가 직접 만나는 일은 없었지만, 천황의 처소가 교토에 있었기 때문에 관심이 없을 수 없었다. 그래서 통신사 일행은 숙소의 높은 탑에 오르거나 명승지를 방문하면 천황이 살고 있는 고쇼御所를 바라보면서 천황에 대한 소감을 기록에 남겼다. 교토 시내를 지나는 통신사의 모습을 그린 〈낙중낙외도병풍洛中洛外圖屛風〉에도 멀리 천황의 고쇼가 그려져 있다. 그 만큼 관심이 있었던 것에 틀림이 없다.

교토는 시내를 바둑판처럼 설계했는데, 1조는 천황의 고쇼가 있고, 2조는 도쿠가와 막부의 별궁인 니조성二條城이 있으며, 3조는 무사들의 거주지, 4조는 절들이 늘어서 있다. 물론 교토에는 수백 개의 절들이 있고, 고쇼 근처에도 쇼코쿠지, 난젠지 등의 절이 있는데, 이들 절도 통신사의 숙소로 사용했던 적이 있다. 그래서인지 거의 모든 사행록에는 천황에 대한 언급이 나온다.

신유한도 천황의 위상과 생활에 대해 다음과 같이 기록했다.

옛적에는 천황이 권력을 마음대로 하여 삼공三公·육관六官을 두어서 백관百官을 다스리고, 대장군을 두어서 군정軍政을 통리統理하였는데, 중세中世 이후에는 대장군이 스스로 관백이 되어 나라의 권력을 잡았다. 그후 소위 천황은 자기 궁궐 안에서 송장처럼 살고 호령이 궁성宮城 밖에 나가지 못하였다. 다만 연호年號·역서曆書를 국중에 행하고, 은화銀貨에 보寶자를 넣어주고 10분의 1의 세를 받고, 작첩爵帖에 황장皇章을 쓰고 사은謝恩하는 예禮를 받고 있다. 또 기내圻內의 백 리의 땅을 탕목읍湯沐邑으로 받고 있다. 보름이 되기 전에 단정히 앉아 향을 태우고 보름 뒤에는 연회하고 오락한다. 출입함에는 금은으로 아로 새긴 수레를 타고, 집에는 비단 옷과 좋은 음식이 있다. 장자長子 이외의 모든 아들은 다 중이 되어 칭호를 법친왕法親王이라 하고 딸자식도 또한 비구니比丘尼가 되게 하고 부마駙馬·공주公主의 명칭이 없다. 측근의 여러 귀한 신하로 문학文學을 맡은 자는 반드시 법인法印·법안法眼이라 칭한다. 대개 그 임금과 신하는 마치 문수文殊와 나한羅漢이 제석궁帝釋宮 동산에 벌려 앉은 것과 같다.(9월 12일)

그러면 과연 조선시대 사람들은 천황에 대해 어떻게 생각하고 있었을까.

일본천황에 대한 기록이 처음 나타나는 것은 1471년(성종 2)에 편찬된 신숙주의 『해동제국기海東諸國紀』이다. 신숙주는 『해동제국기』의 「일본국기日本國紀」 '천황세계天皇世系'의 항목에서 역대 천황의 계보를 장황하게 일일이 소개하였지만 아무런 논평이나 비판 없이 기술하였다.

그 내용을 보면, 처음에 천황 7대, 지황 7대라 쓰고, 이어서 인황人皇으로 진무神武 천황이 기원전 660년에 초대천황으로 즉위하였다고 했다. 그리고 『해동제국기』가 편찬될 당시의 천황인 고하나조노後花園 천황까지 101대 천황의 명단과 세습에 관하여 간략히 기술하였다. 그 내용은 주로 천황의 세습 관계, 그때 그때의 역사적인 사건, 정치 동향, 전란 및 우리나라 삼국과의 관계 및 중국과의 교류 등을 기록하였으며, 그 외에 혜성, 지진, 대설, 대풍 등 천재나 화재, 기근, 역질 등 각종 재난에 대한 기록으로 구성되어 있을 뿐, 천황의 치적이나 그에 대한 비평은 전혀 언급하지 않았다. 따라서 이 '천황세계'를 통하여는 단순히 천황의 세습 관계를 편년식으로 알 수 있을 뿐, 신숙주가 일본천황을 어떻게 생각했으며, 구체적으로 어떠한 천황관을 갖고 있었는가는 헤아릴 수가 없다.

한편 '국왕대서國王代序'의 항목에서는 정이대장군征夷大將軍 미나모토 요리토모源賴朝에 의한 가마쿠라鎌倉 막부의 성립과 그 이후 무로마치室町 막부의 아시카카 요시마사足利義政에 이르기까지 쇼군의 세습에 관하여 서술하였다. 그리고 끝부분에서 당시의 쇼군인 요시마사義政를 국왕國王이라고 호칭하면서,

국왕은 그 나라에서는 감히 왕이라 일컫지 아니하고, 다만 어소御所라 하며, 그의 명령문서는 명교서明教書라고 한다. 매년 세정(元旦)에 만대신을 거느리고 천황을 한번 알현할 뿐, 평상시에 서로 접촉하지도 않는다. 국정과 이웃나라와의 외교관계도 천황은 관여하지 않는다.

라고 하였다. 천황과 쇼군과의 관계에 대하여 아무런 논평 없이 언급하였으며, 국정과 외교를 모두 국왕(쇼군)이 전담하고 천황은 이와는 전혀 무관한 존재임을 밝히고 있다.

또 국속國俗에서는 '천황의 아들은 그 친족과 혼인하고, 국왕의 아들은 여러 대신과 혼인한다'고 하여, 천황의 결혼 풍습에 관하여 서술하였다.

그런데 이와 같은 천황관은 1590년 임란 직전 김성일의 천황관에서는 다르게 나타난다.

조선에서는 1590년 일본에 대한 국정 탐색과 왜구 대책을 위하여 통신사를 파견하였는데, 이 사절단은 관백이던 토요토미 히데요시豊臣秀吉에의 알현 형식을 놓고 정하배庭下拜(뜰아래에서 절하는 것)를 할 것인가, 아니면 영외배楹外拜(실내에서 기둥 밖에 있는 방에서 절하는 것)를 할 것인가로 양국 간의 외교적인 갈등을 일으키게 되었다. 이때 통신사 부사였던 김성일은 정하배의 부당성을 주장하면서 그 이유에 대하여 다음과 같이 피력하였다.

대저 일본이란 어떤 나라인가 하면 우리 조정과 대등한 나라요, 관백이란 어떤 벼슬인가 하면 소위 위황偽皇의 대신입니다. 그런즉 일본을 주관하는 것은 소위 위황이며 관백이 아니고, 관백이란 정승이며 국왕이 아닙니다. 그러나 오직 그가 일국의 권력을 마음대로 하기 때문에, 우리 조정에서 그 실정을 모르고 국왕이라고 하여 우리 임금과 대등한 예로써 대우하였습니다. 이것은 우리 임금의 존엄을 강등하여 아래로 이웃나라의 신하와 더불어 대등하게 된 것이니, 욕되게 한 것이 아닙니까. 전부터 일본 여러 전殿의 서신에 우리 임금을 황제폐하라고 한 것은 또한 소위 위황偽皇이 우리 임금과 대등한 것으로 알았기 때문에 높이기를 이와 같이 하여 관백은 감히 우리 임금과 겨루지 못하였던 것입니다.

우리 선왕들께서 먼저 명분을 다루어야 할 것을 알지 못한 것이 아니면서도, 황제폐하라는 칭호를 거절하지 아니한 것은 대개 그것을 거절한다면 우리 임금이 소위 천황과 대등하게 되지 못하고 도리어 관백과 대등하게 되기 때문이었습니다. 근년에 의논하는 신하들이 깊이 생각하지 못하고 그 칭호를 사양하며 받지 않으려고 하였었는데, 지금 와서 본다면 어찌 심한 실책이 아닙니까. (김성일, 『해사록』 3, 여허서장론에서)

김성일은 일본을 주관하는 것은 천황이고 천황이 최고의 통치자라고 하였다. 그리고 이제까지 최고의 통지자로 알려진 관백은 실상 천황의 대신이며 정승이라는 것이다. 즉 천황이 곧 일본의 임금이므로 조선국왕과 대등한 예는 천황에게 해당되므로 관백에게는 신하에 대한 예인 영외배를 해야 한다는 것이다.

그런데 여기서 한 가지 특이한 사실은 김성일이 천황의 호칭을 위황偽皇과 천황天皇으로 각기 다르게 사용하고 있다는 점이다. 즉 조선의 입장에서 천황을 지칭할 때는 위황이라는 칭호를 썼고, 일본의 입장에서 천황을 지칭할 때는 천황이라고 표기하고 있다.

결국 김성일의 주장대로 영외배가 이루어졌고, 이들은 쇼군의 답서를 받아 가지고 귀국을 하여, 국왕 선조에게 일본 관찰을 보고하였다. 김성일은 천황을 위황이라고 했지만, 일본의 최고권력자로 보고 있으며, 관백(쇼군)을 신하로 보고 있다는 점은 초기의 천황관과는 다른 인식을 보여주고 있다.

그러나 조선후기에 와서 통신사의 왕래가 이루어지면서 천황과 쇼군에 대한 인식은 무사정권이 시작되는 막부정권에 대한 인식에 근거하여 매우 현실적이 되었다.

1607년 강화사였던 제1차 회답겸쇄환사 부사 경섬의 『해사록海槎錄』에는 일본의 제도와 법령을 소개하는 부분에서,

60세世인 안덕천황安德天皇 때에 정이대장군 원뢰조源賴朝가 국정을 전단하여, 크고 작은 일을 가릴 것 없이 모두 그의 손에서 나왔다. 그래서 천황은 다만 헛이름만 가지게 되었다. 지금도 제천祭天과 배불排佛의 예만 행할 뿐이다. 천황에게 지공하는 비용은 화천和泉·산성山城 두 주의 세에서 덜어내어 지급해 준다. 해마다 정월 초하룻날, 관백이 모든 장수들을 거느리고 천황에게 한번 배알할 뿐, 평상시에는 상접하는 예가 전혀 없다. 관백이 국정을 죄다 장악한 것이 이때부터 비롯되었다. (중략) 오직 관백만이 권세가 있으므로 아침에 얻었다가 저녁에 잃어버리기도 하여 끊임없이 서로 쟁탈하여 어떤 이는 한두 대만에 망한 자도 있고 어떤 이는 자기 대에 얻었다가 자기 대에 잃어버린 자도 있다. (7월 17일)

천황이 권력을 잃게 된 원인과 시기, 그리고 당시의 천황의 기능과 관백과의 관계에 대하여 구체적으로 언급하였다. 즉 안토쿠[安德] 천황이 시모노세키 단노우라에서 몰락하면서 가마쿠라 막부가 시작되어 무사정권이 성립한 사실부터, 천황이 실제 정치와는 전연 무관한 제천과 배불 등 소위 종교적인 기능을 담당하고 있는 것으로 인식하였다.

1636년 통신사 종사관 황호도 마찬가지였다.

천황은 한갓 헛된 이름만 지니고 있으며 나라의 정사에는 참여하지 못한다. (중략) 천황의 아들 딸은 모두 승니가 되어 절에 흩어져 살며, 다만 맏아들만이 천황의 자리를 잇는다. 그 혼인은 존귀하기 짝이 없는 까닭으로 그 족속 밖에서는 하지 않는데, 오직 지금의 관백이 천황의 딸에게 장가들었으니 전례가 아니라고 한다. 천황은 한 달 중에 보름 이전에는 목욕재개하고 고기와 훈채薰菜(파, 마늘 등 향이 강한 채소)를 먹지 않으며 촛불을 밝히고 밤새도록 바로 앉아서 하늘에 기도하되, 보름 후에는 오로지 주색에 빠진다고 한다. 신이 역관을 시켜 지금의 왜황에 관하여 물어보았더니, 6~7년 전에 그 딸에게 전위하여, 지금의 왜황은 여황女皇이며, 모시는 사내 20여 인을 가까이 두었는데, 나라 안에서는 이를 시녀侍女라고 부른다 하니 금수의 풍속임을 알만하다. (『동사록』 병자 11월 18일)

천황이 정사에 참여하지 못함을 말하고는, 천황이 일상적으로는 제사의 기능을 담당하나, 그의 일상생활을 보면 매우 난잡하여 금수와 같다는 매우 부정적인 표현을 하고 있다.

한편 천황에 대한 이 같은 부정적인 인식과는 달리, 천황이 소외되는 현상에 대하여 천황 옹호적인 견해도 나타나고 있다.

1719년 신유한은 『해유록』에서, 당시 막부의 조선정책에 지대한 영향을 미치고 있었던 아메노모리 호슈雨森芳洲와의 대화를 다음과 같이 기록하였다. 먼저 천황과 관백의 관계에 관하여 그 기원과 기능에 대한 일반적인 인식을 말하고는,

　　"나는 (중략) 지금 본즉 귀국의 천황이 친히 정치를 하지 아니하고, 관백 이하가 다만 천황의 작명만을 가지고서 군이니 후니 대부니 합니다. 성읍과 백관이 있어 모든 실무는 다 대부의 가신에게 있고, 각주의 섭정·봉행은 태수와 사사로이 군신의 분을 맺어서 각기 능히 자기 일국의 정치를 행합니다. 이와 같은 것은 전국戰國의 세상에 견줄 수 있는 것입니다" 하였다. 우삼동이 놀래면서 말하기를, "이는 진실로 정확한 이론입니다. 그러나 중국에서는 이 법이 다만 전국시대에만 행하였는데, 일본은 백대로 폐단이 없으니, 이것이 어려운 것입니다" 하였다. 나는 또 말하기를, "지형과 민속이 중국과 같지 아니한 때문입니다. 주나라 말기에 열국列國이 나누어 경쟁하여 정치가 천자에게서 나오지 아니하므로 제후와 대부들이 나라를 집으로 삼아서 전쟁이 연달아 백성이 견디어 낼 수가 없었다. (중략) 귀국은 바다 가운데 궁벽하게 있어 이웃나라와 전쟁하는 화가 없으므로 모든 주의 대부가 세습제도에 습관이 되어 상하가 다른 뜻이 없으니, 이것이 나라의 운수가 다함이 없고, 또한 변하지 아니하여 지금토록 폐단이 없는 것입니다. 그러나 하늘, 땅, 사람이 생긴 이래로 한가지 일, 한가지 물건도 억만년 고쳐지지 아니하는 것이 없는데, 이 뒤에 일본의 관제가 다시 진·한과 같은 때가 다시 있을런지 어찌 알겠습니까?" 하니, 우삼동雨森東이 탄식하기를, "이것은 곧 이치를 아는 말입니다" 하였다. (『문견잡록』)

천황과 쇼군의 역전된 관계를 중국의 전국시대에 비유하면서, 그 관계가 다시 변할 수 있는 가능성을 제시하였다는 점에 있어 주목할 만 하다.

천황의 복권에 관한 관심은 이후 실학자들에 의해 구체적으로 제시 된다. 이익은 천황의 복권에 대하여,

왜황이 실권失權한 것이 또한 6~7백년에 지나지 않았는데 국민의 원하 는 바가 아니다. 점차 충의지사가 그 사이에 나오는데 명분이 바르고 말이 옳 으니 뒤에 반드시 한번 통하는 바가 있을 것이다. 만일 하리蝦夷를 연결하고 천 황을 붙들어 보좌하면서 제후에게 호령한다면 반드시 대의를 펴지 못할 바도 없을 것이다. 66주의 태수들이 어찌 호응하는 자가 없겠는가, 만일 그렇게 되 면 저쪽은 천황이요 우리는 왕이니 장차 어떻게 처리할 것인가. (『성호사설』 이사문 「일본충의」)

천황의 실권에 대한 일본 국민의 반발이 있다고 하였다. 천황의 복권 이 반드시 이루어질 것이며, 그렇게 될 경우에 쇼군과 대등한 의례를 취 하고 있는 조선국왕의 외교적 입장이 곤란하게 될 것이니, 이에 대한 대 비를 갖추어야 할 것이라는 견해를 제시하였다. 천황의 복권 가능성에 대 한 이러한 견해는 앞서도 부분적으로 언급하였는데, 1719년 기해통신사 때의 제술관 신유한보다도 이익의 견해는 한 걸음 더 나아간 것이었다. 결국 천황에 대한 상이한 인식이 결국 양국 간에 외교문제로 이어질 것이 라는 매우 가시적인 예견을 하고 있다.

이러한 상황은 실제로 1868년 메이지유신 이후 조일관계에 외교적인 현안이었으며, 서계문제에 의해 교린관계가 붕괴된 사실을 염두에 둔다

면 통신사들이 가졌던 일본천황에 대한 인식은 새삼 주목할 만하다.

또한 개항 이후 일본에 파견한 수신사修信使들의 천황관도 눈여겨 볼 필요가 있다. 메이지유신 이후 일본을 처음 방문했던 1881년 수신사 김기수는 『일동기유日東記游』에서 천황의 집권에 대하여 이렇게 기록했다.

금상 무진년에 그 나라가 관백을 폐하고 천황이 몸소 정사를 다스리게 되자, 우리 나라에 통문하였으나 변신邊臣이 이를 보고하지 않았으니, 이는 그 명호의 참망한 것을 미워한 까닭이었다. 이 때문에 봄에 강화도 사건이 있었으나, 조정에서는 비로소 그들이 다른 뜻이 없음을 알고 예전의 화호를 계속해서 허락함에 저들 사신이 기뻐하며 돌아갔다. (제1권, 사회 1칙)

이처럼 메이지유신에 의한 천황의 집권을 설명하고, 이어 강화도조약에 의하여 조선국왕과 천황의 대등한 외교관계가 이루어지고 있음을 간략히 설명하였다. 천황의 집권에 대한 그의 평가는 다음의 기록을 통하여 알 수 있다.

관백이 섭정할 때는 이른바 왜황倭皇은 하나의 허위에 지나지 않았으니, 배부르게 먹고 색욕色慾을 충족하고 궁실에 편안히 거처할 뿐이며, 다른 일에 간섭하지 않았다. 그런 까닭으로 자신도 또한 자포자기가 되어 종고鍾鼓의 소리가 밖에 들린다는 것도 감히 성덕盛德의 일이라고는 말할 수가 없었다. 지금의 왜황은 단시일에 분발하여 관백을 없애고 비로소 친히 정무를 살피게 되었으니, 그것이 잘 변혁되었는지 잘못 변혁되었는지는 알 수 없지만, 또한 사람이 세상에 난 보람에는 부끄럽지 않겠다.(제3권, 정법 22칙)

그는 천황의 집권이 잘된 일인지, 아니면 잘못된 일인지에 대한 평가는 유보하고 있지만, 그 자체에 대하여는 거부감 없이 받아들이는 입장을 취했다. 그러나 1884년 갑신정변 직후에 봉명사신으로 일본에 갔던 사절단의 종사관 박재양은 천황의 모습을 다음과 같이 묘사하고 있다.

병장의 갓을 거쳐 몸을 돌이켜 문을 들어가 바라보니, 일주日主는 신장이 6~7척이나 될 것 같고, 낯이 길며 거무스레한 눈에 정체精彩가 있었다. 몸에는 양복을 입고 황금빛으로 앞뒤의 두 옷깃에 국화를 수놓았는데 이것은 육군의 표식이다. 금실로 짠 끈을 틀어서 만든 노끈을 가로로 두 어깨위에 붙였으며, 또 금색수로 접시만큼 큰 원형을 만들어 두 겨드랑이 위에 붙였는데 이것은 해군의 표지이다.(일기. 을유 1월 6일)

박재양은 군복을 입고 있는 천황의 모습을 자세히 묘사하고 있다. 이것은 이미 군국주의화 되어 가는 일본 천황의 모습에 대한 비판적인 기록이라 생각한다. 그리고 여기서는 천황을 일주日主라고 호칭하고 있다.

결국 이러한 맥락에서 볼 때, 개항 초기 천황의 집권과 그에 의한 근대화를 긍정적으로 인식하였던 개화파 조선사절의 천황관도 일본이 점차 군국주의화 되어 가고 침략의 속성을 드러내기 시작하면서 그에 대한 비판과 부정적인 인식으로 바뀌어 간 것으로 파악된다.

여기서 참고로 조선시대 천황과 쇼군의 호칭 변화를 도표로 나열해 보자.

순번	연대	저자	사료	천황	쇼군
1	1404		조선왕조실록	없음	국왕
2	1420	송희경	일본행록	없음	왕
3	1471	신숙주	해동제국기	천황	국왕
4	1590	김성일	해사록	위황	관백
5	1596	황신	일본왕환일기	천황	관백
6	1599	정희득	해상록	왕	관백
7	1600	강항	간양록	천황	관백
8	1607	경섬	해사록	천황	관백
9	1617	이경직	부상록	천황	관백
10	1624	강홍중	동사록	천황	관백
11	1636	김세렴	해사록	천황	관백
12	1636	황호	동사록	천황	관백
13	1643	조경	동사록	천황	관백
14	1711	이방언	동사일기(문견록)	왜황	관백
15	1719	신유한	해유록	천황	관백
16	1747		조선왕조실록	왜황	관백
17	1748	조명채	봉사일본시문견록	왜황	관백
18	1755	이익	성호사설	왜황	관백
19	1755	안정복	순암선생문집	왜황	관백
20	1764	조엄	해사일기	왜황	관백
21	1876	김기수	일동기유	왜황, 천황	관백
22	1881	이헌영	일사집략	국왕	없음
23	1882	박영효	사화기략	일황	없음
24	1884	박재양	동사만록	일주	없음

　　이 표에서처럼 조선후기에는 1599년 정희득의 『해상록』에서 '왕'이라고 표기한 것을 제외하고는 대체로 '천황'이라고 호칭하고 있다. 그러나 17세기 중엽부터 천황의 무력함이 부각되면서 천황의 호칭은 '왜황'으로 변화된다. 왜, 어떠한 이유로 이때부터 '왜황'으로 호칭되는지 정확한 이유는 밝힐 수 없지만, 무력함과 천황에 대한 부정적인 인식때문이 아닐까. 그 후 메이지유신 이후에는 일시적으로 왜황과 천황이 혼용되었으나, 일본이 군국주의화 되어가면서 부정적 인식과 함께 일주로 불리기도 했다. 지금도 일본천황의 호칭을 두고 논란이 분분한 것을 보면 통신사들의 천황관이나 호칭문제는 참고할 만하다.

하치만보리 운하

오미하치만 수로

비와코의 입구에 있는 오미하치만은 한때는 토요토미 히데요시의 후
계자였던 히데요시의 조카 토요토미 히데츠구豊臣秀次가 개발한 도시이다.
히데츠구는 히데요시의 누이의 아들로 히데요시의 뒤를 이을 아들이 없
자 히데요시의 양자가 되었다. 그는 많은 싸움에서 공을 세웠고, 1585년
이곳의 영주로 부임했다. 그는 백성들의 생활과 도시 건설에 많은 노력을
쏟았으며, 1593년에는 히데요시의 뒤를 이어 관백이 되었다. 그가 특히
심혈을 기울였던 사업은 오미하치만 지역의 늪지대를 준설하고 매립하여
새로운 농토를 조성하고 수로를 만든 것이다. 이 수로는 성을 방어하기
위한 해자의 기능도 하지만, 물자를 운반하는 운하의 기능도 했다. 히데츠
구는 이 운하를 이용하여 비와코를 왕래하는 모든 선박이 이 지역을 통과

운하 옆의 뻥튀기 가게

하도록 했으며, 그 결과 이 지역은 물자의 집산지가 되어 지역경제가 크게 활성화되었다.

그러나 히데요시의 애첩 요도도노淀殿에게서 아들 히데요리秀賴가 태어나면서 그는 완전히 찬밥 신세가 되었고, 실의에 빠져 폭정을 일삼았다. 그러다가 결국 양아버지인 히데요시에 대해 반역을 했다는 죄를 뒤집어쓰고 할복 자살함으로써 28세의 짧은 인생을 억울하게 마감했다.

히데츠구가 개발한 운하는 지금도 하치만보리八幡堀라는 이름으로 이 지역의 명소가 되었으며, 역사문화지구로 잘 보전되어 있다. 운하의 역사를 소개하는 안내판에는 이 사연이 적혀 있었고, 그 앞에는 뻥튀기 가게가 있어 그의 슬픈 사연을 새삼 되씹게 한다.

비와코 전경 멀리 히코네성이 보인다.

비와코

오미하치만에 도착한 통신사는 대개 오쓰大津에서 점심을 먹었다. 오쓰에 당도하면서 왼쪽으로 보이는 비와코琵琶湖의 경이로운 모습을 감상했다. 통신사들은 일본을 방문하는 동안 험난한 여정 중에서도 비와코와 후지산 만큼은 꼭 보고 싶어했다. 한여름에도 하얀 만년설을 이고 있는 후지산도 구경거리였지만, 중국의 동정호와 비견되는 비와코는 통신사의 궁금증을 한껏 증폭시켰다. 그것은 자신들 보다 앞서 일본을 다녀왔던 여러 사람들의 사행록에서 그 풍경의 경이로움을 읽었기 때문이다.

신유한은 다음과 같이 비와코의 경치를 적었다.

가랑비 속에 일찍 출발하였다. 가마 속에 박산博山의 시집을 두고 발 밖의 가을비 소리를 들으니, 잠깐 맑은 흥취가 있었다. 6~7리쯤 가자 왜인이 여기가 비파호琵琶湖(비와코)라고 해서 발을 걷고 바라보았다. 시원하고 넓어서 끝이

병풍에 그려진 비와코

비와코를 지나는 통신사 위 그림의 우측 하단 부분을 확대한 것이다.

보이지 않는데 먼 산이 물을 안아서 굽이굽이 포구를 이루고 있었다. 원근의 어선들이 누른 갈대와 시든 대숲 사이에서 나타났다 사라졌다 하였다. 저녁 노을과 외로운 따오기가 물결과 함께 오르락 내리락 하였다. 둘레가 400리인 데 중국의 동정호洞庭湖와 비교할 만하였다. 나는 악양루岳陽樓에서 보는 것과 이곳에서 보는 것 중 어느 것이 더 나은지 알지 못하였다. 본래는 호수의 형상 이 비파와 같아 이름을 비파호라 하였으며, 땅이 근강주에 속하였으므로 이 름을 근호라고도 하였다. 호숫가에 채색 벽으로 이루어진 성의 문루門樓가 솟 아 나와 있었는데 이름을 선소성膳所城이라 하였다. 이곳은 전일에 관반館伴이 던 등원강명藤原康命(후지와라 야스노부)이 거처하고 있는 성이다. 나는 서글프게 "어 떤 오랑캐가 이 좋은 강산을 맡았는가?"하고 탄식하면서 갔다.(9월 14일)

일본 최대의 호수인 비와코는 면적이 670만km²이고, 둘레가 241km 로 러시아의 바이칼 호, 아프리카의 탕가니카 호에 이어 세계에서 3번째 로 큰 호수라고 한다. 일본의 선사시대인 죠몬繩文, 야요이彌生시대부터 혼 슈 내륙의 주요 교통로였으며, 당시의 목선 조각이 지금도 출토되고 있다. 비와코는 에도시대 중기 이후부터 호수의 생김새가 비파를 닮았다고 해 서 비와코琵琶湖라고 불렀으며, 에도시대에도 중요한 교통로였다. 지금도 교토, 오사카, 고베 지방의 상수도나 공업, 관개용수로 이용되고 있는 일 본의 생명과 산업의 젖줄로 표현될 정도이다.

조선인가도

통신사 일행은 교토를 출발하여, 오미하치만近江八幡을 거쳐 비와코를 바라보면서 에도로 향했다. 에도시대부터 교토에서 에도로 향하는 길은 크게 두 갈래 길이 있었다. 하나는 태평양 연안을 따라서 동북쪽으로 올

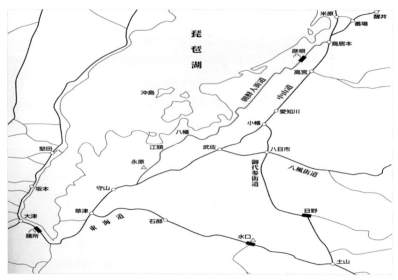

조선인가도 오미하치만에서 비와코 호반을 따라 히코네까지 이어지는 백 리 길이다.

라가는 도카이도東海道이고, 또 한 갈래는 중부 내륙 지방을 횡단하는 나카센도中山道이다. 지금도 교토와 도쿄를 잇는 이 길이 신간센과 고속도로로 연결되어 있다.

비와코 동쪽 호반으로 이어지는 나카센도는 오미하치만을 지나면서 쇼군과 조선통신사만이 갈 수 있던 조선인가도朝鮮人街道로 들어섰다. 조선인가도는 통신사가 오미하치만에서부터 비와코 호반을 따라 히코네彦根까지 지나갔던 40여km의 길을 말한다.

원래 이 길은 교카이도京街道 또는 고쇼가이도御所街道라고 불렀는데 모두 천황이 있는 교토를 오가는 길이라는 의미이다. 지금도 교카이도라는 팻말이 세워져 있지만, 조선통신사가 통행하면서 조선인가도라고 부르게 되었다.

이 길은 도쿠가와 막부에게는 특별한 의미를 지니는 길이었다. 임진

왜란을 일으킨 토요토미 히데요시豊臣秀吉가 죽자 토요토미군과 도쿠가와 군 사이에 권력을 잡기 위한 전투가 세키가하라關ヶ原에서 벌어졌는데, 이 전쟁에서 도쿠가와파가 승리를 하면서 도쿠가와 막부가 탄생하였다. 전 투에서 승리한 도쿠가와군은 교토로 천황을 만나러 갈 때 이 길로 갔는 데, 그 후 이 길은 '경사스러운 길吉禮の道'이라 불렸고, 역대 쇼군이 천황을 만나러 갈 때만 이 길을 이용했다. 심지어는 지방의 다이묘들이 산킨고오 다이[參近交代]를 위해 에도로 갈 때도 이용할 수 없었던 쇼군 전용도로를 통 신사에게 내어주었다. 천하의 명승지인 비와코를 볼 수 있도록 통신사에 게 특별한 배려를 했던 것이다.

막부는 조선인가도의 관리와 정비에 특별히 신경을 많이 썼다. 막부 는 통신사 일행이 오기 7개월 전부터 도로정비에 관한 특별지침을 내렸 다. 도로를 평탄하게 하고 길가의 민가를 보수하며 가로수를 정비하라는 내용 등이었다. 물론 도로정비나 통신사 접대 비용은 모두 조선인가도 주변의 번들에 부과되었다. 그 부과금이 적지 않아 주민들이 면제를 요 구하는 청원문서를 막부에 제출하였는데, 그 문서들이 지금도 많이 남아 있다.

조선인가도의 표지석 맞은편에는 오미하치만 시립 자료관이 있다. 자 료관에는 1764년 조엄 통신사 일행이 오미하치만 지역에서 접대받은 기 록이 전시되어 있다. 그 내용을 보면 당시 통신사들이 먹었던 음식은 물 론 통신사가 묵었던 숙소 지도와 담당자의 이름까지 상세하게 기록되어 있다. 통신사 삼사는 소안지宗安寺에서 묵었는데 절이 그렇게 크지 않아 그 외의 일행은 주민들의 집에 분산하여 숙박을 했고, 식사 대접을 받았다. 따라서 이 지역에서는 통신사가 오기 전부터 숙박 계획 및 접대에 관한 준비를 해야만 했다.

조선인가도 표지석

조선인가도와 오미하치만 시립 자료관

자료관에는 통신사의 식단을 모형으로 만들어 전시하고 있어 흥미롭다. 통신사의 상차림에 대해서는 1636년 통신사 황호의 『동사록東槎錄』에 자세히 기록하였다.

잔치 때에는 7·5·3 제도가 있다. 처음에는 일곱 그릇의 상을 올리는데 물고기 또는 채소를 가늘게 썰어 높이 괸 것이 마치 우리나라의 과일 상과 같다. 다음에는 다섯 그릇의 상을 올리고, 다음에는 세 그릇의 상을 올리는데 물새를 잡아서 그 깃털을 그대로 둔 채로 두 날개를 펴고 등에 금칠을 하며, 과실·물고기·고기 등에 모두 금박을 했다. 잔을 바치는 상에는 깎아 만들어 색칠한 꽃을 쓰며 혹 나무로 만들기도 하는데 천연색 꽃과 아주 흡사하다. 성대한 잔치에는 흰 목판 및 질그릇에 금은을 칠한 것을 쓰는데, 끝나면 깨끗한 곳에 버리고 다시 쓰지 않는다.(문견총록)

이곳 사료관에는 7·5·3 상차림이 전시되어 있고, 또 이 지역에는 도자기를 만드는 시가라키야키信樂燒가 있어 통신사 접대용 식기를 특별히 제조하여 사용했다. 시카라키야키는 일본의 6대 가마 중에 하나로 유약을 사용하지 않고도 유약을 바른 것 같아 유명하다. 사료관에는 이곳에서 제조한 식기들이 전시되어 있는데, 마치 백자를 보는 것 같은 느낌이었다. 조선통신사들도 음식상을 받았을 때 조선백자에 음식을 담아 오는 것 같은 느낌을 받았을까 궁금해진다.

소안지의 검은문

통신사의 숙소로 이용된 소안지는 히코네성 남쪽 조선인가도에 접해 있는 절로 에도시대에는 절의 경내가 7,000평이 넘는 대사찰이었다. 이

소안지 히코네에 도착한 통신사 일행이 묵던 숙소였다.

사찰에는 특이한 문이 하나 있는데, 사찰 정문에서 남쪽으로 10m쯤 떨어
진 곳에 검은 색의 구로몽黑門이 있다. 조선통신사에 대한 대접이 융숭했던
히코네는 삼사에게 육류를 대접하는 것을 특별한 접대라고 생각했다. 그
런데 사찰에 육류를 반입하는 것이 허용되지 않았기 때문에 따로 문을 만
들었는데, 이 문을 검게 칠했기 때문에 구로몽이라 했다.

2016년 1월, '대학생 신조선통신사'를 인솔하고 소안지를 방문했는

소안지의 구로몽(검은문) 통신사 일행에게 육류를 대접하기 위해 별도로 만든 문이며, 사찰에는 육류 반입이 금지되었기에 이런 문을 만들었다.

소안지의 경내

〈조선고관상〉 소안지에 소장된 그림으로, 일본인들은 조선의 국왕을 그린 상이라고 생각한다. 그러나 복식 등을 볼 때 왕이 아니라 문신이다.

데, 다케우치 신도竹内眞道 주지스님은 1711년 통신사 정사 조태억이 머물렀다는 방으로 안내를 했다. 창밖으로 조그만 일본식 정원이 잘 보이는 조용하고 아늑한 방이었다. 방 가운데는 두루마기에 그려진 세로 2m, 가로 1m의 초상화가 그려져 있었고, 절의 안내책자에는 '조선국왕회상朝鮮國王繪像'이라고 소개를 했다. 그러나 초상화의 가슴에는 학이 그려져 있었고, 문관 당상복을 입고 있었던 것으로 보아 국왕은 아니고, 당상 관원으로 보인다. 1711년 통신사를 보고 그린 초상화라고 한다면 삼사중의 한사람이었을 것이고, 아니면 이곳에는 여러 차례 통신사의 숙소로 이용되었으므로 전연 다른 사람일 수도 있을 것이다. 주지스님은 "우리 절에서 정사가 숙박했고, 부근의 다른 사찰과 일반주택 126채를 빌려서 통신사 일행과 일본 수행원들의 숙소로 이용했다"고 하면서 이 초상화의 주인공이 누군지 알고 싶다고 했지만 현재의 상황에서는 가늠하기가 어렵다.

7. 진실을 가지고 교제하는 것

(시가 ~ 오가키 ~ 이치노미아 ~ 시즈오카)

아메노모리 호슈 기념관

비와코의 북동쪽에 있는 히코네성을 지나 북동쪽으로 40km 정도를 가면 아메노모리 호슈兩森芳洲의 고향 다카츠기가 있다. 통신사가 지나간 길은 아니지만, 조선통신사를 이해하기 위해서는 꼭 둘러 보아야 할 곳이다.

아메노모리 호슈가 한·일 양국에서 주목받게 된 것은 1990년 노태우 대통령의 일본 방문 때에 호슈가 남긴 '성신교린誠信交隣'이란 문구를 언급하면서부터이다.

소안지를 답사한 다음날 〈대학생 신조선통신사〉는 아메노모리 호슈의 고향인 디카츠기를 찾았다. 나와는 20년 전부터 개인적인 친분을 가지고 교류하고 있는 히라이 시게히코平井茂彦 관장이 반갑게 우리 일행을 맞아

아메노모리 호슈 기념관

기념관 내부

주었다.

"저는 아메노모리 호슈 선생님이 태어난 비와코 옆, '아메노모리'라고 하는 마을에서 태어났습니다. 우리 마을에는 아메노모리 호슈 선생님을 기리는 '동아시아 교류 하우스 호슈암庵'이라는 기념관이 서 있습니다. 저는 지금 호슈암의 관장을 하고 있습니다. 여러분에게 호슈암을 소개하게 된 것을 큰 영광으로 생각합니다."

이 마을은 행정적으로는 시가현滋賀縣 다카츠기쵸高月町 아메모리雨森로 인구 500명 정도의 작은 마을이다. 마을 입구에는 "어서 오십시오"라는 한글 간판이 있고, 마을 한 가운데는 수차로 끌어 올린 물로 수로를 만들고, 길 주변에는 많은 꽃을 심어 꽃마을로 불러도 손색이 없을 정도로 잘 정비되어 있다. 조선과의 우호교린에 생을 바쳤고, 성신교린을 주장했던 호슈의 느낌 때문인지 왠지 친근감이 느껴졌다.

히라이 시게히코 관장은 호슈의 생가를 기념관으로 꾸며서 호슈 및 한일 우호관계에 관한 많은 자료를 수집하여 전시하고 있다. 호슈의 저서와 글씨는 물론이고 통신사에 관한 자료도 많다. 이 기념관을 찾는 사람들은 호슈와 통신사에 관한 다양한 지식을 얻게 된다. 그리고 이 마을 주민들도 호슈의 뜻을 기리기 위하여 20년 전부터 해마다 여름이면 3박4일간 홈스테이를 운영하여 그동안 2천여 명의 한국 청소년이 이곳을 다녀갔다고 한다.

1668년 이 작은 시골 마을에서 의사의 아들로 태어난 호슈는 어렸을 때 교토에 가서 의학과 유학을 배웠다. 그런데 호슈가 16세가 되던 해에 1682년 조선통신사가 일본에 파견되었다. 당시 정사는 윤지완이었다. 교

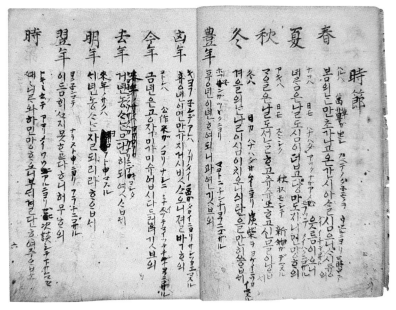

〈교린수지〉

토에 있던 호슈는 통신사를 맞이하여 떠들썩했던 교토 시내의 분위기와 통신사의 행렬을 보면서 커다란 문화적인 충격을 받았고, 이때부터 조선에 대한 관심이 높아졌다고 한다.

　호슈는 18세 때에 교토의 대학자 기노시다 준안木下順庵의 문하생이 되었고 나가사키長崎에 유학하여 중국어를 배운 후, 1692년부터 쓰시마번에 근무하게 된다. 이때부터 호슈는 평생을 조선과의 외교업무에 종사하였다. 그는 1702년, 1713년, 1720년, 1728년에 쓰시마번에서 부산 왜관에 파견되는 참판사의 도선주都船主, 재판裁判 등으로 조선을 왕래하였고, 1711년과 1719년 통신사 때에는 쓰시마번의 진문역眞文役(외교문서 담당관)으로서 통신사 일행과 함께 에도까지 다녀왔다. 이 인연으로 1711년 통신사 때에는 제술관 이동곽李東郭, 역관 현덕윤玄德潤과 1719년 통신사 때에는 제술관 신유한과 많은 교류를 남겼다.

이동곽·현덕윤과는 귀국 후에도 교류를 계속했는데, 현덕윤은 19년 후 부산에서 호슈와 재회를 했고, 호슈는 현덕윤에게 〈성신당기誠信堂記〉를 써주었다.

성신誠信이라고 당에 이름을 붙였다. 이 당은 경치가 절경인 곳에 세워졌는데도, 경치에 관한 것은 한가지도 취하지 않고 성신이라는 이름을 붙였다. 교린의 길은 성신에 있고, 지금부터 훗날도 그렇게 하지 않으면 안 된다. 진실한 성신의 마음은 돼지나 물고기에까지 미치는 것이지만, 그 순간 그 장소에 한정된 성신은 아이도 움직일 수 없다. 이 당에 내려와 교린의 책임자가 된 사람으로써 이것을 깊이 생각하지 않을 수 없다.

호슈는 부산에 머무는 동안 조선역관을 위한 일본어 사전인 『왜어류해倭語類解』의 편집에 자문을 했다고 하며, 일본역관을 위한 조선어 입문서인 『교린수지交隣須知』를 편찬했다. 그리고 대조선 외교의 오랜 경험을 바탕으로 일본인의 외교지침서인 『교린제성交隣提醒』을 지었다. 이 책에서 호슈는 일본인이 조선과의 교류에서 가장 명심해야 할 사항으로 조선의 풍속과 관습을 이해하는 것을 꼽았다. 특히 지켜야할 54개 항목 가운데 가장 마지막 항목인 성신誠信에서는 '많은 사람들이 성신으로 교류해야 한다고 하는데 이 글자의 뜻을 잘 모르고 말하는 경우가 많다. 성신이라는 것은 진실한 마음을 갖고 서로 속이지 않고 다투지 않으며, 진실을 가지고 교제하는 것'이라고 했다. 요즈음 위안부 문제를 놓고 우리 측에서 거듭 강조하는 것이 '사죄의 진정성' 문제이다. 지금도 되짚어 보아야할 한·일 관계에 귀감이 되는 명언이라고 생각한다. 이러한 호슈에 대해 신유한은 "아메노모리 호슈는 일본인

가운데 가장 뛰어나고 걸출한 인물이었다"고 평했다.

오가키의 『상한의담』

이른 아침 비와코의 히코네彥根를 떠나 오가키로 향하던 신유한 일행
은 해발 154m의 스리하리(摺針) 고개를 넘었다. 이 고개는 히코네 북쪽의
도리이모토鳥居本에서 오가키로 가는 매우 가파른 고개이다. 스리하리라는
지명에는 고사가 전하는데, 일본불교 진언종의 유명한 홍법弘法 대사가 이
고개에서 도끼를 돌에 갈고 있는 한 할머니를 만났다고 한다. 홍법대사가
할머니에게 왜 도끼를 갈고 있느냐고 물었더니, 할머니 대답이 귀중한 바
늘이 부러져 도끼를 갈아 바늘을 만드는 중이라고 답했다고 한다. 홍법대
사는 이 대답을 듣고 자신의 수행이 부족함을 깨닫고 더욱 정진하여 득도
하였다고 하며, 그 이후 이 고개를 스리하리라고 부른다는 것이다.

불타 없어지기 전의 망호당 모습

바로 이 고개의 정상에 찻집을 겸한 휴게소로 망호당望湖堂이 있었다. 신유한도 『해유록』에서 이 고개에 관해 다음과 같이 기록하였다.

해가 뜨자 출발하여 절통絶通·접침摺針 두 고개를 넘었는데 고갯길이 자못 험하였다. 수십 리를 가자 봉행들이 사신에게 찻집에서 잠깐 쉬기를 청하였다. 왜국의 풍속에 귀인과 부잣집은 반드시 경치 좋은 곳에 집을 짓거나, 혹은 연못 동산 별장을 짓고, 병풍 장막 술 마시고 차 마시는 도구를 만들어 왕래하는 사람들에게 휴식을 제공한다. 이 찻집도 역시 근강수近江守가 지은 것으로서 새롭고 깨끗하여 티끌 한 점도 없었다. 후면에는 돌샘을 끌어들여 방지方池를 만들었는데, 힘차게 뛰노는 고기들이 비늘을 헤아릴 정도였다. 한참 동안 배회하다가 스스로 탄식하기를, "살면서 이런 한 구역의 땅을 얻는다면 늙어 죽도록 속된 세상을 밟지 않았을 것이다" 하였다.(9월 15일)

이곳의 경치가 빼어나서 통신사들은 망호당의 휘호를 남겼고, 1711년 통신사 종사관 이방언과 1748년 통신사 별서사別書寫 김계승의 편액이 있었다.

1748년 통신부사 남태기도 망호당의 주인의 요청에 응해 다음과 같은 시를 지었다.

고갯길 꾸불 꾸불 한 선으로 통했는데	嶺路逶迤一線通
바위위 작은누각 하늘을 능멸할만하네	巖巓小閣勢凌空
악양루 형승을 누가 감히 말하리요	岳陽形勝誰多少
백리 비와코가 한눈에 다 보이는데	百里琵湖在眼中

그러나 망호당은 1991년 화재로 소실되어 지금은 그 모습을 찾아 볼 수가 없다.

망호당을 지난 통신사 일행은 세키가하라關ケ原를 거쳐 저녁 무렵이면 오가키大垣에 이른다. 세키가하라는 히데요시의 사후, 1603년 토요토미파와 도쿠가와파가 격돌한 격전지로 유명하며 이 싸움에서 도쿠가와파가 승리하고, 도쿠가와 이에야스가 천황으로부터 정이대장군征夷大將軍의 지위에 오름으로써 권력을 장악하게 되고, 이어 새로운 막부를 세워 에도시대를 열어가게 되었다.

오가키 공원 맞은편에 오가키시 향토관이 있다. 이 향토관에는 조선통신사를 주제로 한 마쓰리에 사용되는 '조센야마朝鮮軕'의 민속품들이 전시되어 있어 주목을 끈다. 전시실 중앙에는 대장관大將官 인형과 '조선왕다케시마초朝鮮王竹島町', '사루타 히코오가미猿田彦大神'라고 쓴 깃발, 대장이 입었던 갑옷, 대장관의 손 팔 등이 전시되어 있다. 사루타 히코오가미는 신들이 인간세계를 방문할 때 안내를 맡은 신인데, 어떻게 해서 전시품 중에 사루타 히코오가미의 깃발이 있느냐고 학예사에게 물으니, 조선통신사 마쓰리를 다케시마초 주민들이 중심이 되어 행사를 벌였는데, 메이지시대에 마쓰리를 배척하자, 조선국왕 깃발 대신 눈속임으로 만들었다고 한다. 향토자료실에 전시된 조센야마의 유품은 메이지시대에 창고 천장에 숨겨놨다가 1964년 수리를 할 때 발견했는데, 나무 상자 안에 조선통신사 마쓰리 용품 44점이 들어 있었다고 한다. 지금도 매년 5월이면 오가키시에서는 조센야마와 인형들을 가지고 조선통신사 축제를 하고 있다.

오가키 향토관의 학예사는 향토관에서 2005년에 조선통신사특별전을 하였다고 하면서 당시의 팜프렛을 건네준다. 팜프렛을 보니, A4 크기

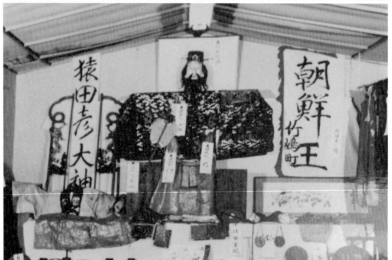

오가키시 향토관과 전시실 내부

의 4쪽으로 만들었는데, 아주 간략하게 조선통신사와 조센야마를 소개하였는데, 내용이 간결하여 알기 쉽게 제작했다.

　우선 오가키와 조선통신사의 관계를 설명하고 있는데, 그 내용은 이렇다.

○ 숙박지였던 오가키

에도시대 래일來日한 12회 중 1607년 후시미에서 장군 히데타다秀忠를 만날 때와 1811년 쓰시마에서의 응접을 제외한 10회에 걸쳐 조선통신사가 이곳을 통과했다. 조선통신사는 에도까지 왕복을 했으므로 총 20회에 걸쳐 이곳에 왔다. 이 지역美濃에서는 세키가하라(關ヶ原 : 수須)에서 점심을 먹고, 오가키에서 숙박을 했다. 다음 날은 오고시起(비사이尾西)에서 점심을 먹고 나고야名古屋에서 숙박을 하였다. 그리고 오가키에서의 숙박은 전창사全昌寺라는 절에서 했다. 강을 건너야 했기 때문에 2박을 한 경우도 있었다.

○ 통신사의 의학 교류

조선통신사가 오가키에 사절로 오면 일본의 유명한 학자나 의사들이 그들을 방문했다. 말이 통하지 않았지만 필담에 의해서 의사를 통할 수 있었기 때문이다. 오가키에서는 의사인 기타오 슌보北尾春圃와 그의 아들들이 1711년과 1719년, 2번에 걸쳐서 사절과 친밀한 교류를 한 것으로 유명하다. 슌보 등은 사절의 사행원들과 많은 한시를 주고 받았다. 한시의 내용은 의원醫員 교류의 한 단면이다.

좀 더 자세히 소개하면 1711년 통신사가 오가키에 왔을 때, 인근의 민간의사였던 슌보는 아들 세 명을 데리고 당시 의원으로 통신사를 수행했던 기두문에게 면담을 신청하여 일행이 에도에서 돌아오는 길에 오가키의 숙소 젠쇼지全昌寺에서 만났다. 슌보는 자신의 저작 『의론육조醫論六條』에 대한 비평을 청했는데, 기두문은 공손히 응하며 슌보를 '하늘의 도리를 아는 동해의 사람'이라고 칭찬했다. 슌보는 이 때의 문답을 중심으로 나중에 『상한의담桑韓醫談』을 출판했다.

『상한의담』은 문답 방식의 대화체로 기술되어 있는데, 일반적으로 일본 의원이 묻고 조선 의원이 대답하는 순서로 되어 있다. 이것은 『황제내경』이래 전래된 의학서적이 문답 서술 방식으로 되어 있는데 그 형식을 따른 것이라 한다. 『상한의담』은 총 29회의 문답으로 구성되어 있고, 약물藥物과 치험례治驗例, 부록으로 되어 있다.

약물편은 1회부터 7회인데, 사삼沙參, 만삼蔓參, 위유萎蕤(둥글레)에 관한 내용으로 슌보가 약초를 직접 가져와 기두문에게 묻고 답을 들었다.

문 : 시진이 '위유로 인삼이나 황기를 대신하는데, 시들거나 마르지 않으면 크게 효용이 있다.'고 했지만, 이것은 옛 사람이 밝히지 못한 것입니다. 그대가 그것을 쓴다면 그 효용이 어떠하겠습니까? 중국 상선이 가져온 위유가 이것입니다.

답 : 땅과 기후가 각기 다르지만, 자기 나라에서 나는 것을 다 쓴 뒤에 혹 쓸 수 있을 것입니다.

문 : 우리나라의 위유는 이것입니다. 우리나라의 황정을 내놓았는데, 길고 부드러운 것이다.

답 : 이것이 맞습니다. 옛사람이 위유탕을 쓸 때, 이것으로 본보기를 삼아 많이 썼을 것입니다.

6회와 7회의 문답이다. 슌보는 인삼이나 황기 대신에 둥글레로 알려진 위유를 약초로 쓸 수 있는지를 기두문에게 물으며 중국산 위유를 보여주었다. 기두문은 상식적으로 없는 경우에는 할 수 없지만, 자기 나라의 것을 써야 한다고 간단히 답변하고 있다. 요즈음도 유행하는 말이지만, 신토불이身土不二이다. 이어 슌보는 기두문에게 자신의 치험례를 설명하고, 적절한 치료법을 물었다. 이질, 눈병, 소화불량 등에 관한 문답을 하였다. 그리고 부록편에서는 자신의 아들과의 문답 사례를 적었다.

또 1719년 통신사때는 의원 권도나 다른 의원과도 교류하여 『상한훈지집桑韓塤箎集』으로 출간했다. 그 때 슌보와 그의 아들이 권도에게 다른 책의 비평을 부탁했는데, 마침 권도가 병으로 응하지 못하자 제술관이던 신유한이 대신 서문을 써주었다는 기록이 『해유록』에 나온다.

춘포春圃의 아들 춘죽春竹, 춘륜春倫, 도선道仙, 춘을春乙, 춘달春達 등 6부자가 함께 와서 시를 지었다. 그들의 집은 대원大垣에 있는데 모두 글을 읽어 의술醫術을 업으로 하였다. 또 다른 서생書生들이 자리에 가득 찼다가 한밤중이 넘어서 헤어졌다.(9월 15일)

통신사와의 다양한 교류를 보여주는 기록이다. 의학과 약초에 관한 부분에 관해서도 일본 측에서는 많은 관심을 가졌다. 특히 인삼에 관해서 일본에서는 약용 인삼의 일본 생산을 위해 많은 노력을 하였다. 그래서 쓰시마를 통하여 부산 왜관에 '약재질정관藥材質正官'을 파견하여 인삼 재배에 관한 정보와 기술을 습득하였다. 드디어 1730년대부터는 에도의 고이시가와小石川와 니코에서 시험 재배에 성공하여 '종자인삼'이라고 불리는 일본산 약용인삼의 재배에 성공하게 되었다. 그 결과 쓰시마번의 조선무역을 쇠퇴시키는 원인의 하나가 되었지만, 일본의 약학·본초학 발전에 큰 진전이 있게 되었고, 조선통신사의 의학교류는 일본의 의학 및 약학 발전에도 많은 기여를 했다고 평가된다.

기소가와 강의 배다리

오가키에서 나고야가 속한 아이치현으로 들어가려면 세 개의 강을 건너야 한다. 그 중 세 번째 강이 배다리로 유명한 기소가와 강木曽川이다. 신유한도 세 개의 강을 건너면서 다음과 같이 기록했다.

일찍 출발하여 세 개의 큰 다리를 건넜다. 첫째는 은고股股요, 둘째는 계천界川이요, 셋째는 기천起川이니 모두 물 위에 배를 가로 놓고 큰 줄과 철쇄鐵鎖를 가지고 좌우로 얽어 맸고, 그 위에 판자를 깔고 양쪽 머리에는 각각 아름드리 나무를 세워서 맸다. 이와 같은 것이 셋이었는데 기천起川이 가장 커서 배 3백 척을 연결하여 길이가 천여 보이니, 공력과 비용을 상상할 만하다. 두 언덕에서 관광하는 남녀는 낭화강浪華江과 같았는데, 가마를 타고 발簾을 드리우고 온 자는 귀족들의 부녀라 한다. (9월 16일)

〈대학생 신조선통신사〉는 오가키에서 버스로 30분쯤 달려 기소가와木曽川강에 도착했다. 철교인 노비[濃尾]대교를 건너니 강으로 내려가는 길에 '아이치[愛知縣]현 지정사적指定史跡 선교적船橋跡'이란 팻말이 보인다. 선교적이란 배다리를 설치했던 자리라는 뜻이다. 주변은 일본답지 않게 지저분했고, 정비가 되어 있지 않았다. 표지석 뒷면에는 '도쿠가와 시대에 조선신사朝鮮信使가 강을 건넜던 곳'이라고 쓰여 있었는데, 이 표지석은 1967년에 세웠다고 했다.

강변으로 이동하자 안내판이 서 있었다. 안내판에는 '후나바시란 배를 연결하고 그 위에 상판을 깔아 강을 건너는 다리이다. 미노지美濃路의 미소가와木曽川, 나가라가와長良川, 이비가와揖斐川의 도선장에는 조선통신사, 쇼군 등 특별한 통행을 위하여 배다리가 설치되었다. 기소가와의 배다리는

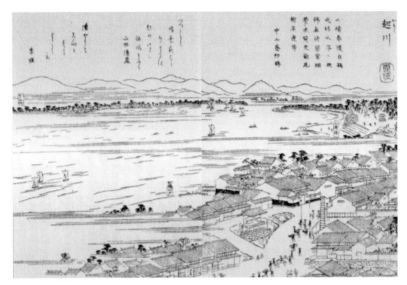

기소가와 나룻터의 옛 모습

길이 850m로 270척의 배를 연결하여 만든 일본 최대의 배다리로 당시에
는 오고시가와후네起川船橋라고 불렸다. 1763년 조선통신사 때에 마지막으
로 설치되었다. 오와리尾張 명소도회名所圖繪 오고시가와후네는 동해도의 제
일의 장관이다. 조선통신사도 배다리의 장대함을 기록하였다'고 쓰여 있
고, 그 밑에 다리의 도면이 그려져 있었다.

그런데 에도시대에는 미노에서 오와리를 거쳐 노비평야를 관통하여
이세만에 흘러드는 강에는 평소 다리가 없었다. 그 이유는 도쿠가와 정권
이 서국西國의 다이묘들에 대한 일종의 방어 전략이었다고 하나 확실하게
는 알 수 없다. 이 배다리는 도쿠가와 막부 초기에 쇼군이 교토로 상경할
때나 요시무네 쇼군의 생모가 에도에 갈 때, 그리고 조선통신사가 에도를
왕복할 때만 설치했다.

인근에 이치노미야시一宮市 비사이尾西 역사민속자료관이 있는데, 그곳

기소가와의 노비대교

에는 배다리에 관한 여러 자료가 전시되어 있다.

자료관의 학예사는 "기소가와 강은 강폭이 1km에 달했는데, 강물 위에 어선을 옆으로 띄워 고정시키고, 그 위에 판자를 깔아 배다리를 만들었다. 배 275척과 배위에 까는 판자가 3,360장으로 배다리는 총길이 855m, 폭 2.7m규모였다. 배다리는 쇠닻과 돌닻을 이용하여 밧줄로 단단히 고정시켰다"고 설명을 했다.

자료 옆의 설명문에는 '쇼군, 조선통신사, 8대 쇼군 요시무네吉宗의 생모의 통행을 위해 배다리를 놓았다. 길이 855m라고 하는 일본 최대의 배다리이다. 1748년 조선통신사가 왔을 때는 연인원 7,578명, 대소 277척의 배를 인근 마을에서 모집하여 가설과 철거 작업을 했다. 이해 2월 19일부터 가설작업을 시작하여 5월 16일에 완료했고, 6월 16일 일행이 통과한 후에 7월 4일 철거했다'는 안내문이 쓰여 있었다. 한번의 통행을 위해 약 4개월 반을 공사하여 설치했고, 통과 후는 철거했으며, 돌아갈 때 다시 설치했다.

기소가와 강가에 있는 배다리터 표지석

　　270~280척의 배를 일렬로 하여 쇠사슬이나 굵은 밧줄로 연결한 뒤에
강 양안에 거대한 통나무를 박아서 지탱하는 구조이다. 또 상류에는 물줄
기를 완만하게 하기 위한 목책이 설치되었고, 배다리가 중앙부분에서 부
러지지 않도록 단단히 묶는 끈도 준비되었다. 이 임시 다리 설치와 자재
의 조달에 필요했던 노역은 감히 짐작할 수 없다. 모든 과정은 인근 마을
에 명령해서 작업을 시켰다. 1711년 통신사가 왔을 때는 일꾼 33만 명, 역
마 7만 7천 필이 동원되었고, 1764년 통신사가 왔을 때는 오와리번 915개
촌 가운데, 813개 촌에서 일꾼이 동원되었다고 한다.

　　조선통신사의 에도 왕복을 위해 몇 개의 강을 건너는 동안 이러한 배
다리가 4개나 놓여졌다. 1719년 조선통신사가 통행할 때, 한 마을 주민이
보낸 호소장이다.

　　저희는 항상 조선통신사의 왕복할 때의 노역에 밤낮을 가리지 않고 힘
써 왔습니다. 게다가 배다리를 설치하는 일을 위해 4월부터 9월까지 100석

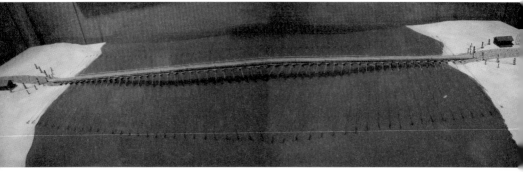

배다리 모형도

과 100명을 차출했고, 그 외에도 많은 물품을 차출하여 매일 오가는 인마역을 수행하느라 논밭을 경작할 시간도 없었습니다. 그리고 이 일을 하지 않는 마을에는 인마를 교체하기 위한 일을 별도로 부담하게 하여 이중 삼중으로 무거운 역을 하지 않으면 안 되었으므로 외람되오나, 위에서 말씀드린 무거운 역의 마을을 참고하여 자비롭게 이번 일을 명령해 주시기를 간청 드립니다.(『이와타시사(磐田市史)』 사료편 2)

통신사 영접 비용의 국역 부담과는 별도로 농사일도 못할 정도의 무거운 부담이었다. 농민들의 무거운 부담에 의해 이 국가적 행사가 지탱되고 있었음을 보여주는 사료이다.

그러나 한편 배다리는 통신사행과 함께 멋진 구경거리였다. 1719년 신유한도 두 언덕에서 관광하는 남녀가 오사카의 난파 같다고 했다. 1624년 통신부사 강홍중도『동사록』에서 다음과 같이 기록했다.

관광하는 남녀가 길가를 메우고 심지어는 배를 타고 바라보는 자가 강 위 아래를 뒤덮었으며 귀한 집 부녀들이 가마를 타고 길 양쪽에 열지어 있는 자가 또한 얼마인지 알 수 없으니 참으로 장관이다. 역관 등이 왜인에게 물으니 모두 미카와三河, 미노美濃, 오와리尾張 등 먼 지방 사람들인데, 관광하기 위하여 며칠 전부터 와서 머물렀다고 한다.(11월 30일)

노역에 힘들기도 했지만, 조선통신사의 행렬이나 배다리도 장관이고, 배다리를 구경하러 온 인파도 장관이었다. 요즈음 표현으로 하면 함께 연출하는 축제라고나 할까.

야망의 세 인물

오다 노부나가   토요토미 히데요시   도쿠가와 이에야스

"울지 않는 두견새는 죽여버려라."(오다 노부나가)

"울지 않는 두견새는 울게하라."(토요토미 히데요시)

"울지 않는 두견새는 울 때까지 기다려라."(도쿠가와 이에야스)

일본의 전국戰國시대를 마감했던 세 인물의 성격을 단적으로 표현한 일화이다. 일본인들은 노부나가는 잔인한 성격의 인물, 토요토미는 자신의 능력을 과시하는 불같은 성격의 인물, 도쿠가와는 인내와 끈기의 인물

로 묘사한다. 그래서 세 인물의 성격과 전국시대의 통일을 빗대어 이렇게도 표현한다. '오다가 찧고, 토요토미가 반죽한 떡을 앉은 채로 먹은 도쿠가와', 난세의 이 세 인물은 16세기 중반 센코쿠시대에 태어나 각자의 개성과 능력으로 일본 사회를 평정해 갔다.

오다 노부나가織田信長는 1534년 오와리尾張(현재의 아이치현) 지방의 오다 노부히데의 장남으로 태어났다. 오다 일족은 본래 무로마치 막부의 명을 받아 오와리 일대를 지배하던 세력가였다. 18세의 나이에 오다 가문을 승계한 노부나가는 일족의 분열을 평정하고, 이마가와 요시모토군을 오케하자마桶狹間 전투에서 격파하고 이름을 날리기 시작한다. 도쿠가와 이에야스와 동맹을 맺어 오와리 동쪽의 안정을 확보한 노부나가는 1573년 미노美濃 지방을 장악하고 마침내 무로마치 막부를 멸망시킨다. 이로써 일본에서는 두 번째 막부가 종식된다.

이어 노부나가는 아사이淺井와 다케다武田 군단을 차례로 물리치고 기세를 올리는데, 아사이 가문을 지원하던 불교세력을 잔인하게 탄압하면서 폭군이란 이미지를 갖게 된다.

노부나가는 비와코 인근의 아즈치安土성을 쌓아 천하 경영을 위한 본거지로 삼고, 중상정책을 펼쳐 부를 축적하는 등 새로운 기풍을 진작했다. 출신보다는 능력 위주로 인물을 발탁했는데, 미천한 신분이었던 토요토미 히데요시가 출세할 수 있었던 것도 그 덕분이었다.

교토 일대의 기나이畿內 일대를 장악하고 일본 통일에 박차를 가하던 노부나가는 1582년 소수의 병력만을 데리고 교토 혼노지本能寺에 머물던 중, 측인인 아케지 미츠히데의 기습공격에 허를 찔려 죽고 만다. 일본 통일을 눈앞에 두고 48세의 나이로 허망하게 생을 마감하였다. 일본 속담에 '적은 혼노지에 있다(敵は本能寺にあり)' 하면 내부에 반란자가 있다는 뜻이다.

토요토미 히데요시는 1536년 오와리 출신으로 빈농의 아들로 태어났다. 어려서 양부 밑에서 자라다가 가출하여 각지를 떠돌던 중에 노부나가의 부하가 되었는데, 뛰어난 지혜와 전공으로 일찍이 두각을 나타냈다. 아사이 가문을 멸망시키는데 큰 공을 세운 후, 나가마사에 시집가 있던 노부나가의 여동생 오이치와 그녀의 세 딸을 극적으로 구출한다.

히데요시의 보호아래 성장한 오이치의 세 딸 중 장녀는 훗날 히데요시의 측실(요도, 淀殿)이 되어 아들 히데요리秀賴를 낳는다. 이 모자는 1615년 오사카 여름전투에서 이에야스군의 공격을 받아 천수각 뒤편 숲속에서 함께 할복자살했다.

최고의 권력자가 된 히데요시는 1583년 관백이 되어 오사카성을 쌓아가며 자신의 힘을 과시하고 대군을 동원해 천하를 평정하여 전국시대를 통일한다. 서쪽 끝인 규슈까지 군대를 동원하여 시마즈島津씨를 평정하고, 마지막 저항세력인 동쪽 오다와라의 호죠北條씨를 멸망시켜 통일을 완성한다.

그후 히데요시는 조선침략을 획책하여 일본 국민을 또다시 전쟁의 소용돌이로 몰아갔고, 초반에 승승장구하던 일본군은 이순신 장군과 의병 승병, 그리고 명군의 참전으로 수세에 몰려 고전을 거듭하다가 1598년 히데요시의 죽음과 함께 끝이 났다.

도쿠가와 이에야스는 1542년 미카와三河(아이치현) 지방의 오카자키岡崎 성주인 마츠다이라 히로타다의 아들로 태어났다. 그러나 6살 때 아버지인 히로타다가 오와리의 새로운 실력자 이마가와 요시모토군의 공격을 받자, 이마가와에게 인질로 보내졌다.

이에야스는 그후 18세까지 스루가의 순푸에서 기나긴 인질 생활을 하다가, 이마가와 요시모토가 교토 입성을 목표로 대군을 거느리고 출병할 때, 그 선봉이 되어 출전했다. 그러나 이마가와 군이 참패를 하고 요시모토가 전사하자 이에야스는 비로소 독자적인 길을 걷기 시작했다.

고향으로 돌아온 이에야스는 분열되어 있던 미카와 지방을 통일하고 노부나가의 일본 통일사업을 지원하며 영지를 확대해 나간다. 노부나가 군과 연합해 아네가와 전투를 치르고, 나카시노 전투에서는 당시 천하무적을 자랑하던 다케다 신겐의 기마군단을 무찌른다. 노부나가의 요청으로 사카이堺에 가있던 이에야스는 '혼노지의 변'을 듣고 영지로 급히 돌아와 군사를 정비했지만, 히데요시가 이미 반란군을 진압했다는 소식을 듣는다.

히데요시가 노부나가의 후계자로서 입지를 굳히는 틈을 타서 이에야스도 노부나가 휘하에 있던 카이, 시나노 등 5개 지방을 영유한 대영주로 부상했다. 한때 히데요시와 대립했던 이에야스는 결국 히데요시와 화친을 맺고 아들을 히데요시의 양자로 보낸다. 히데요시 또한 여동생을 이에야스에게 보내 재혼을 시키고 노모를 인질로 보내는 등 이에야스를 자신의 휘하에 묶어 두려고 애쓴다. 이에야스도 이에 대한 응답으로 교토로 상경하여 히데요시에게 신하의 예를 취한다.

이에야스는 히데요시의 요구에 따라 근거지인 미카와를 떠나 칸토關東 지역으로 영지를 옮기고 에도江戸성에 거점을 구축한다. 이에야스를 경계했던 히데요시가 그를 권력의 핵심에서 멀어지게 한 조치였지만, 이에야스는 오히려 이 기회를 이용하여 칸토 지역의 무사들을 규합하여 착실히 실력을 쌓아갔다.

히데요시가 죽자 사후에 패권을 놓고 동군(이에야스 파)과 서군(토요토미 파)이 대립하면서, 1600년 세키가하라 전투에서 서군을 격파한 이에야스는 명실공히 최고의 실력자가 되었다. 1603년 드디어 쇼군이 되어 에도에 새로운 막부를 세워 1868년 메이지유신에 의해 멸망할 때까지 260여 년간 도쿠가와 막부를 열었다.

순푸성

통신사 일행이 순푸駿府에 도착하면 객관은 가요인華陽院이나 호타이지宝泰寺 등이었다. 순푸, 즉 시즈오카는 도쿠가와 이에야스가 세운 순푸성을 중심으로 발달한 도시이다. 시가지 중심에는 순푸성이 있고, 이에야스의 무덤이 있는 구노산久能山 도쇼구東照宮가 있다. 그리고 통신사가 묵었던 호타이지와 통신사박물관처럼 통신사 유묵이 즐비한 세이켄지淸見寺가 있다.

도쿠가와 이에야스는 1589년 정적이었던 이마가와의 저택이 있던 자리에 순푸성을 축성했다. 그는 1560년 이후 전장터를 돌면서 시즈오카를 떠나 있었지만, 1607년 순푸성에 3중의 해자와 천수각을 새로 짓고 그 이후는 순푸성에 살면서 쇼군 히데타다의 태상왕으로서 국내 통일과 외교에 진력했다. 1604년 사명대사의 탐적사 일행이 이에야스를 만나고, 1607년 강화사였던 회답겸쇄환사 여우길이 이곳에서 이에야스를 만난 것도 그러한 이유에서였다.

1607년의 경우, 임진왜란의 강화사였던 회답겸쇄환사는 순푸성에 있던 이에야스에게 선조의 국서를 전달하겠다고 했지만, 이에야스는 "나는 아들 히데타다에게 쇼군직을 양도했으므로 먼저 에도에 가서 그에게 국서를 전달한 후에 돌아가는 길에 들려 달라"고 했다. 조선 사절단은 그의 말대로 에도에 가서 히데타다에게 선조의 국서를 전달하고, 히데타다의 회답서를 받은 후에 시즈오카에 들렀다. 조선 사절단을 맞이한 이에야스는 사절단에게 유람선 5척을 내어주고 스루가 만에서 뱃놀이를 하면서 주변 경승을 즐기도록 했다. 당시의 상황을 부사 경섬은 『해사록海槎錄』에 다음과 같이 기록하였다.

　가강이 배 다섯 척을 준하주로부터 보내어 방금 도착하였는데, 사신을 기다려 바다 안의 송림松林을 구경하도록 하였다. 판옥선板屋船을 타고 도주·경직과 함께 앞 바다를 건너갔다. 그 배는 가강이 타는 배로, 금은으로 장식하고, 좌우편에 각각 노櫓 36개를 설치하였다. 바다 가운데 남만南蠻의 배 한 척이 있는데 제도가 매우 교묘하고 또한 굉장했다. 뱃머리가 뾰족한데, 앉은 황금사자黃金獅子를 뾰족한 끝에 새겼고, 사자 밑에 용머리龍頭를 새겼다. 뱃머리 양쪽 가에 각각 철로 만든 닻 두 부部씩을 걸어두었는데, 다 큰 기둥 같았다. 배 가운데에는 2층 판옥板屋이 있는데, 구부정한 것이 마치 거북이 등 모양 같았다. 판자 틈은 송진松脂으로 발라 비를 방비하고, 배 바닥은 석회石灰를 발랐다. 배 꼬리에 2층 망루望樓를 만들어 세웠는데, 화려하게 꾸며 이목을 현란케 하였다. 앞뒤로 두 개의 돛대를 세웠다. 돛대에는 상하층이 있고, 모두 베 돛布帆을 설치하였다. 배의 머리와 꼬리에도 각각 작은 돛대가 있고, 배 외면에는, 구름·용·꽃·풀·사람·귀신의 형상을 여러 가지 뒤섞어 새기고 붉고 푸른 단청을 하였다. 그 외의 공교로운 조각 형상은 붓으로는 다 형용하기 어렵다. 배의 길이는 3백여 척尺이나 되고 너비는 70여 척이나 됨 직하였다. 남만南蠻 사람 6, 7명이 왜인을 대동하고 수호했다. 남만 사람 하나가 줄을 타고 돛대에 오르는데 평지를 밟듯, 거미가 실을 타고 다니듯 하여 비록 재빠른 원숭이라도 그보다 나을 수는 없었다. 도주는 입고 있던 옷을 즉시 벗어서 상으로 주었다. 조용히 구경하다가 저녁이 되어 돌아왔다.(6월 19일)

순푸성 시즈오카 현청 별관 24층에서 본 모습이다.

여기서 남만南蠻이라고 지칭한 것은 당시 일본은 나가사키를 통해 네덜란드와 교역을 하고 있었는데, 네덜란드의 범선을 이야기하는 듯하다. 이어 순푸성에서 이에야스와의 만남에 대해 언급하였다.

아침에 청견사를 떠나 낮에 준하주에 들어갔다. 잠깐 시중市中의 인가에 들어가서 관대冠帶를 갖추고 가강의 궁성宮城으로 들어갔다. 셋째 문에 당도하여 가마에 내려 중문中門에 들어가니, 상야수上野守 및 승태·학교·평의지 등이 마중 나와 인도해 들였다. 가강이 관복冠服을 갖추고 서협당西俠堂에 앉았다. 당은 두 급인데 높이가 각각 반 자였다. 먼저 예물을 서쪽 기둥 밖에 차리고 사신이 중당中堂에 들어가서 재배례再拜禮를 행하고는 동벽東壁쪽에 앉았다. 당상堂上 역관譯官 두 사람도 또한 기둥 밖에서 재배례再拜禮를 행하였다. 예가 끝나 파하고 나오니, 관복을 갖추고 외당外堂에서 문후問候하는 왜관倭官이 얼마인지 그 수를 알 수 없었다. 가강의 좌석 옆에는 별다른 의물儀物이 없었고, 기둥 밖에 다만 왜관 5, 6명이 있어 명령을 받을 뿐이었는데, 수충秀忠의 처소에서와 똑같았다. 가강의 나이는 66세였다. 형체가 장대하고 그의 기력을 살펴보니 쇠로衰老하지는 않았다. 살고 있는 성城은 방금 개축改築하여 아직 완공하지 못하였다. 문은 삼중三重으로 설치하였는데 모두 쇠붙이로 썼다.(6월 20일)

순푸성은 이에야스의 사후 1635년 화재로 천수각이 소실되었고, 재건되지 않은 채 현재까지 터만 남아있다. 산노마루의 터에는 시즈오카현청 건물 별관이 서있으며, 별관 건물 맨 끝대기 층에 전망대를 설치하여 일반인에게 공개하고 있다. 별관 전망대에 올라가서 바라보니 전방으로 멀리 후지산이 보이고, 건물 아래쪽으로는 공터가 된 혼마루, 니노마루의 공터가 보인다.

신유한도 후지산의 모습을 다음과 같이 묘사했다. 예나 지금이나 후지산은 역시 일본을 상징할 만하다.

날이 밝자 출발하여 40리를 가서 한 작은 고개를 넘었다. 고개의 이름은 조견潮見이라 하고 혹은 염견판鹽見坂이라고도 했다. 사신 행차가 온 길이 모두 남쪽으로 큰 바다에 임하였으나 여러 산이 가려 있어서 바다가 나타나기도 하고 숨기도 하였는데, 여기서부터는 바다를 따라가게 되어 있었다.

후지산

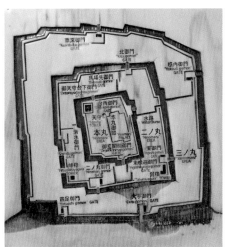

〈순푸성 조감도〉

이에야스 동상

구노산 도쇼구의 묘

행차가 백수촌白須村을 지나자 가마를 멘 왜인이 동쪽으로 구름 가를 가리키면서 떠들며 외치기를 "부사산富士山이다" 하였다. 내가 가마를 멈추게 하고 바라보니 꽃 한 송이가 빼어나서 마치 하얀 옥잠화玉簪花가 푸른 하늘에 바로 꽂혀 있는 것 같고, 산중턱 이하는 구름과 안개에 가려 있는 것이 마치 태화산太華山의 옥정玉井과도 같아서 세상에서 늘 보던 것이 아니었다. 만약 진시황으로 하여금 이 산의 광경을 낭야대에서 바라보게 하였더라면 마땅히 다시 푸른 바다를 건너서 참 신선을 불렀을 것이다. 여기에서 그 산 아래에까지 거리가 400여 리라 하였는데 지금 이미 나의 눈에 들어왔으니, 아마도 해외에 있는 그 어떤 산도 부사산에 견줄 것이 없어 보였다. (9월 19일)

별관 전망대에서 내려와 순푸성 공원으로 들어가니 혼마루의 한편에는 매를 손등에 앉힌 이에야스의 거대한 동상이 서 있었다.

구노산 도쇼구

1616년 4월 이에야스가 순푸성에서 75세를 일기로 세상을 떠나자 자신을 이곳에 묻어 달라는 유언에 따라 묘소와 신사가 창건되었다. 묘소는 스루가 만이 보이는 해발 270m의 산정에 위치하는데 니혼다이라日本平에서 로프웨이를 이용하거나 구노해안에서 1,159개의 돌계단을 걸어 올라가야 한다.

신사는 모모야마桃山시대의 조각과 문양기법을 사용했으며, 곤겐權現양식의 건축에 옻칠한 지붕과 국채색의 누각 등이 국가 중요문화재로 지정되어 있다. 신사 뒤쪽에는 애마와 함께 묻힌 이에야스의 무덤이 있다. 그런데 이에야스가 1617년 12월에 정1위로 추증되면서 도쇼다이곤겐東照大權現의 칙호를 받아 니코日光에 다시 개장하였다. 개장된 후에도 이곳의 묘소를 그대로 유지하여 이에야스의 묘소는 현재 이곳과 니코 등 2곳에 있다.

이곳 경내에는 구노산 도쇼구 박물관이 있으며, 역대 도쿠가와 가문의 갑옷과 투구, 고문서 등 약 2천점의 유물을 소장하고 있다. 이에야스가 애용했다고 하는 외제 안경과 멕시코총독이 보내온 스페인제 서양시계 등도 전시하고 있어, 이미 서양문물을 받아들이고 있는 일본 역사의 한 단면을 볼 수 있다.

호타이지

구노산 도쇼구에서 다시 시내로 발길을 옮기면 시즈오카 역 근처에 유서 깊은 고찰 호타이지宝泰寺가 있다. 호타이지는 인근의 게요인華陽院과 함께 통신사가 객관으로 이용하던 절이다. 신유한 일행도 이곳 호타이지에 여장을 풀었다.

호타이지와 평화의 등 호타이지는 시즈오카 시내에 있는 고찰로, 통신사 일행의 숙소로 이용되었다. 신유한도 호타이지에 묵었다고 기록했는데, 그가 말하는 호타이지는 이 사찰과는 다른 곳으로 짐작된다.

또 10여 리를 가서 아부천阿部川을 건넜다. 시내가 작으면서도 물살이 빨라 전날 대정천을 건널 때와 같이 들것을 메고 건너야 했다. 여기서부터는 길 양쪽에 있는 인가가 베를 짜놓은 것 같았는데 구경하는 남녀의 비단 옷이 또한 눈을 어지럽게 하였다. 그 가운데를 뚫고 20리를 지나서 준하의 부중에 이르러 보태사普泰寺(호타이지)에 들었다. 이 절은 나라 안에서 제일 기이하고 화려하다. 이 절의 뜰 옆에는 상하 두 연못이 있는데 돌을 깎아 언덕을 만들었다. 우러러 보니 기이한 봉우리에서 뿜는 길이가 수십 척 되는 폭포수가 연못으

호타이지의 통신사 접대 기록을 열람하는 필자와 관계자들

로 떨어지고 있었고 연못 가운데에는 돌다리를 만들어 좌우에 괴석과 기이한
화초를 기르는데 이름도 알 수 없고 형상도 알 수가 없었다. 종죽樅竹과 금죽金
竹도 있었다. 종죽은 일명 봉미鳳尾라고도 하는데 그 잎이 가늘고 길어 대롱대
롱 드리워진 것이 봉황새의 꼬리와 같았다. 금죽은 줄기에 황금색이 있었는
데 속이 차서 비지 않았으니, 이것이 박망후의, 이른바 대하국의 공죽인지도
모르겠다. 난간 앞에는 판자 담이 있었고 담 밖에는 귤나무를 심어서 가지 하
나가 담을 뚫고 들어오게 만들어 사람이 앉는 자리에 가깝게 하였고, 열매가
주렁주렁 맺혀 있어 신기하게 보였다. 그 외에도 높은 소나무, 큰 대나무, 동
백, 비파나무 등이 우거져 사방으로 둘러 쳐져서 동산과 별관을 만든 것이 매
우 많았다. 들은 즉은 덕천가강이 처음 준하에 도읍을 정했을 때, 이 절을 지
었다가 뒤에 강호로 옮긴 뒤에 이 절을 원당願堂으로 삼았으므로, 후세의 관백
들이 또한 이따금 분향을 한다는 것이다.(9월 22일)

그런데 여기서 신유한이 기록한 호타이지는 세이켄지를 착각하여 기록한 것 같다. 호타이지는 지금은 시내 한 가운데에 있어서 원래의 모습도 없고, 신유한이 말한 폭포나 대나무도 찾을 수 없다. 그러나 세이켄지에 가면 위에서 묘사한 폭포나 대나무 등의 모습을 지금도 볼 수 있기 때문이다.

호타이지에는 1710년, 1719년(2점), 1748년 통신사 접대에 관한 기록 4점이 남아 있다.

통신사 박물관 세이켄지

나는 2014년 6월 19일, 도쿠가와 이에야스 탄생 400주년을 맞이하여 시즈오카현과 요코하마 한국총영사관이 공동 주최한 '조선통신사와 한·일관계의 미래'라는 시민강좌에서 기조강연을 했다. 약 400명의 청중이 운집한 가운데 조선통신사의 역사적 의미에 대해 강연을 했는데, 청중들의 진지했던 모습은 지금도 기억 속에 생생하다.

강연회의 패널로 참가한 도쿠가와 종가의 18대 종손인 도쿠가와 츠네다카德川恒孝 씨와의 만남도 꽤나 인상적이었다. 나이가 70쯤 되어 보였는데, 훤칠한 키에 풍모가 수려했다. 조금 과장된 표현인지는 몰라도 역시 쇼군가의 후예다운 풍모를 지녔다. 선박관계의 일을 하고 있다고 자기소개를 하면서 20년 전쯤에 한국 울산의 선박회사에서 3달 동안 파견 근무를 한 일이 있는데, 당시의 추억이 생각난다고 했다. 특히 회사 일이 끝나고 선창가의 선술집에서 한국 회사원들과 자주 어울렸다고 하면서, 기회가 되면 다시 가고 싶다고 했다.

강연회가 끝난 후, 주최자, 후원자, 그리고 시즈오카시의 공무원 등 40여 명이 세이켄지의 초대를 받아 세이켄지 경내 '경요세계瓊瑤世界'의 현

세이켄지

판이 걸려 있는 종루옆 조음각潮音閣 망루에서 시즈오카만을 내려다보면서 만찬회를 했다. 사미센으로 연주하는 일본 전통음악을 들어가며 노을이 물들어 가는 시즈오카만을 굽어보니, 마치 통신사로 이곳 세이켄지에 와서 접대를 받는 기분이었다. 주거니 받거니 나도 취기가 돌아 문득 1748년 통신사 정사 홍계희가 이곳에서 읊었던 시를 큰 소리로 만찬회 석상에서 참석자들에게 소개했다.

홍계희가 성해선사成海禪師라고 하는 세이켄지의 승려와 주고 받은 시였다.

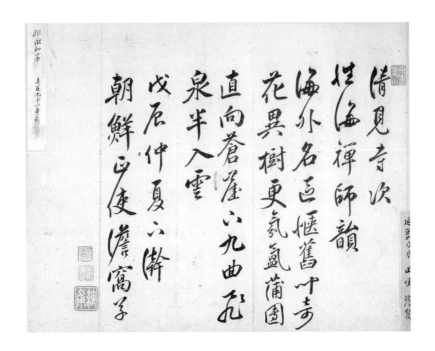

〈청견사에서 성해선사의 운을 따라〉	〈清見寺次性海禪師韻〉
해외의 이름난 곳이라 들었는데	海外名區愜舊聞
기이한 꽃과 나무가 가득 찼구나	奇花異樹更氤氳
푸른 절벽으로 향하니	蒲團直向蒼崖下
아홉 구비 폭포가 구름속에 들어 있네	九曲飛泉半入雲
_무진 중하 하한 조선정사 담와 초	_戊辰 中夏 下澣 朝鮮正使 澹窩 草

좌중이 모두 눈이 동그래지면서 놀라워했다. 그러자 이치조 분쇼一條文
昭 주지스님이 절에 소장되어 있던 그 시문을 찾아 가지고 왔다. 좌중은 또
한 번 환호와 박수로 축제의 분위기였다. 통신사를 통한 문화교류라는 것
이 이런 거구나. 가슴에 밀려오는 감동을 억누르지 못해 눈물이 날 지경
이었다. 사미센의 연주에 취한 밤이었다. 그 날은 내가 마치 400년 전, 통

시즈오카에서 열린 시민강좌

신사의 세상으로 돌아간 듯한 기분이
었다.

　에도시대에 조선통신사가 세이켄
지에 들른 것은 1617년과 1811년을
빼고, 모두 10회이다. 그리고 이곳에
서 숙박을 한 것은 1607년과 1624년
2번에 걸쳐서 이다.

　세이켄지는 통신사들이 모두 격
찬할 정도로 경관이 빼어나다. 그래서
인지 세이켄지에는 다른 어느 곳보다

사미센에 맞추어 춤을 추는 여인

도 통신사가 남긴 유묵이 많다. 앞에서 신유한도 호타이지로 착각하고 기

'경요세계' 현판 구슬옥처럼 아름다운 세계라는 의미이며, 1643년 박안기가 세이켄지의 풍광을 상
찬하여 남긴 것이다.

세이켄지 본당

세이켄지 본당 내부

1607년 삼사의 시

록했지만, 1624년 통신사 부사 강홍중도 『동사록』에 다음과 같은 기록을
남겼다.

　　절의 경내境內에는 기화요초에 폭포수와 맑은 연못이 있으며, 진금괴수珍
禽怪獸가 죽림竹林 사이에서 우짖으니, 그 소리가 구슬퍼 사람으로 하여금 향
수鄕愁를 느끼게 하였다. 뜰 가운데 또 노사향매老査香梅가 있는데 백여 보를 가
로 뻗어 가지마다 꽃봉오리가 맺어 필 듯 말 듯하니 햇빛 아래에 늙은 용龍이
가로 누워 비늘마다 빛을 내는 것과 흡사하며, 술을 가꾸어 담을 두른 듯하
니, 하늘과 땅 사이에 한 기관奇觀이었다. 주지승住持僧 대량동당大梁東堂이 바야
흐로 절 안에 있다 한다. 상사·종사와 함께 배회하며 구경하는데 벽 사이에 3
편篇의 시가 있었다. 곧 여우길呂祐吉·경섬慶暹·정호관丁好寬이 정미년(1607. 선조 40)
수신사修信使로 왔을 때에 쓴 것이었다. 3인 가운데, 여공呂公 한 분만 살아 있
고 다른 분은 모두 작고했으니, 눈에 들어오는 묵은 자취가 사람으로 하여금
감회感懷를 자아내게 한다. 절 문은 큰 바다를 베고 있으며, 절 가운데에는 솔
밭이 있어 낙락장송落落長松이 10리에 푸르러 있으니, 바라보매 섬과 같았다.(12
월 7일)

강홍중은 세이켄지를 '하늘과 땅 사이의 기관奇觀'이라고 묘사할 정도였다. 이러한 감상은 이곳을 들렀던 거의 모든 통신사들이 같은 느낌이었나보다. 그래서인지 절 일주문에는 1711년 통신사 역관 현덕윤玄德潤이 쓴 편액 '동해명구東海名區'가 걸려 있다. 1607년 정사 여우길은 '동으로 와서 청견사를 지나지 않았다면 부상扶桑(일본)의 이 장한 유람을 저버렸을 것'이라고 했고, 1643년 부사 조경은 '일광산에는 부도탑이 웅장하고 후지산 앞에는 호수가 깊지만, 어찌 청산의 청견사에 빗댈 것인가'라고 했다.

지금은 비록 절 앞으로 철길이 나서 절이 두동강이 나고, 경관의 일부가 훼손되어 있지만 그래도 세이켄지는 멋진 경관을 뽐내고 있다. 계단을 올라 절 경내로 들어서면 또 하나의 명필 '경요세계瓊瑤世界'가 눈에 들어온다. '구슬옥처럼 아름다운 세계'라며 경관을 찬미한 이 글은 1643년 독축관 박안기朴安期가 남겼다. 경요세계란 두개의 아름다운 옥구슬이 스스로 빛을 내고, 또 서로 빛을 반사해주면서 온세상을 밝힌다는 의미이다. 두개의 옥구슬은 물론 조선과 일본을 가리킨다.

그래서인지 세이켄지에는 시문 48점, 현판, 편액 18점, 병풍 1점이 보관되어 가이 통신사 박물관이라고 할 만큼 통신사관련 많은 유묵이 남겨져있다. 이중에 48점이 'UNESCO 세계기록' 유산에 등재되었다. 세이켄지에 소장된 통신사 관련 유묵은 2006년 부산의 조선통신사기념사업회에서 『세이켄지소장 조선통신사 유물도록』으로 발간했다. 좋은 참고가 될 것이다.

소장품 중 특히 주목을 끄는 것은 1763년 통신사 화원 김유성金有聲이 그린 낙산사, 금강산, 매화 등 4폭의 병풍 「산수화조도압회첩병풍山水畵.鳥圖押繪帖屏風」이었다. 이 병풍에는 낙산사가 그려져 있는데, 통신사들은 세이켄지를 낙산사에 비유하도 했다. 1655년 통신사 종사관 남용익은 『부상록扶桑錄』에서,

김유성의 〈낙산사〉

의성의 청에 따라 어두운 뒤에 청견사淸見寺에 잠깐 들어갔는데, 대개 갈 때에는 걸음이 바빠서 좋은 경치를 구경하지 못했던 까닭이었다. 눈앞에 총총 벌여 있는 경치는 등불 밑이라 비록 자세히 볼 수는 없으나, 앞의 바다와 뒤의 폭포가 맑고 그윽한 것이 우리나라 낙산사洛山寺보다 못지 않을 듯하였다.(11월 5일)

라고 세이켄지를 낙산사에 견주어 높이 평가했다. 이러한 전통은 1748년 통신사 정사 홍계희의 시에도 보인다. 홍계희는 세이켄지에서 맞이한 일출이 마치 낙산사의 의상루에 앉은 것 같다는 감회를 다음과 같이 시로 읊었다.

〈청견사에 쉬면서 겐 스님의 운을 따라〉
경내를 거닐며 신선 부구를 따를까 생각하다
우연히 고승을 마주하며 선문답을 나누는데
바닷물 하늘 맞닿은 곳에 아침에 올라오니
마치 의상루에 앉은 듯하여라

〈憩淸見寺次堅師韻〉
思從靈境揖浮丘
偶對高僧語趙州
積水連天朝日上
依然如坐義湘樓

시에 등장하는 신선 부구에 대하여 혹자는 황제黃帝 때 사람이라 하고 혹자는 전국시대나 한나라 때 사람이라고 한다.

8. 쇼군의 성, 에도

(에도 ~ 니코)

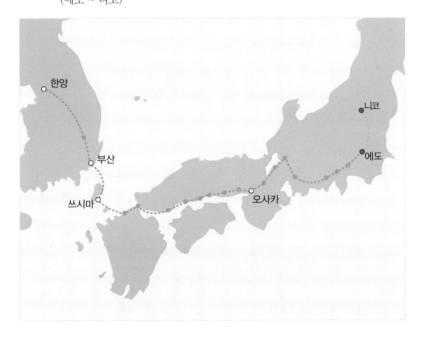

하코네 세키쇼

시즈오카를 출발하여 버스로 3시간 정도 가면 도쿄에 이르는 길목에 하코네 세키쇼가 있다. 세키쇼란 일종의 검문소로 사람과 물품의 이동을 관리·감시하기 위해 설치하였다. 에도시대에 막부는 전국의 50여 곳에 세키쇼關所를 설치하였다. 세키쇼의 수를 53개소라고 하는 사료도 있지만, 설이 여러 개이기 때문에 정확한 수를 단정하기는 어렵다.

이곳 하코네 고개에 설치한 하코네 세키쇼는 외지에서 에도에 철포가 반입되는 것을 막고, 또 에도에서 지방으로 여자가 나가는 것(이리뎃포니데온나, 入り鐵砲に出女)을 특별히 감시하는 일을 했다. 즉 쇼군이 있는 에도로 철포

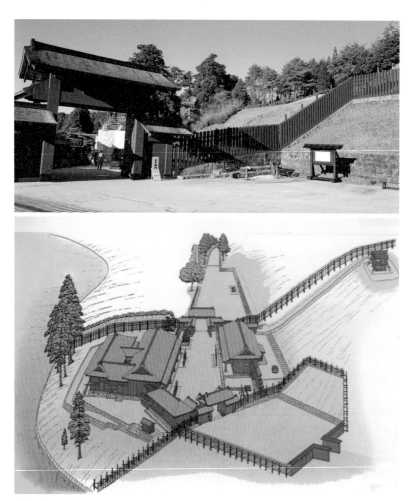

세키쇼의 입구와 모형도

가 들어가는 것과 인질이었던 영주의 처자가 몰래 빠져나가는 것을 통제하기 위해 설치했던 검문소였다.

하코네 세키쇼 앞에는 이곳을 통과하는 모든 사람이 지켜야 할 규칙을 간판으로 세워놓았다. 그 내용을 보면 다음과 같다.

세키쇼의 게시판

—. 세키쇼를 출입하는 모든 사람은 모자와 두건을 벗어야 함.

—. 가마를 타고 출입하는 사람은 문을 열어 놓고 통과해야 함.

—. 세키쇼에서 밖으로 나가는 여자는 증명서를 보여주어야 함.

　가마를 타고 가는 여자는 세키쇼 여자의 검문을 받을 것.

—. 환자나 죽은 사람의 시신도 증명서 없이는 통과할 수 없음.

—. 당상堂上의 사람이나 여러 다이묘나 귀족 등 누구를 막론하고 사전에

　통행을 알려와야 하고, 당일에는 통행할 수 없음.

　특히 의심스러운 여성이 있는 경우, '히토미온나人見女'라는 노파가 밀실로 데려가 몸을 수색하는 모습을 모형으로 만들어 세키쇼 자료관에 전시하고 있다. 그 외에도 자료관 안에는 통과 절차에 대한 여러 가지 설명

세키쇼의 내부 모습(모형)   여자 검문 모습(모형)

이나 그것을 위반했을 경우, 구금하여 고문하는 고문기구까지 전시해 놓고 있었다. 고문 기구와 고문 모습은 등골이 오싹할 정도로 잔인스럽다.

통과의례의 엄중함은 조선통신사의 경우도 마찬가지였다. 1747년 통신사 종사관 조명채의 『봉사일본시견문록奉使日本時見聞錄』에는 다음과 같은 기록이 있다.

점심 뒤에 떠나서 한 관문關門을 지났다. 관문 안이 넓고 크며 금도禁徒가 늘어 서 있어, 보기에 매우 숙연하다. 수역首譯이 와서 말하기를, "이곳은 관백關白이 중신重臣을 보내어 진수鎭守하게 하는 곳이므로, 앞뒤 두 문 안은 사람들이 말을 타고 지나가지 못합니다. 전부터 사신 행차 때에 상상관上上官은 현교懸轎에서 내리고 차관次官은 탄 말에서 내린다는 것이 왜인의 등록謄錄에 실려 있습니다" 하기에, 다시 수역을 시켜서 등록을 찾아 바치게 할 즈음에 상상관 이하가 다 이미 말에서 내려 지나갔다. 그들의 이른바 등록은 믿을 만한 것이 못되므로, 경솔히 지레 말에서 내렸다는 뜻으로 수역을 불러서 꾸짖었다.(5월 18일)

통신사 수역이 전하기를 모두 말이나 가마에서 내려서 통과하기를 청했는데, 이에 대해 수역을 나무랐다는 기록이 보인다.

세키쇼의 통과 절차가 이처럼 까다롭기는 했어도 세키쇼가 있는 하코네箱根의 경치는 절경이었다. 특히 이 일대에는 유명한 온천이 밀집되어 있으며, 물의 효능이나 성분에 따라 '하코네 13온천' 또는 '하코네 17온천'으로 유명하며, 일본 삼대 온천 지역 중의 하나이다. 그리고 세키쇼 앞에 있는 아시코芦湖는 후지산의 화산활동에 의해 형성된 칼데라 호로 아주 유명하고, 호수 위의 유람선도 한번 타볼 만하다.

1763년 통신사 정사 조엄은 하코네 고갯길의 대나무 숲에 깊은 인상을 받았던 모양이다.

조엄의 『해사일기』에는 다음과 같은 시 한 수가 실려 있다.

〈상근령을 넘어가다 총죽을 보고 우연히 읊음〉

백리에 걸쳐 총죽이 널려있어	百里蟠叢竹
이 고개 이름이 상근령이오	箱根是號嶺
빽빽한 속에서도 낱낱이 꼿꼿하니	扶疏箇箇直
모두들 태양의 그림자를 받았나보구나	咸得太陽陰

조엄의 하코네 절경의 묘사는 아시호의 호수 모습에서 절정을 이룬다. 산마루의 호수와 신룡의 전설을 소개하고 있는 『해사일기』를 발췌해 보자.

길을 따라 내려가니 산언덕이 점점 넓어지다가 또 골짜기를 이루고, 갑자기 하나의 큰 마을이 나오며 왼쪽에 큰 호수가 있다. 이 고개는 부사산의 동쪽 기슭이며, 호수 이름은 '상근택箱根澤'으로 둘레가 거의 40리나 되는데, 높은 산마루 위에 이처럼 넓은 호수가 있으리라고는 미처 생각지 못하였다. 푸른 물결이 맑디 맑고, 산빛은 은은히 비치는데 밀려왔다가 밀려가고, 물이 줄었다가 늘어나 알 수 없는 바가 있었다. 말로 전해오기를, '아홉 개의 머리를 가진 신룡神龍이 물 가운데 있어서, 사람이 혹 그 앞에 가까이 가면 문득 잡아먹힌다'고 하는데, 꼭 믿을 수는 없으나 아주 기이한 곳이다.

일본에서는 큰 호수라면 으레 4백리 되는 비파호琵琶湖를 일컫는다. 이 호수가 길이나 너비는 비록 비파호에 뒤진다 하더라도, 그 위치나 경치로 말하면 비파호보다 더욱 기묘하다고 하겠다.(2월 13일)

세키쇼를 지나 호숫가에 이르러 호수의 경치를 바라보면서 『해사일기』를 읽어 내려가다 보면 내가 마치 조엄이 되어 이곳에 다시 찾아온 느낌이 든다.

세키쇼와 호수에 대한 느낌은 신유한도 크게 다르지 않았다.

봉우리 위로부터 수백 걸음을 내려와서는 골짜기가 되었는데 사면에 산이 첩첩으로 껴안았고 가운데는 호수가 있어 주위가 수십 리나 되는데 깊고 넓고 검푸르다. 세속에서 용 아홉 마리가 그 밑에 엎드렸다 하여, 구룡담九龍潭이라 부른다고 했다. 이름을 상근호箱根湖 또는 부사호富士湖라 한 것은 그 산의 이름을 그대로 딴 것이다.

호수 주변에 인가들이 매우 많았다. 그중에 호숫가에 지어진 굉장한 집이 바로 사신의 사관이 되었다. 소나무, 삼나무, 단풍나무, 대나무가 푸르게 우거졌고, 떨어지는 노을과 나는 새는 가을 물결과 더불어 아름다움을 다투는 듯,

고기잡이배는 아득하게 하늘가로부터 오가는 듯하였다. 또 부사산의 백옥 봉우리가 높게 하늘에 뻗쳐서 그림자가 출렁이는 물결 사이에 거꾸로 비추었다. 이에 이르러 보는 사람들이 크게 즐거워하고 의아해 하며, "천 길 산 위 어디로부터 동정호의 기이함을 얻었는가! 이제 비로소 조물주의 수단을 편벽되게 왜놈들을 위하여 허비한 것임을 알겠구나" 하였다. 나는, "옛적에 바다 가운데 자라가 다섯 산을 머리에 이고 있다고 전하는데 일본 사람들이 자기네끼리 부사산, 열전산熱田山, 웅야산熊野山의 세 산으로 봉래蓬萊, 방장方丈, 영주瀛洲라 한다. 그러나 산의 형상을 가지고 볼 때에 부사산은 원교라 불러야 하겠고, 상근령은 방호方壺라고 부르는 것이 합당하겠다. 이것은 조물주가 특별히 아껴서 구주九州의 밖에 두어 중화中華의 고상한 선비로 하여금 생각해도 보지 못하게 하고, 또 왜의 풍속으로 하여금 보고도 그 이름을 알지 못하게 하였으니, 다 같이 불우한 것이다" 하였다.

마을 주위에 목책木柵을 설치하였고 목책에 문이 있어 웅장하고 견고하였다. 또한 칼과 창과 총 등의 방비하는 도구가 있었다. 여기는 육로로 이어지는 가장 좁은 길목이므로 방비하는 도구를 설치하여 수비하는 것이다.(9월 24일)

통신사들의 일본 노정은 이처럼 일본에 대한 확인이며, 새로운 일본의 발견이었다. 중화의 고상한 선비로 하여금 생각해 보지도 못하게 하고, 왜의 풍속이기 때문에 보고도 알지 못하는 것이 모두가 불우한 것이라 했다. 행간에서 주는 느낌을 정확히 이해할 수는 없지만, 상호 이해의 필요성을 절실하게 논하고 있는 것은 아닐까?

에도성

조선통신사의 최종 목적지는 도쿠가와 막부 시대에 일본의 수도였던

〈사로승구도〉의 입강호(入江戶) 부분 국립중앙박물관 소장.

에도江戶, 지금의 도쿄東京였다. 에도는 도쿠가와 막부가 일본을 지배하던 1603년부터 1868년까지 막부의 중심지였으며, 18세기 초에 이미 100만이 넘는 도시로 성장했다. 성으로 직접 둘러 쌓인 지역을 야마노테山手라고 불렀고, 서울 지하철 2호선이 시내 지역을 둘러싸고 있듯이, 도쿄도 야마노테선山手線이 도쿄 지하철의 중심을 이루고 있다.

　시내의 중심부는 에도시대의 산킨고다이參勤交代제도에 의해 각 번의 다이묘들이 그의 식솔들과 일정기간 머무는 저택들로 이루어져 있었다. 산킨고다이는 전국 시대부터 관례화되어오던 인질제도로, 에도에 다이묘들의 저택을 두고, 아내(정실)와 자식(남자의 경우라면 후계자)을 에도에 거주하게 하는 제도로 1635년부터 무가제법도에 따라 의무화 되었다. 다이묘는 3년에 1번(100일)씩 의무적으로 에도에 가야 했다. 교토가 황실과 수많은 불교

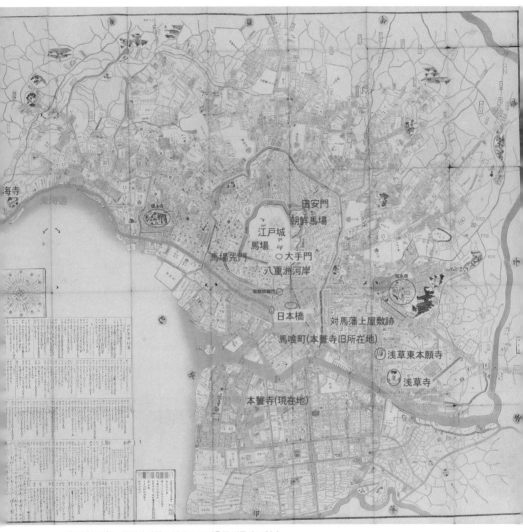

海寺
東海道
田安門
朝鮮馬場
江戸城
馬場
馬場先門
○大手門
八重洲河岸
日本橋
対馬藩上屋敷跡
馬喰町(本誓寺旧所在地)
浅草東本願寺
浅草寺
本誓寺(現在地)

에도의 고지도 통신사 사행로 및 숙소로 이용된 절들이 보인다.

사찰이 중심이 된 도시였다고 한다면, 오사카는 상업 중심의 도시였고, 에도는 사무라이와 정치의 도시였다.

1607년부터 12차례에 걸친 조선통신사의 일본 방문 중에 10차례에

도카이지

걸쳐 이곳 에도에 입성하였고, 체류 기간은 거의 한 달 전후에 걸쳐 머물렀다. 에도에 입성한 통신사의 첫 번째 숙소는 현재 시나가와品川에 있는 도카이지東海寺였다. 당시는 가람의 면적이 4만 7천평에 달했던 큰 절이었지만 지금은 쇄락하여 옛모습을 찾아보기가 힘들다. 현재 신바바新馬場역에서 도보로 4분정도 거리에 있으며 도쿠가와 막부 3대 장군인 이에미츠家光가 창건하였다고 한다.

도카이지에 이른 통신사는 이곳에서 통신사 행렬을 제대로 갖추어 에도의 시가지로 진입했다. 도카이지를 떠난 통신사 일행은 오른쪽으로 도쿄만을 끼고 35리를 걸어서 에도의 숙소였던 히가시혼간지東本願寺에 당도했다. 히가시혼간지는 니시아사쿠사의 다하라마치田原町역에서 도보로 2분거리에 있다. 주택가 한가운데 있는 절은 콘크리트 본당과 묘지로 되어

히가시혼간지

니혼바시

있어 조선통신사에 관해서는 아무런 흔적도 찾을 수 없다.

에도의 시가지를 통과하면서 신유한은 다음과 같이 기록했다.

아침식사를 일찍 마치고 길에 올라 강호江戶로 향하는데, 당상역관堂上譯官 이하가 검은 관대冠帶를 하고서 국서를 모셨고, 가마 메는 군관軍官은 군복을 갖추고 무장武裝을 하고 음악을 연주하면서 갔다. 세 사신은 붉은 단령團領을 입었고, 나와 상통사上通事·의관醫官도 또한 붉은 단령을 입고 뒤를 따랐다. 세 서기書記는 선비의 의관을 입었고. 말을 탄 여러 상관·중관·하관들이 차례로 구슬을 꿴 듯이 나아갔다. 오른쪽에는 큰 바다를 곁에 두고 왼쪽으로는 인가를 꼈는데, 인가가 길가에 빽빽하여 하나의 긴 띠와 같아서 갈수록 더욱 번성하였다. 10리쯤 가자, 가마를 멘 왜인이 벌써 강호에 당도하였다고 하여 바라보니 큰 성이 바다 머리에 놓여 있었다. 언덕의 면面이 깎아지른 듯하였고, 바닷물을 끌어 들여 참호塹壕를 만들었는데, 참호의 웅장하고 견고함과 문루門樓의 높이 솟음이 벌써 사람을 놀라게 하였다. 드디어 한 성문으로 들어가 두 큰 판교板橋를 건너니, 모두 비단 가운데로 행하는 것 같았다. 또 동문으로 나가니 철관금쇄鐵關金鎖로 된 중성重城·옹성甕城이 있었고, 참호에다 다리를 놓았는데 붉은 난간이 번갈아 비추었다. 배는 다리 밑에서 수문을 나가 바다에 통할 수 있었다. 길 옆에 있는 긴 회랑은 모두 상점이었다. 시市에는 정町이 있고, 정에는 문이 있고, 거리는 사면으로 통하여 편편하고 곧기가 활줄과 같았다. 분칠한 다락과 아로새긴 담장은 3층과 2층이 되었고, 서로 연한 지붕은 비단을 짜놓은 것 같았다. 구경하는 남녀가 거리를 메웠는데 수놓은 듯한 집들의 마루와 창을 우러러 보니, 여러 사람의 눈이 빽빽하여 한 치의 빈틈도 없고 옷자락에는 꽃이 넘치고 주렴 장막은 햇볕을 받아 반짝이는 모습이 대판에서보다 3배는 더하였다.(9월 27일)

센소지

이 기록은 니혼바시日本橋를 지나면서 기록한 내용인데, 에도시대의 고지도에 통신사의 행로를 표시하면 앞의 도면과 같다.

에도에서의 조선통신사 숙소는 초창기에는 혼세지本誓寺였으나, 혼세지가 화재로 소실되자, 1711년부터 아사쿠사의 히가시혼간지로 바뀌었다. 그리고 쓰시마의 번주와 통신사를 접대하는 관리들은 히가시혼간지 인근의 센소지淺草寺를 비롯한 37개의 사찰에 분산되어 숙박하였다고 한다.

혼세지는 기요미즈히라가와淸澄白河역 근처의 기요미즈정원 옆의 우측 골목으로 100m쯤 안으로 들어가면 시멘트 건물로 되어 있다. 이 절 역시 통신사의 객관으로 이용되었다고는 상상하기가 어려웠다.

통신사 사행록을 통해 통신사의 에도 체재 기간을 산출해 보면 다음 표와 같다.

혼세지

조선통신사의 에도 체류기간

연대	인원 (오사카 잔류)	체류기간	숙소	연대	인원 (오사카 잔류)	체류기간	숙소
1607	467	5. 4~6. 14 (40일)	혼세이지	1682	475 (113)	8. 12~9. 12 (31일)	혼세이지
1617	428 (78)	—	—	1711	500 (129)	10. 18~11. 9 (32일)	히가시혼간지
1624	300 (불명)	12. 12~12. 25 (14일)	혼세이지	1719	479 (110)	9. 27~10. 15 (18일)	히가시혼간지
1636	475 (불명)	12. 6~12. 30 (25일)	혼세이지	1748	475 (83)	5. 21~6. 13 (24일)	히가시혼간지
1643	462 (불명)	7. 7~8. 6 (30일)	혼세이지	1764	472 (106)	2. 16~3. 11 (25일)	히가시혼간지
1655	488 (103)	10. 2~11. 1 (30일)	혼세이지	1811	336	—	이즈하라

에도에서의 체류기간이 가장 짧을 때가 14일이고, 길 때는 40일이었다. 이 가운데 1636년, 1643년, 1655년 3차례의 통신사는 중간에 도쿠가와 이에야스의 새로운 묘소였던 니코에 유람을 다녀오기도 했다.

히가시혼간지가 있는 아사쿠사는 지금도 그렇지만 에도의 대표적인 유흥가였고, 유곽遊廓이 있었다. 보통 요시와라吉原라고 부르는 이 지역은 동서 180칸, 남북 135칸의 직사각형의 토지에 3천여 명의 유녀를 비롯하여 일상잡화와 식료품을 파는 상점과 전당포, 목욕탕 등을 운영하는 약 1만 명이 운집하여 살았다고 한다. 조선통신사가 이 유흥가를 가지는 않았겠지만 에도 제일의 번화가에 대한 호기심은 떠나지 않았을 것 같다.

에도에서 조선통신사의 가장 중요한 임무는 조선국왕의 국서를 막부의 쇼군에게 전달하고, 그의 회답서를 받는 것이었다. 속소인 히가시혼간지에서 쇼군이 사는 에도성까지는 걸어서 한 시간 반 정도 걸리는 거리였다. 신유한은 국서를 전명하는 날의 모습을 다음과 같이 기록했다.

식사를 마친 뒤에 국서용정國書龍亭을 받들고 세 사신은 금관·옥패와 조복을 갖추고 홀笏을 잡고 우리나라의 가마를 탔다. 나와 당상역관 세 사람과 상통사上通事는 흑단령을 입고 현교懸轎를 타고, 서기와 의관醫官도 또한 모두 흑단령에 사모를 쓰고 띠를 했다. 군관은 우립羽笠·금포錦袍에 칼을 차서 무관의 정장을 갖추고 아울러 금안金鞍 준마를 타고서 기旗·절월節鉞을 들었으며 양부고취兩部鼓吹와 관현管絃의 음악을 울리면서 떼를 지어 잇따라 나아갔다.

제1의 성문에 들어가니 구경하는 남녀가 누에머리처럼 빽빽이 들어찼는데, 모두 비단 옷을 입었다. 제2의 성문을 들어가니, 제일 좋은 집 천 채가 높고 빛났는데, 긴 행랑으로 이어져 있으며 흰 벽으로 칠을 하였고 문 앞에는 각각 창고·우기羽旗가 있어 궁궐과 흡사한데, 분벽粉壁과 층층의 난간에는 붉은 유소流蘇(기나 수레 등에 다는 오색 실로 된 술)를 쌍으로 드리웠고, 구슬 주렴과 비단 장막 사이에서 엿보는 사람들은 찬란하기가 1천 수풀에 꽃이 핀 것 같았으니, 이것은 모두 집정과 태수 또는 여러 귀인의 집이었다. 제3의 성문에 이르자 여기가 궁성이었는데, 담만 있을 뿐, 참호도 없고 포대砲臺도 설치하지 않

에도성 오테몽

았는데, 제도의 화려함이 마치 우리나라 궁성의 담벼락과 같았고 또한 심히 높고 컸다.

　군관이하는 궁성문 밖에서 말을 내려 무관의 정장과 칼과 패를 풀고 걸어서 들어갔으며, 깃발과 고취는 모두 위에 남겨 두었다.(10월 1일)

　여기서 이야기하는 제3성문이 에도성의 정문인 오테몽大手門이다. 당시 오테몽을 통과하여 에도성으로 들어가는 조선통신사의 모습이 현재 에도박물관에 소장되어 있는 〈강호도평풍江戶都屏風〉에 자세히 그려져 있다. 에도성 해자를 건너 오테몽을 거쳐 성 안으로 들어가는 모습이 아주 선명하며, 그 위쪽으로 쇼군이 거처하고 있는 천수각이 우뚝 솟아 있다.

　에도성에는 지금 천황이 살고 있어, 고쿄皇居라고 한다. 삼엄한 경계를 펼치고 있어 일반인의 접근이 금지되어 있고, 정해진 요일만 천수각이

에도성 천수각 터

천수대 안내판

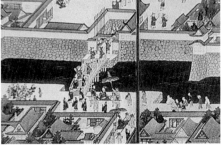

에도성 안으로 향하는 조선통신사의 모습(일부)

있는 혼마루 지역의 일부만을 공개한다. 국서전명식이 행해졌던 혼마루本
丸의 천수각은 1859년 화재로 소실되었고, 그 이후 복원하지 않은 채 석축
부분만 남아 있다.

천수대 안내판에는 최초의 천수각은 1607년에 지었는데, 1638년 3대
장군 이에미츠家光 때에 막부의 권위를 상징하기 위해 일본 국내 최대의
성으로 완성했다고 한다. 외관상으로는 5층이지만 내부 6층이었고, 지상
에서 58m의 높이였다고 쓰여 있다.

국서전명식

오테몽大手門에 도착한 통신사는 입성 준비를 다시 한 번 점검하고, 하관 이하는 오테몽대기소에 머물고, 나머지 일행은 산노고몽三の御門, 나카노몽中之門, 주자쿠몽朱雀門 등 4개의 문을 통과하여 혼마루의 현관으로 향했다. 이때 상상관 3명은 오테몬 하승교에서 가마를 내리고, 삼사는 백인번소百人番所 앞에서 가마에서 내려 걸어서 들어갔다. 이때부터 국서가마 및 삼사일행은 쓰시마번주와 에도막부 관리 등 8명의 안내를 받아 나카노몽을 향하게 된다. 나카노몽에서 중관 이하는 대기하고, 나머지가 주자쿠몽으로 향하게 된다. 국서가 주자쿠몽에 이르면 상상관은 국서를 가마에서 꺼내어 받쳐 들고 삼사일행이 주자쿠몽에 들어서면 사사봉행寺社奉行이 안으로 안내한다. 이후 국서는 혼마루 현관 계단을 올라가 혼마루 내의 쓰기노마次の間에 잠깐 모셔지고, 이후 쇼군이 오히로마大広間에 들어서면 모든 다이묘 앞에서 국서전명식이 거행되었다. 국서 전명식의 모습을 신유한은 다음과 같이 기록했다.

더 나아가 문 하나에 당도하여 당상 역관 이하는 가마에서 내려 걸어 들어갔고, 또 문 하나에 당도하여 사신도 가마에서 내렸다. 대마도 태수와 담장로·창장로萇長老와 두 관반館伴 및 횡전 비중수横田備中守가 문 안에서 영접하여 읍하고 앞에서 인도하여 들어가며, 나와 여러 상관이 모두 뒤따랐다. 또 문 하나에 당도하여 수역관首譯官이 국서를 모신 궤를 용정에서 받들어 내어 두 손으로 바쳐 들고 들어가자, 사신 이하가 또 뒤따랐다. 문안에는 정丁자형으로 한 높은 누각이 있었는데 판자 사닥다리를 타고 올라가서 각도閣道에 통하니, 이것을 현관이라 한다. 그 위에서 붉은 옷에 검정 모자를 쓰고 발을 벗은 7, 8인이, 맞이하여 읍하고 인도하여 행하여, 각도를 따라 들어가서 한 대청에 이르러 국서를 상 위에 받들어 남쪽으로 향하게 하고, 사신과 대마도 태수가 동서로 나누어 차례로 앉았다. 조금 있다가 소위 대목부大目部란 왜관倭官이 나와서 안으로 들어가자고 대마도 태수에게 말하여 수역관에게 전하니, 수역관이 국서를 받들고 앞서서 가고 세 사신이 뒤따랐다. 한 정청正廳에 이르러 국서를 탁자 위에 모시니, 곧 관백이 앉아있는 전殿과 벽을 사이에 둔 곳이었다.

둘러보니 각 주州의 태수와 관직官秩 높은 자들이 공복公服을 입고 맨발로 수풀처럼 모여 있었는데, 사신은 동에 앉아 서로 향하고 대마도 태수는 남쪽을 향하여 곡좌曲坐(공경하는 뜻에서 정면으로 대하여 앉지 않고 옆으로 앉음)하였다. 조금 있다가 수집정首執政 원정잠源正岑이 대마도 태수를 불러서 무슨 말을 하였다. 수역관이 곧 국서를 받들고 전殿의 문턱에 이르러 꿇어앉아 대마도 태수에게 전하자, 태수가 무릎 꿇고 받아서 전殿 안으로 들어가 집사執事에게 전하니, 집사가 관백의 자리 앞에 받들어 두었다. 드디어 공례폐물公禮幣物을 전殿의 영외欞外에 진열하고 예물로 가지고 온 말은 안장을 끼운 채로 뜰 앞에 세웠다. 정청正廳에 국서를 모신 뒤로부터는 사신과 수역관 외에는 달리 심부름하는 사람이 없었고 나와 여러 동료는 모두 각도閣道에서 바라볼 뿐이었다.

사신은 들어가서 관백에게 절하고 나왔다가 다시 들어가서 주례酒禮를 행하고 나왔다. 잇따라 모든 상관이 차례로 들어가서 당상역관 세 사람은 영내에서 절하고, 나와 군관과 서기는 영외에서 절하고, 여러 의관醫官·역관譯官·서화관書畫官도 같이 하고 차관次官·소동小童 이하는 퇴청退廳에서 절하고, 중관·하관은 다 뜰 아래에서 절하였는데, 모두 네 번 절하고 물러나왔다. … 수집정首執政이 관백의 명을 사신에게 전하기를, "장차 종신宗臣을 시켜 나를 대신하여 연회를 열게 할 터이니, 원컨대 편안하게 받으시오" 하였다.(10월 1일)

조선통신사가 조선국왕의 국서를 전달하는 상황을 상상해볼 수 있을 정도로 신유한은 자세히 기록했다.

신유한 일행이 쇼군에게 전했던 조선국왕 숙종의 국서와 별폭은 현재 도쿄국립박물관에 소장되어 있다.

〈조선국왕의 국서〉

조선의 국왕 성휘는 일본국대군전하에게 글을 올립니다. 10년 사이에 빙문이 뜸하였습니다. 요즘 듣건데, 전하가 새로 서통을 이어받아 해내를 편안하게 다독거린다 하니, 이웃 나라의 의리로 보아 기쁨을 어찌 이길 수 있겠습니까? 그래서 옛 상례에 따라 특별히 사신을 보내어 경하를 드리고 화목을 닦노니, 예는 그런 것이지만 양국의 교린의 기쁨이야 어찌 다함이 있겠습니까? 이어서 변변치 못한 물품으로 애오라지 정성을 표합니다. 바라건대, 전대의 공렬을 더욱 넓혀 길이 홍복을 누리소서. 이만 줄입니다. 기해년(1719) 4월 모일.

〈별폭〉

인삼 50근, 대수자大繡子 10필, 대단자大段子 10필, 백조포白照布 30필, 황조포黃照布 30필, 백면주白綿紬 50필, 흑마포黑麻布 30필, 호피虎皮 15장, 표피豹皮 20장, 청서피靑黍皮 30장, 어피魚皮 1백장, 채화석綵花席 20장, 색지色紙 30권, 각색필各色筆 50자루, 참먹 50개, 밀 100근, 꿀 10그릇 그릇마다 한 말씩, 매 20마리, 준마駿馬 2필 안장까지

당시의 모습을 상상해 보면 쇼군이 직접 국서를 받거나 통신사에게 직접 말을 하는 것은 아니었지만, 신유한은 쇼군의 모습이 너무 궁금했던 모양이다. 그는 쇼군의 모습을 다음과 같이 기록했다.

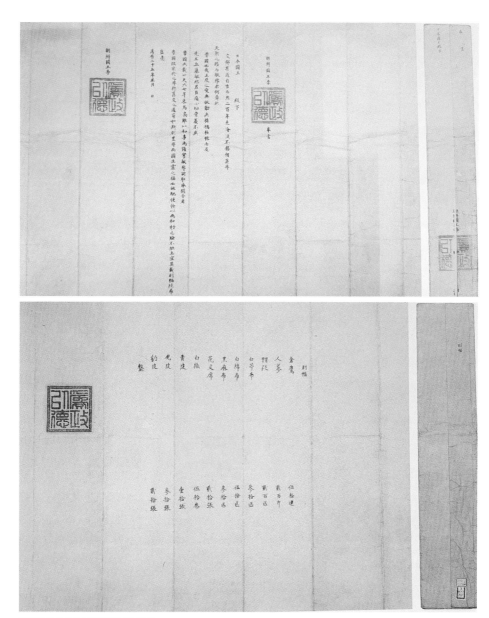

1607년 조선국왕 선조의 국서와 별폭

〈사로승구도〉의 쇼군의 연향 국립중앙박물관 소장.

내가 절하면서 바라보니 관백은 머리에 일각一角의 검정 사모를 썼고, 몸에는 천담색淺淡色의 푸른 도포를 입었다. 겹으로 깐 방석 위에 앉아 있으면서 평상·의자 등의 물건도 없었다. 나와의 거리는 3, 4칸이 넘지 않았으나 앉은 곳이 깊고 엄숙하였고, 좌우에 구슬 발·채색 장막을 드리워서 전殿의 안이 조금은 어른거렸다. 드러나지는 않았으므로 능히 그 위인을 자세히 볼 수는 없었으나 대저 매섭고 야위고 굳세었다. 앉은 모양은 드리워져 길고, 안면은 희면서 약간 누르고, 살은 쪘지만 크지는 않은 듯하였다.

지금 거리로 환산하면 5~6m 거리에서 본 쇼군에 대한 모습과 인상을 기록한 것이다. 자세히 보지는 못했지만 위엄을 느끼고 있었던 것은 사실인 것 같다.

국서전명식은 일차적으로 조선국왕의 국서를 전하고, 회답서는 받지 않은 채 주례식을 행하는 것으로 끝을 내었다. 왜냐하면 회답서를 작성하기까지는 시간이 걸리기 때문이다.

그러나 국서전명식이야말로 조선통신사가 행하는 백미의 외교행위이다. 비록 조선국왕과 막부 장군이 직접 만나지는 않지만, 조선국왕의 특사가 막부 장군을 직접 대면하여 국서를 전달하며 조선국왕의 뜻을 전하고, 또 막부 장군의 회답을 받기 때문이다. 요즈음 말로 표현하면 정상외교나 다름이 없다.

통신사 행렬

국서전명식을 끝낸 통신사는 조선국왕의 국서를 무사히 전달했다는 안도감으로 숙소로 돌아갔다. 숙소로 돌아가는 통신사의 행렬을 보려고 도로변에 운집한 사람의 모습은 하네가와 도에이羽川藤永의 〈조선인래조도朝鮮人來朝圖〉 그림으로 전해진다. 통신사 연구가인 신기수 선생은 이 그림이 산노마쓰리山王祭り에서 통신사행렬을 재현한 것이라는 설도 있다고 하지만, 후지산을 배경으로 하는 이 그림은 통신사에 열광하는 에도 시민의 모습을 잘 보여주고 있다.

후지산을 배경으로 고급옷가게를 비롯한 대형서점이 즐비한 혼마치의 미쓰이 상점을 돌아 나오는 장면을 묘사하고 있는 이 그림은 통신사 행렬을 바로 보는 당시 일본인의 여러 모습 보여준다. 모래와 물을 뿌려 깨끗하게 청소가 잘 된 거리, 그림 좌측 하단 상점의 모퉁이에 자리 잡은 물통 및 무사와 강아지, 상점 안과 밖에 붉은 색 천의 띠를 둘러 별도로 준비된 장소에 있는 관광객, 통신사의 경호를 위해 이층 창문은 모두 닫은 모습, 하단에 서서 구경하면서 무언가를 사발에 마시는 사람들로 인산인해를 이룬 모습이 장관이다.

〈조선인래조도〉

일생에 한번 있을까 말까 한 구경거리를 놓치지 않으려는 모습들이다. 마치 서울에서 월드컵이 열렸을 때, 수십만의 인파가 세종로와 광화문 거리를 메웠던 상황과 다르지 않아 보인다.

마상재 공연

조선통신사가 국서전명식을 마치고, 쇼군의 회답서를 기다리는 동안 에도에서 일본 민중에게 보여주는 또 다른 큰 행사가 있었다. 바로 달리는 말 위에서 여러 가지 기예를 보여주는 마상재馬上才(마죠사이) 공연이었다.

『조선왕조실록』에 의하면 광해군 때인 1615년 한양의 살곶이箭串에서 임금이 참석한 가운데 말에서 재주를 겨루는 대회를 했다고 하며, 훈련도감에서는 봄가을로 다른 무예와 함께 마상재 시험을 보았다고 한다.

쓰시마번주의 에도 저택 자리에 들어선 빌딩

다아스몽 에도에 도착한 통신사 일행의 마상재 공연이 펼쳐지던 곳 중 하나이다.

마상재가 통신사 수행원에 포함되기 시작한 것은 1636년 통신사 때부터이다. 에도 막부의 간청에 의해 마상재에 뛰어난 장효인張孝仁과 김정金貞이 일본에 가서 재주를 보인 것이 시초가 되어 그 뒤에는 반드시 통신사 수행원에 마상재를 포함시키게 되었다.

통신사의 마상재는 앞에서 언급한 바와 같이 일본으로 출발하기 전에 국내에서 안동이나 영천에서 예행연습을 했다. 안동에서는 읍성문 밖에서 공연을 하였는데, 수천 명의 인파가 몰렸다고 한다. 영천에서는 경상도 관찰사가 직접 주관하는 전별연에서 공연했는데, 조양각朝陽閣이 있는 남천 강가에서 열렸다. 강가 백사장에는 발을 디딜 틈도 없이 관중이 운집했다는 기록이 있다.

일본에서는 쓰시마의 이즈하라와 에도에서 공연했다. 이즈하라의 공연에는 쓰시마 도주는 물론, 그의 가족, 쓰시마 관리와 가족, 남녀 노소 할 것없이 관람하고 탄복했다는 기록이 많다.

에도에서의 공연은 3곳에서 이루어졌다. 야요스八代洲 강변이나 다야스몽田安門 새공연장[新馬場], 쓰시마 도주의 에도 저택[対馬藩上屋敷] 등이었다. 특히 다야스몽의 새 공연장은 후대에까지 조센바죠朝鮮馬場로 불렸다. 쓰시마 도주의 저택은 현재 다이토구大東區의 아키아바라와 아사쿠사 사이이며, 원래는 니죠마치二長町라고 했다. 저택의 자리에는 현재 타워 레지던스 도쿄(Tower Residence Tokyo)라는 37층의 초고층의 맨숀이 자리잡고 있으며 일본 국립역사민속박물관 아라키 가즈노리荒木和憲 교수의 안내로 현장에 가보니 아무런 표식도 없었다.

1636년이나 1682년 야요스 강변 공연은 일반 민중도 볼 수 있었으나, 1711년부터 다야스몽 안의 새 장소에서 시연되고부터는 대부분의 에도 민중이 직접 볼 수 있는 기회는 없었다.

정조 때에 발간된 『무예도보통지武藝圖譜通志』에 의하면 마상재에는 다음의 6가지 종목이 있다.

① 말 위에 선 채로 달리는 동작 : 전투를 할 때처럼 장비를 말에다 갖춘 다음, 채찍질을 하여 내닫게 하고 기수가 중간에서 이를 가볍게 올라타는 기예이다. 안장 위에 선 기수는 왼손으로는 고삐를 잡고 오른손에는 삼혈총三穴銃을 높이 들어 공중을 향해 쏜다.

또 기수는 고삐를 약간 늦추고 몸을 공중으로 솟구쳐 체중을 조금 덜어주면서 말이 내닫는 속도로 빠르게 가다가, 다시 고삐를 약간 당기고 체중을 더하면서 말의 속도를 늦추기도 한다. 이렇게 말이 달리는 속도를 조절하면서 다음 동작으로 넘어간다.

마상재 공연 말 위에서 거꾸로 서는 동작과 말 위에 선 채로 달리는 동작이 실감나게 묘사되었다.

② 말 등 넘나들기 : 안장 앞쪽 언저리를 두 손으로 잡고 몸을 뒤로 쪽펴서 말등에 엎드리는 자세를 취한다. 그리고 배가 말등이나 안장에 닿지 않게 하면서 몸을 말의 왼쪽으로 넘긴다.

이때 발은 땅에 닿을 듯 말듯한 정도까지 내려오며, 다시 몸을 들어 말등을 닿지 않은 채 오른편으로 넘어간다. 오른편에서도 발이 땅에 닿을 듯하다가 다시 왼편으로 넘어가며, 이러한 동작이 여러 번 반복된다. 이러한 동작을 좌우칠보左右七步라고 한다.

③ 말 위에서 거꾸로 서는 동작 : 안장의 앞부분을 두손으로 잡고 상반신을 말 왼쪽으로 떨어 뜨린 채 하반신을 공중으로 쪽 편다. 이 때 기수의 오른편 어깨는 말의 왼쪽 앞죽지에 닿을 듯 날 듯하게 내려오며 공중에 뻗친 다리가 휘청거리는 순간에 몸을 빠르게 돌려서 다음 동작으로 넘어간다.

④ 말 위에 가로 눕는 동작 : 말을 가로 타고 두 다리를 한쪽으로 모으며 두손으로 안장의 앞 뒤쪽을 잡고 눕는데 반듯하게 눕기도 하고 엎드리기도

한다. 이것은 적탄에 맞은 것 같이 상대를 속이기 위한 방법이다.

⑤ 몸 숨기기 : 오른편 오금을 안장에 걸치고 오른손으로 안장 뒤쪽을 잡고 몸을 말 왼쪽으로 떨어뜨린다. 기수의 등이 말 왼쪽 옆구리에 달라붙고, 왼다리는 말 머리 쪽으로 뻗치므로 사람이 말 옆구리에 달려서 거꾸로 끌려가는 자세가 된다.

이때에는 왼손으로 땅의 모래를 쥐어서 흩뿌리며 적진으로 들어간다. 몸을 말의 오른쪽으로 옮겨서 같은 동작을 반복한다. 이러한 동작을 등리장신鐙裡藏身, 또는 마협장신馬脇藏身이라고 하는데, 모두 말 옆구리에 몸을 숨긴다는 뜻이다.

⑥ 뒤로 눕는 동작 : 보통 때 말타는 자세를 취하고 두 발을 등자에 건 채로 뒤로 누워, 기수의 머리를 말의 엉덩이 쪽으로 가져간다. 이때 한 손으로는 말꼬리를 잡기도 한다.

앞의 6가지 동작 중에서 ②번 동작인 말 등 넘나들기와 ⑤번 동작인 몸 숨기기를 좌우 각기 더하여 모두 8동작으로 계산하기도 한다. 또 앞의 동작들을 말 두 마리를 나란히 달리게 하고 공연하는 경우에는 이를 쌍마雙馬라고 한다.

마상재에는 키가 크고 빛깔이 좋으며 훈련이 잘 된 말을 골라서 썼으며, 암말보다도 숫말을 썼다. 이런 말에 온갖 치레를 갖추는 것은 물론 기수도 전립을 쓰고 붉은 더그레와 같은 색이나 누른색 바지를 입었으며, 허리에는 광조띠를 메었다.

통신사의 마상재는 1635년부터 1763년까지 총 7회 공연했고, '조선의 마상재가 천하제일'이라고 할 정도로 마상재 공연은 인기를 끌었다. 통신사의 마상재 공연은 회화, 서책, 장신구 등의 소재로 활용되어 판매되었고, 마상재용 말을 구입하려는 문의로 이어졌다.

일본에 남아 있는 조선마상재 관련 그림으로 〈마상재도馬上才圖〉, 〈마상재도권馬上才圖圈〉, 〈조선인희마도朝鮮人戱馬圖〉 등이 남아 있다. 이 가운데 〈마상재도권〉에는 8종의 묘기하는 모습을 그대로 재연해 놓고 있다.

조선 측에서는 처음에는 군사기밀의 누출이라는 이유로 일본에서의 공연에 대해 부정적이었지만, 일본의 마상재 요구를 수락한 이면에는 조선이 숭문崇文만이 아니라 숭무崇武의 나라임을 과시하려는 의중이 반영되었다고 한다.

마상재 공연이 갖는 의미는 조선과 일본이 달랐다. 조선이 선린우호를 위해 통신사를 일본에 보내 마상재 공연을 선보여 문과 무를 겸한 문화적 우수성을 일본에 보여주고, 군사적으로도 중요한 기예를 공개함으로써 외교적 성의를 다하려고 했던 반면, 일본의 경우 쓰시마 도주는 마상재의 초청을 실현시킴으로서 외교력을 입증하고, 막부는 쇼군의 통치력을 과시하는 선전의 도구로 이용하고 있음은 말할 나위가 없다.

국서전명식이 있은 며칠 후 막부로부터 쇼군의 회답서를 보내왔다. 회답 국서는 특별한 의식없이 막부의 집정과 노중이 가지고 왔다.

날이 갰다. 집정執政 원중지源重之와 등원충진藤原忠眞 두 사람이 관백의 화답 국서를 받들고 오는데, 또한 의장儀仗이나 모시는 의식도 없었다. 관문舘門에 이르러 대마도 태수가 서궤書櫃를 받들어 두 손으로 받쳐들고 먼저 들어왔고 두 집정이 뒤따랐다. 사신 이하가 모두 흑단령을 입고 영외檻外에 나가서 영접하니, 대마도 태수가 궤를 정청탁자 위에 놓았다. 사신과 집정이 두 번 읍하고 동서로 나누어 차례로 앉았다. 집정이 대마도 태수를 시켜 관백의 명을 전하기를, "관館에 머문 지 여러 날이 되었는데 어떻게 지내셨소? 귀국할 날이 머지않았으니 큰 바다를 조심해 건너서 행차가 평안하기를 바라오. 답서 및 별폭別幅의 회례回禮를 잘 가지고 가시오" 하였다. 세 사신이 자리를 떠나 다 들은 뒤에 일어나 제자리로 돌아왔다.(10월 11일)

세 사신이 다시 자리로 돌아와 앉으니, 다시 붉은 옷을 입은 막부의 관원이 별폭 세 장을 가지고 와서 전했다. 이것은 상관, 중관, 하관들에게 전하는 사사로운 선물이었다. 막부에서는 조선통신사의 수고로움을 감사하기 위해 별도의 선물을 마련했던 것이다.

쇼군의 회답서와 선물까지 받은 통신사 일행은 회답 국서를 다시 봉하면서 내용을 일일이 점검하였다. 회답 국서는 붉은 칠을 한 나무 상자에 담겨 있었다. 나무 상자를 열어보니 그 안에는 순은으로 만든 상자가 있었고, 상자 속에 국서를 담고 채색 종이로 쌌다. 그 종이를 펴 보니, 짙은 붉은 색과 엷은 자색으로 산수를 그린 것 같고 간간히 분백을 써서 눈이 봉우리를 덮고 있는 색을 만들었다고 한다.

쇼군 회답국서를 이렇게 꼼꼼히 점검하는 이유는 간혹 쇼군 회답서에 문제가 있어 문제가 되는 일이 왕왕 있었기 때문이다. 예를 들어 내용상은 물론이고 국서에 써서는 안되는 구절이나 문자가 있으면 심각한 외교문제가 되기 때문이다. 1711년의 경우, 당시 부사였던 임수간의 『동사일기』에는 '국서 고치기를 요청한 시말'이라는 글을 따로 써 놓았을 정도로 문제가 되었다. 내용인 즉은 쇼군 회답서에 써서는 안되는 기휘忌諱하는 글자, 즉 중종의 이름인 역懌자가 들어 있어 조선 측에서 이를 고쳐줄 것을 요청하자, 일본 측에서는 조선국왕이 막부쇼군에게 보낸 국서에도 3대 쇼군 이에미츠家光의 광光자가 들어 있다고 하면서 고쳐주지 않았다. 조

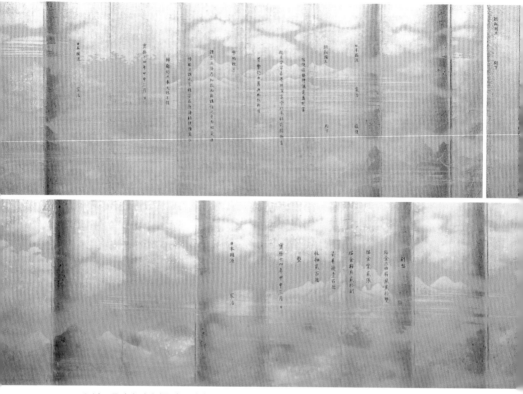

1764년 도쿠가와 이에하루의 국서와 별폭

선사절단은 비록 죽더라도 이 회답서를 가지고는 한 걸음도 갈 수 없다고 항변하면서 귀국을 거부하였다.

결국 사태는 조선에서 먼저 국서를 고쳐서 보내면, 일본에서 회답서를 고치는 형식으로 합의를 하고, 조선 사절이 회답서 없이 에도를 출발하여 귀국하는 도중 결국 쓰시마에서 국서를 다시 교환하는 형식으로 마무리 되었다. 그러나 삼사는 귀국 후에 이 사건으로 인해 '삭탈관작'의 처벌을 받았다.

신유한 통신사가 받은 회답서의 내용은 다음과 같았다.

〈막부쇼군의 회답서〉

일본국 원길종은 공경히 조선국왕에게 회답합니다. 세 사신이 멀리 와서 방문함이 느근하여 옥체玉體가 가승佳勝하심을 잘 알게 되니, 만복萬福이 함께합니다. 바야흐로 아름다운 상서에 응하여 활법活法을 베풀어 짐짓 옛 전례典禮를 준수하여 새 경사를 닦습니다. 폐백 물건은 품목이 많으니, 어떻게 보답하오리까? 이는 실로 두 나라가 길이 우호하는 정의에서 말미암은 것이며, 또한 예의가 더욱 깊어지리라는 것을 알 수 있습니다. 아무쪼록 여러 가지 물품을 통신사에게 부치오니, 정성스런 마음을 갖기는 피차가 다 마찬가지입니다. 이만 줄입니다.

향보享保 4년(1719) 10월 11일 원길종 돈수頓首 운운

한편 조선후기 12회의 통신사행에서 1636년, 1643년, 1655년 3차례의 통신사는 에도에서 쇼군의 회답서를 기다리는 동안, 막부의 권유에 의해 니코日光 도쇼구東照宮를 유람하기도 하였다.

니코 도쇼구의 유람

니코 도쇼구는 도쿠가와 이에야스德川家康의 묘소이다. 1616년 이에야스가 죽은 후 1주기가 지나자 그의 유언에 따라 시즈오카의 구노산 도쇼구와는 별도로 니코에 새로운 묘소가 만들어졌다. 그래서 지금도 도쿠가와 이에야스의 묘소는 시즈오카와 니코의 2곳에 있다. 니코에 묘소가 만들어지자 교토의 천황은 '동조대권현東照大權現'이라는 신호神號를 내렸다. 그리고 이 묘소는 1645년에 도쇼구(東照宮)로 격상되었다. 그 후 도쿠가와 막부의 3대 쇼군 이에미츠家光의 묘당인 대유원大猷院과 4대 쇼군 이에쯔나家綱의 묘당인 엄유원儼有院도 차례로 세워졌다.

❶ 도쇼구 석비 ❷ 도쇼구 정문 ❸ 세 마리의 원숭이
❹ 이에야스 묘 ❺ 조선동종

조선통신사의 일광산 방문은 1636년 통신사 일행이 에도에서 전명식을 끝내고 쇼군의 회답서를 기다리는 동안 당시의 쇼군 이에미츠家光가 자기의 할아버지인 이에야스家康가 양국의 화친을 이루었다는 이유로 조선통신사의 분향을 강하게 요청하여 부득이하게 간 것이 계기가 되었다.

당시 조선사신은 니코 분향에 대해 그다지 탐탁하게 생각하지 않았던 것 같다. 당시 대마도주 소우 요시나리宗義成와 삼사(정사 임광, 부사 김세렴, 종사관 황호) 간에 주고 받은 대화가 이 상황을 짐작케 해준다.

삼사가 답하기를 "전번에 대군께서 친히 치사하시는 것을 보고 대군의 정성을 족히 알았다. 그러나 그곳에 간 뒤에 만약 어려운 일이 있게 된다면 결코 갈 수가 없다"하니, 의성이 말하기를, "저는 만리의 길을 모시고 왔기에 사신들의 하실 일을 잘 알고 있는데, 어찌 추호라도 속이리이까? 이번 일은 오직 사신들을 존경하여 온 나라에 광영을 자랑하자는 마음에서 나왔을 뿐이옵고, 결코 다른 일이 없음을 보장합니다"하였다.

이어서 노정의 이수를 물으니, 대답하기를 "지름길로는 2일이 못되고, 큰길로는 3일이 걸립니다"하였다. 우리가 "1~2일도 또한 먼데 하물며 3일이랴? 마땅히 지름길을 취하겠다"하였다.

이와 같이 1636년의 통신사는 막부 측에서 분향을 요청한 것에 응하는 형식이었다. 그러나 실제로 통신사 일행이 니코 도쇼구에 도착했을 당시 때마침 눈보라가 몰아쳤고, 조선통신사는 그것을 핑계로 대권현당의 중문에도 들어서지 않고 그대로 발길을 돌렸다.

그러나 1643년과 1655년에는 치제가 행해졌다. 치제致祭란 국가에서 지내주는 제사로 제문祭文과 제물祭物 등을 직접 갖추어서 행하는 것이다. 1643년 치제에 관해서는 통신사 파견 논의단계에서 반대의 의견도 있었다. 그러나 범종과 제사 도구들을 보내어 이에야스의 명복을 빌어줌과 동시에 자비를 담은 국서를 보내어 쇼군을 깨우칠 필요가 있다는 주장을 제기하였다. 조정에서는 논쟁을 거듭한 결과 일본과 교린관계를 유지하는 동시에 청을 견제해야 한다는 의견이 받아들여져 통신사 파견과 니코 도쇼구 치제를 결정하였다. 그리고 치제 때에 예모에 관한 절목을 미리 조정에서 정하는 한편 조선에서 길례吉禮로 행하는 제사의 형태를 갖추게 하였다. 치제에 관해서는 일본 측에서도 조선의 규례대로 하도록 위임한 상태였다. 그래서

효종의 어필

1655년 사행 때에는 조선에서 제례악을 연주할 악기까지 하사했다.

『증정교린지增正交隣志』에는 '일광산치제의日光山致祭儀'라는 항목에서 치제에 관한 의례를 설명하고 있다. 제사를 지내게 된 역사와 과정, 의례, 의물, 폐백, 의주 등에 관한 내용이 서술되어 있다. 1655년 치제에는 권현당에 분향·폐백으로 준마, 백단향, 은향합 등을 준비했고, 대유원에는 그들의 요청에 따라 1643년 인조는 '일광정계창효도장日光精界彰孝道場'이란 글씨를, 1655년 효종은 '영산법계숭효정원靈山法界崇孝淨院'이라는 여덟 글자와 제문, 삼구족三具足과 함께 제례용 악기 10종을 하사하였다. 그리고 제문을 읽을 독축관을 미리 정하였는데, 이는 일본 측에서 목소리가 맑고 잘 읽는 사람을 요청한 것에 대응한 것이다.

제사에 참여할 때는 정사 이하 모두 공복 차림이었으며, 초헌관은 정사, 아헌관은 부사, 종헌관은 종사관이 맡았고, 모든 제례는 조선의 의례대로 거행하였다. 그러나 축문을 태우는 절차는 그들의 요청에 따라 생략하였다. 축문을 만세의 보물로 후손에게 전하겠다는 요청에 따른 것이었다. 그들의 요청은 통신사에게는 특이한 것으로 생각되었는지, 1643년 사행록인 『계미동사일기』에는 다음과 같이 묘사하고 있다.

홍역관이 사신의 뜻을 풍후수에게 말하였다. "제향한 후 축문과 폐백을 태우거나 구덩이에 묻는 것이 제사의 예입니다." 풍후수는 "이 일에 대해서는

대군의 분부가 있었다. 어축御祝은 곧 한
나라의 경사요, 만세의 보물이니 자손
에게 전하고자 한다" 하고 하니, 곧 어
축은 봉해서 대군에게 드리고, 폐백은
또한 일광에 두어 산문山門의 보재로 삼
겠다고 하였다.

도쇼구 제기(축)

그런데 이 축문의 원본이 지금도
남아있는지는 모르겠다. 또한 사행록
에는 일광산 도쇼구 치제에 관하여
몇가지 논쟁한 기록이 있다. 한 예로
쓰시마 도주가 사배례四拜禮를 요구하
였으나 통신사는 이배례二拜禮가 옳다
고 주장하여 그대로 시행하였다.

결국 조선통신사의 일광산 도쇼구 치제는 논쟁을 거듭하면서 1636
년, 1643년, 1655년 3차례만 행해졌고, 이후는 이루어지지 않았다.

현재 니코 도쇼구는 연간 250만 명이 찾는 일본의 명소이다. 일본 속
담에 '니코를 보지 않고는 일본을 말하지 말라'라는 말이 있을 정도로 유
명한 관광지이다. 물론 세계문화유산으로 지정되어 있으며, 55동의 건물
군으로 이루어졌고, 화려한 단청에 각종 조각품과 예술품이 즐비하다. 특
히 일본 사무라이 시대를 상징하는 세 마리의 원숭이 조각이 가장 유명하
다. '보지도 말고, 말하지도 말고, 듣지도 말라'는 경구를 세 마리의 원숭
이 조각을 통해서 보여주고 있는데, 난세에 살아남기 위한 처세술의 단면
을 보여주고 있다.

통신사가 가지고 갔던 삼구족은 현재에도 도쿠가와 이에야스의 묘소 앞에 놓여져 있고, 동종은 따로 종각을 만들어 보존하고 있으며, 제례용 악기 등도 보물전에 보존되어 있다. 한때 종각 앞의 안내문에 '이 종은 조선국왕이 봉납奉納한 것이다'라는 표현을 하여 물의를 산 적이 있었다. 봉납이란 아랫사람이 윗사람에게 바치는 것을 의미하기 때문이다.

동종에는 다음과 같은 문구가 새겨져 있다.

일광도량은 동조대권현을 위해 만든 곳이다.

대권현은 무량한 공덕이 있고, 숭봉을 받는다.

정형화된 웅장함은 아직 세상에 없었고

계승하여 서술한 효성은 선열을 더욱 빛나게 한다.

우리 임금이 듣고 기뻐하시고 범종을 만들어

영산에 삼보와 함께 공양하라 이르시고

신 이식에게 글을 지어 종명鍾銘을 지으라 명하셨다.

크게 드러난 선조의 업적을 처음으로 여니 신령스럽고 진실되네

큰 도읍과 법다운 도성에 보배로운 종이 여기 펴있네

뛰어난 인연을 닦아 명복을 비는데 보탬이 되고저

고래 소리와 사자 울음은 어둠을 깨치고 마귀의 항복을 받네

그릇이 소중한 것이 아니라 오직 보존함을 법칙삼아

용과 하늘이 이를 보호하사 큰 복과 함께 다하리라

숭정 임오(1642) 10월 일

조선국 예조참의 이식李植이 짓고

행사직 오준吳竣이 쓰다

9. 잘 가시오, 잘 가시오.

(귀국길)

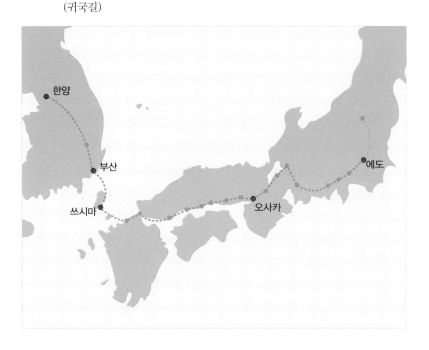

이별

에도에서 쇼군의 회답서를 받은 신유한 일행은 쇼군의 명령으로 송별연을 받았다. 통신사 일행의 귀국 날이 결정되자 일본인들이 객관을 찾아와 작별인사를 하였다. 사행 중에 수많은 문인과의 교류에 전념했던 신유한의 경우 특히 고단하였던 모양이다.

시와 글씨를 구하는 사람이 잇달았는데, 나는 과로로 병이 나서 사절하려고 하였으나 어쩔 수가 없어 대부분 억지로 응하였다. 성명이 하구호河口潮라는 자가 … 우삼동의 소개로 찾아왔는데 … 그는 밤낮을 가리지 않고 와서 문안하였으며, 감회를 써서 보이기를 "백년 세월 속에 오늘날 만났다가 헤어지는 것이 꿈만 같으니, 이 생에 어떻게 하면 음성과 안색을 다시 모실 수 있겠습니까?"하였다. 나 또한 섭섭하고 슬퍼서 몸 아끼고 잘 있으라는 말로 위안하고 타일렀다. 인정이 들고 보니 과연 뽕나무 아래서 사흘 밤을 잔 것 같다.(10월 13일)

'뽕나무 아래서 사흘 밤을 잔 것 같다' 운운한 것은 불경에 '뽕나무 밑에도 사흘 밤을 연거푸 자지 말라'고 한 대목을 말한 것이다. 그것에 애착이 생기고 정이 들기 때문이다. 10월 11일 쇼군의 회답서를 받고, 13일에는 송별연을 하고, 15일에 새벽에 망궐례를 지낸 뒤, 아침밥을 늦게 먹고 행장을 꾸려 귀로에 올랐다.

객관을 떠나면서 큰 길에 나서니 길거리의 사람들이 총총히 서서 손을 모아 모두 '잘 가시오', '잘 가시오' 작별인사를 해왔다.

아침밥을 늦게 먹고 행장을 꾸려 출발하였다. 떠나면서 임태학에게 편지를 부쳐 작별을 하고 덧붙여 두 편의 율시를 지어 그의 아들 신충과 신지에게 주었다. 사관을 나오면서 보니 길거리에 사람들이 총총히 서서 손을 모으면서 말하기를, "잘 가시오, 잘 가시오" 하였다. 일행이 모두 뛰며 기뻐하기를 마치 고해에서 자항을 얻어 긴 바람을 탄 듯하였다. 그러자 곧 수많은 도회지와 눈을 현란하게 하던 번화가 모두 배부른 사람이 팔진미八珍味의 맛을 잊은 것과 같았다.(10월 15일)

귀로의 첫날 밤은 도카이지東海寺에서 잤다. 이튿날은 늦가을 비가 부슬부슬 내렸다. 아침 일찍 도카이지를 출발하여 10여 리쯤 가자 어느 마을에 당도했다. 좌우에 귤과 유자, 밀감나무가 보였다. 그런데 에도로 갈

적에는 가지 가득 파란 열매가 주렁주렁 열렸어도 먹을 수가 없었는데, 지금은 샛노랗게 익어 그윽한 향기가 풍겨와 옷자락에 스며들었다. 통신사의 임무를 완수한 즐거움과 안도감 속에 느끼는 여유였을까?

나무 그늘을 지날 적마다 왜인들이 그 꼭지를 꺾어 수십 개씩 가마 안에 넣어 주므로 껍질을 벗기고 씹어 보니 향기로운 과즙이 타는 목을 적셔 오관에 맑은 바람이 부는 것 같았다고 했다. 저녁 무렵에 오다하라小田原에 도착하니 지나는 곳이 모두 전날에 머물던 곳이어서 객관에서 만나는 사람들도 구면이었다고 했다. 객관에 당도하니 모두 반갑게 맞아 주었는데, 어떤 사람이 작은 종이 쪽지를 주었다. 펼쳐 보니 잘 돌아가라고 하례하는 내용이었다.

이튿날 먼동이 트기 전에 출발하여 하코네相根에 오르는데, 산골에 가득한 단풍이 갈 때보다 새빨간 색으로 물들어서 더욱 기이했다. 멀리 후지산이 구름과 안개속에 가려서 옛모습을 볼 수 없어 섭섭하다고 했다.

10월 20일에는 시즈오카의 호타이지宝泰寺에 도착하였다. 호타이지의 경치는 예전과 같았는데, 푸르던 귤과 밀감이 완전히 황금빛으로 변한 것을 보면서 인생의 엷은 인연이 아섬국이 한번 나타났다가 사라지는 것 같아 절로 탄식이 나왔고, 연못가에서 소철나무를 만지면서 일본 사행길이 한바탕 꿈만 같았다고 했다. 아섬국은 불경에 먼 동방에 있는 나라라고 하였다. 일본을 견주어 하는 말이다.

그런데 에도에서 길을 떠난 이후 각 지역에서 마다 글을 청하는 사람들이 점점 늘어만 갔다. 도중에 가마를 멈추고 시를 지어주기도 했고, 그 사람들이 보잘 것 없어 기록할 수도 없었다고 했다. 하마마쓰浜松에서는 사관에 도착하자 신발이 문앞에 가득하였는데, 글을 청하는 자가 한 떼가 몰려와서 글을 얻어 겨우 물러가면 또 한 떼가 몰려오곤 하여 눈을 붙이지 못하고 밤을 지새웠다고 한다. 일본인들이 성질이 즐기기를 골몰히 하는데, 사신 행차가 한 번 돌아가면 좋은 기회를 두 번 얻기 어려우므로 앞길에 기다리는 자가 한이 없어서 매일 사신보다도 먼저 출발하여 이에 대비했다고 한다. 요즈음 일본어로 어떤 일에 몰두하는 일본인의 마니아·오타쿠御宅 습성을 연상케 한다.

금화를 강에 버리고

시즈오카를 떠나 나고야名古屋에 이르기 전에 중간에 통신사가 금화金貨를 버렸다고 하는 하마나코浜名湖의 이마기레今切에 이른다. 그런데 통신사 일행은 이 강을 금절하今絶河라고 불렀다. 그 이유는 1636년 통신사가 에도에 가서 조선국왕의 국서를 전달하고 쇼군의 회답서를 받을 때, 막부에서는 회답서와 함께 세 사신에게 선물로 은화와 그밖에 물품을 주었다. 그러나 통신사 일행은 이것이 국법에 어긋나는 일이므로 이를 받지 않고 쓰시마에 잡혀 있는 피로인이나 통신사 수행의 경비로 쓰도록 쓰시마에 넘겨주려 했다. 그러나 쓰시마번에서도 막부에서 외국 사신에게 준 물품을 중간에서 받아 쓸 수 없다고 하여 여러 번 입씨름을 하기도 했다.

그런데 이것과는 별도로 통신사가 에도를 떠날 때 객관에 지급된 식량 중 남은 것을 그대로 두고 왔는데, 쇼군이 이것을 알고 남긴 식량에 해당되는 금액을 금화로 바꾸어 보내왔다. 그러자 사신들은 그것을 받을 수 없다며 이마기레강을 건널 때 군관과 역관들에게 명하여 보내 온 금화를 모두 강물에 던져버리게 했다. 그 사건으로 인하여 이 강을 금절하라고 부르게 되었다고 한다.

이후 통신사행들은 사적으로 선물받은 물품이나 금은에 대해 경계를 했고, 선뜻 받지 못하게 되었다. 기록에 의하면 선물을 받으면 대체로 호

하마나코의 이마기레(今切) 지금은 다리를 놓아 통행하고 있다.

행하는 일본인들이나 조선의 아랫사람들에게 고루 나누어주었다고 한다.

10월 25일, 신유한 일행은 나고야에 도착하였다. 도시의 화려함과 구경하는 남녀가 전날보다 더욱 많아서 먼 곳에서 온 사람들이 물고기를 꿴 것처럼 모여 있었다고 했다. 객관에 앉아서 바라보니 마루, 복도, 마당에서 좁다고 내려가는 사람, 끌고서 올라오는 사람, 둘러서서 곁눈질 하는 사람들이 모두 시와 한마디의 말을 요청하는 사람들이었다.

혹은 신유한이 전날 지어준 시로 채색 가리개를 만들어 낙관을 받아 가기도 했다. 혹은 자기들이 지은 시문의 원고를 가지고 와서 신유한에게 보이면서 한마디의 비평을 구하기도 했다. 동자가 먹을 갈기에 피로해 보여서 왜인으로 하여금 대신 갈게 하였다. 겹겹으로 싸인 종이가 구름과 같았고, 꽂힌 붓이 수풀 같았으나 잠깐 동안에 바닥이 나서 다시 들여왔다. 신유한 또한 이따금 기갈이 나서 자주 밀감을 깨물어 가면서 시를 썼는데, 쓰기만 하면 사람들이 소매에 넣어 가져가 버려 도대체 몇 편이나 썼는지 모를 지경이었다고 한다.

그런데 여러 왜인이 우리나라의 언문의 글자 모습을 보여 달라고 해서 한글을 써보였던 모양이다. 어느 시대에 창제했는가를 물어서 신유한은 '우리 세종대왕께서 성신聖神의 자질로 온갖 기예에 박통하시어 28자의 새 글자를 만들어 만물의 소리를 알도록 하였는데 지금으로부터 3백 년이 되었다'고 답했다고 한다.

현재 통신사의 유묵 가운데 교토 쇼코쿠지의 지쇼인慈照院에도 한글로 쓴 시문이 남아 있는데, 누가 쓴 것인지는 미상이지만 하나의 예가 된다.

대불사의 연회 거부

통신사 사행길에서 벌어지는 성대한 문화교류는 한편의 문화 축제였다. 그러나 통신사 사행길이 모두 이러한 분위기만은 아니었다. 조선통신사 사행원이나 접대를 담당한 일본 관리들 사이에서는 늘 팽팽한 긴장감과 갈등이 반복되었다. 예를 들면 귀국 길에 교토 대불사大佛寺에서 벌어진 연회 거부 소동이다.

귀무덤 인근에 있었던 대불사大佛寺는 원래 히데요시가 1586년에 지은 절이요. 10년 후에 지진으로 건물이 파괴되자, 도쿠가와 이에야스는 토요토미 히데요시의 아들 히데요리豊臣秀頼에게 사찰을 재건하게 했다. 표면적으로 히데요시의 명복을 빌기 위해서지만, 히데요시 집안의 재력을 소모하여 그 세력을 약화시키려는 의도가 있었다고 한다.

대불사 터의 석축

대불사 동종

11월 2일, 귀국길에 신유한 일행이 교토에 이르렀을 때, 일본 측에서는 통신사 일행을 위해 대불사에서 연회를 열겠으니 참석을 해달라는 요청을 해 왔다.

어제 대진大津에서 대마도 태수가 봉행을 시켜 전하기를, "예전부터 사신의 행차가 돌아오는 길에는 반드시 대불사大佛寺에 들립니다. 대불사는 경도京都의 남쪽 5리쯤에 있는데 관백이 미리 지방관으로 하여금 술과 찬을 만들어 연회를 준비하였으니, 내일 아침에 왕림해 주십시오" 하였다.(11월 1일)

일본 측의 이러한 요청에 대해 조선 측은 대답하기를,

"태수가 관백의 명으로 우리를 성대한 연회에 초대하는데 어찌 사양할 이유가 있겠습니까. 다만 우리가 본국에 있을 때에 평소에 들으니 대불사大佛寺는 수길秀吉의 원당願堂이라 하더이다. 이 적賊은 우리나라 백 년의 원수로서 의리상 하늘을 함께할 수 없는데 어찌 그 절에서 술을 마실 수 있겠습니까. 후의厚意를 사양하겠습니다" 하였다.

대불사가 토요토미 히데요시의 명복을 빌기 위해 세운 원당願堂 즉 법당이므로 그곳에서의 연회는 참석할 수 없다고 거부하였다. 그러자 일본 측에서는 다음 날 대불사가 히데요시의 원당이 아니라는 사실을 적은 『일본연대기日本年代記』라는 책을 가져와 보여주며,

"이것은 국중에서 소장하고 있는 역사책이며 그 가운데의 대불사를 중건한 모조某朝 모년某年은 원가광源家光이 관백이 된 해입니다. 평씨와 원씨가 서로

사이가 좋지 못한 것은 귀국에서도 아는 바입니다. 원씨 시대에 수길秀吉의 자손이 섬멸을 당하여 남은 종자가 없는데 어찌 절을 건축하고서 수길을 숭봉하였을 리가 있겠습니까. 보여드린 이 책만으로도 원당이란 말이 근거 없음을 증명할 수 있습니다."(11월 2일)

라고 하면서 원당이 아니라는 사실을 극구 부인하였다. 결국 정사와 부사, 제술관은 연회에 참가하는 것을 동의하였고, 종사관만은 병을 핑계 대고 끝까지 거부하였다. 그러나 일본 측에서 가져온 『일본연대기』는 위조된 책이었다.

대불사 연회에 참석했던 정사, 부사, 제술관은 결국 이 일로 인해서 귀국 후에 지탄을 받게 되었고, 이후 대불사 연회는 폐지되었다.

대불사 연회 후에 신유한 일행은 맞은편 길에 있는 33간당三十三間堂을 방문하고, 저녁 무렵에 요도성淀城에 당도하였다. 이튿날인 11월 4일에는 아침 해가 밝기 전에 배를 타고 요도가와를 거슬러 내려가서 그동안 오사카만에 남아 있던 일행을 다시 만났다. 오후 3~4시 경 하구에 머물러 있는 배에 이르니, 선장과 노 젓는 군졸들이 모두 즐거워 날뛰며 영접하였다. "몇 개월 동안 서로 떨어져 있었는데도 한 사람도 병자가 없었으니, 기쁘고 위안됨을 어찌 다 말하겠는가?"라고 하면서 삼사 일행은 혼간지本願寺의 숙소로 갔다.

조선시대의 한류

귀국길에 오사카에는 5일 동안 머물렀다. 오사카에서는 에도에 갈 때와 마찬가지로 일본 문인들이 찾아와 시문 창수를 하였다.

약수若水가 그의 시고詩藁 한 권을 가지고 와서 서문을 청하므로 내가 또 지어 주었다. 기타 원근에서 글을 청하는 자가 일시에 한꺼번에 이르러, 마치 가난한 사람이 묵은 빚에 쪼들리면서 다시 새 빚이 쌓이는 것 같아서 이루 다 기록할 수도 없었다.

우삼동이 24첩帖의 효자도孝子圖를 가지고 왔는데, 순舜임금으로부터 송宋나라 현인賢人에 이르기까지 각각 그 행한 사실을 그렸고 폭마다 시詩가 있었고, 비단 장정粧幀을 하여 칠궤漆几에 담았는데 그 제목의 글씨를 보니 신묘년에 왔던 종사관 이방언李邦彦의 필적이었다.(11월 4일)

뿐만 아니라 서문을 전해 받은 일본 문인들은 다시 답례로 잔치를 베풀고 시를 지어 왔다.

고고한 선비 남긴 시고가 있어서	高士有遺藁
편찬하여 책이 되었네	編來帙已成
문명은 북두성보다 높고	文光凌北斗
성가는 연성보다 더하네	聲價過連城
임금께서 보신 것을 함께 기뻐하고	共喜經天覽
예정에 감사함을 서로 만났네	相逢謝睿情
이 세상에 사와 부를 짓는 사람들이	乾坤詞賦客
누가 영광스러운 이름을 부러워하지 않으리	誰不羨榮名
누가 궁달을 알아 연유를 말할고	誰知窮達說來由
이 유고가 면류관을 대할 줄이야	是個遺編對冕旒
강호에 표박하던 날을 어찌 탓할 것인가	寧恨江湖漂泊日
대궐에 성명 떨치게 되어 기쁘도다	堪歡禁闕盛名秋

천 년의 영화로움은 장송과 다툴 것이요　　千年榮與長松競

한 글자의 가치가 쌍벽과 같다 하겠네　　一字價兼雙璧侔

성스러운 시대에 임금님의 인정을 다행히 받았으니 聖代幸逢天意渥

육십여 주에 꽃다운 이름 전하리라　　傳芳六十有餘州

이 시에 대하여 신유한은 일본인의 시는 가소로우나 즐겁게 송축하는 뜻이 지극하였다고 기술했다. 그리고는 퇴계집이 오사카에서 유행하고 있음을 예로 들면서 조선 유학에 대한 관심이 고조되어 있음을 은근히 뽐내기도 했다.

한편 우삼동이 가지고 온 24첩 효자도는 1711년 통신사행 때의 종사관 이방언의 필적이 적혀 있는 것으로 보아 당시 수행 화원이 일본 현지에서 그린 것이라 추정된다. 17, 18세기에 12회에 걸친 통신사행의 수행 화원들이 현지에서 그린 그림은 5천 점에 이른다고 한다. 통산 9개월간 통신사행 중에 화원들은 인물화의 경우 하루 3~4본씩 그렸다고 하며, 한 차례의 사행에서 최소 500여 점 이상 제작되었으리라 짐작된다. 방일 기간 중 현지에서 그린 즉석품 외에 조선에서 예물로 준비해 간 재거品賫去品과 대마도와의 교역으로 유통된 구무품求貿品이 당시 일본에서 유통되고 있었다. 현재에도 많은 서화가 일본에 전하며 이 가운데 수십 점이 UNESCO 세계기록유산으로 등록되었다.

통신사의 수행 화원 제도는 1590년에 만들어졌다고 하는데, 도화서圖畫署의 전현직 일급 화원으로 사행의 경력이 있는 화원 집안이거나 역관 가문과 관계가 있는 인물이 주로 수행 화원으로 선발되었다. 1643년 수행 화원이었던 김명국金明國이 일본 고관들의 서화 요청에 불응하고 멋대로 상인들에게 비싼 값으로 그림을 팔았던 것이 문제되어, 쓰시마번이 조직적으로 개입하여 조선의 서화를 중개하도록 하였다. 이때 쓰시마번에서는 중개 과정에서 알선 명목으로 뇌물을 받거나 서화의 값인 윤필료潤筆料 일부를 착복하는 폐단이 생기기도 하였다.

수행 화원들은 쓰시마의 부중만 아니라 이르는 곳마다 숙박지에서 해당 지역 번주를 위해 즉석품을 제작해야 했다. 또한 평균 스무 날 체류하는 에도에서는 쓰시마 태수와 관반이 주최하는 서화인 초청행사가 각각 두세 번 정도 이루어졌다. 이 중에서 화원이 가장 정성을 들여 그림을 제작할 때는 바로 막부의 쇼군이 참관하는 에도성에서의 시재였다. 서화 시재 행사는 마상재와 달리 별도로 이루어졌다.

현재 일본에 그림이 남아 있는 수행 화원들은 김명국, 김유성, 함세휘咸世輝, 최북崔北, 이성린李聖麟, 이의양李義養 등이다. 1719년 수행 화원은 함세휘였다. 현재 일본에는 당시 서기였던 장응두의 찬문撰文이 남아 있는 함세휘의 〈부사산도선면富士山圖扇面〉이 전하고 있다.

뿐만 아니라 통신사가 에도로 갈 때, 일본 문인과 나눈 시문 창수가 귀국길에 이미 출판이 되어 나왔다.

내가 묻기를, "신묘년에 사신이 왔을 때의 시문詩文도 또한 이미 출간되었는가?" 하니, 왜인이 말하기를, "그들의 시가 가장 많고 지금 여러 사람들에게 흩어져 있는데, 그것을 수습하여 책으로 만든 사람이 없습니다" 하였다. 담 장로가 대판에서 새로 출판된 『성사답향星槎答響』 두 권을 나에게 보였다. 이것은 나와 세 서기가 장로와 화답한 시편으로서, 이미 출판된 것은 적관赤關 이전의 작품이요, 그 나머지는 아직 출판이 끝나지 않았다 한다. 날짜를 계산해 보니 한 달 안에 출판된 것이다. 왜인이 일을 좋아하고 이름을 좋아하는 습성이 자못 중화中華와 다름이 없었다.

가히 '조선시대의 한류_{韓流}'라고 할 만하다.

대판에는 서적이 많은 것이 참으로 천하의 장관이다. 그런데 우리나라 여러 명현의 문집 중에서 왜인이 가장 숭상하는 것으로는 『퇴계집_{退溪集}』만 한 것이 없다. 그래서 곧 집집마다 외우고 강론하며, 모든 선비가 필담으로 물을 때면 반드시 『퇴계집』에 있는 말을 첫째로 삼았다. 도산서원이 어느 고을에 속하는 지 묻는 이가 있고, 또 선생의 후손이 지금 몇 사람이나 있으며, 무슨 벼슬을 하고 있는가를 묻기도 하였다. 또 선생이 생전에 무엇을 좋아했는지를 묻는 등 그 말이 매우 많아서 다 기록하지 못한다.

총 12회에 걸친 통신사행 중 한·일 문사의 교류가 가장 활발했던 때는 7차 1682년, 8차 1711년, 그리고 신유한이 활약했던 9차 1719년이었다. 신유한의 위의 기록은 바로 7차와 8차 통신사행에서 이루어진 시문창화의 자취를 묘사하고 있다. 1711년에는 아라이 하쿠세키가 등장하고 에도의 유명한 일곱 학자가 두 차례에 걸쳐 에도의 숙소로 찾아와 시문창화를 하고 그 자료를 모아 『칠가창화집_{七家唱和集}』으로 간행하였다. 신유한과 세 서기가 담 장로와 주고받은 시문 역시 놀랍게도 벌써 『성사답향』이라는 이름으로 출판되었던 것이다. 여기서 일본의 문인, 학자들이 통신사와 나눈 시문창화를 얼마나 중시하였는지 알 만하다. 현재 전해지는 필담창화집도 200여 종이 넘는다고 한다.

그러나 조선의 문집들이 오사카에서 출판되어 일본인들에게 흠모를 받는 것은 자랑스럽지만, 한편으로 조선의 국방이나 대일정책에 관한 비밀스런 내용들이 일본에 알려지는 것과 밀무역에 대하여 깊은 우려를 하고 있다.

가장 통탄스러운 것은 학봉鶴峯 김성일金誠一의 『해사록海槎錄』, 서애西厓 유성룡柳成龍의 『징비록懲毖錄』, 수은睡隱 강항姜沆의 『간양록看羊錄』 등의 책은 두 나라 사이의 비밀을 기록한 것이 많은데 지금 모두 대판에서 출판되어 있다. 이것은 적을 정탐한 것을 적에게 고하는 것과 무엇이 다르겠는가? 국가의 기강이 엄하지 못하여 역관들의 밀무역도 이와 같았으니 한심한 일이다.

11월 10일, 드디어 신유한 일행이 오사카를 떠나는 날이 되었다. 나니와難波에 있는 혼간지 숙소에서 술자리를 끝마치고 배에 올랐는데, 장군의 회답서를 실은 배가 먼저 떠나고, 세 사신 이하가 탄 배들이 각각 뒤를 따랐는데 그 위세가 에도에 갈 때와 같았다고 한다.

아침까지 단잠을 자다

강 양쪽의 경치는 전일과 같았으나 구경하는 남녀의 비단옷은 전날보다 더욱 눈이 부시도록 찬란하였다. 지나는 곳마다 사람들이 다 잘 가라고 말하였는데 그 말을 알아들을 수 있었다고 한다. 아마도 '사요나라!' '사요나라!'라고 외치고 있지 않았을까. 저녁 무렵 조선 배가 대기하고 있는 오사카만 하구에 이르렀을 때 바라보니 이제까지 동행했던 일본 관리들이 사신에게 멀리서 읍하고 돌아서는데, 이국에서 만난 인연이 한바탕 꿈만 같았다고 술회하고 있다.

여기서부터 우리 배에 옮겨 타니, 배 안의 사람이 모두 기쁜 빛이 가득하였다. 정사가 타루柁樓에 올라 장막을 치고 앉아서 웃으며 모든 사람에 이르기를, "돌아와 누선樓船에 누우니, 문득 집에 돌아온 것과 같으오" 하였다. 내가 말하기를, "인정이 어찌 그렇지 않겠습니까. 이 배와 서로 떨어진 지 통산 65

일만으로 여관旅館이며 수레·말·잠자리·음식이 하나도 우리나라에서 보던 바가 아니었습니다. 조정의 큰 덕에 힘입어 지금 다행히 춤추면서 배에 돌아와 일행 상하上下가 조선의 배를 만나니 문득 영가대永嘉臺의 면목이니, 이런 마음의 기쁨은 귀천貴賤과 현우賢愚의 구별이 없이 일반입니다" 하고, 진호震浩로 하여금 빨리 밥을 짓고 생선을 회치게 하여 배불리 먹었다. 밤에 배 안에서 잤는데 새벽까지 단잠을 잤다. 서남풍이 세게 불어서 배가 떠나지 못하였다.(11월 10일)

긴 여정 끝에 오사카만에서 조선 배를 타기만 해도, 집에 온 듯한 느낌이 들었나보다. 그리고 생선회를 쳐서 한잔 했던 모양인지, 아침까지 단잠을 잤다고 한다.

이별의 필담창화

『해유록』에 나오는 신유한의 귀국길은 에도에 갈 때보다는 여유가 있어 보인다. 시간적으로는 에도에 갈 때는 시모노세키에서 오사카까지 22일 걸렸지만, 귀국길은 28일이 걸렸다. 그러나 무사히 임무를 끝내고 돌아가는 길이어서인지 편안한 마음으로 돌아가는 길이다보니 사행록의 일기는 내용이 짧고, 단순했다. 귀로의 일본 측의 접대는 여전히 융숭했다.

감귤이 가는 곳마다 무르익어서 향기와 색깔이 매우 아름다웠다. 밀감은 철이 늦었으므로 조금 드물었는데 구년모九年母라고 부르는 큰 밀감이 가장 기이하여 껍질째 씹어도 신선함과 향기가 이 사이에 꽉 찼다. 매일 공급하는 것 외에도 왜인은 내가 대단히 즐기는 줄 알고 간간이 광주리를 들고 와서 선물하였다.

대개 강호江戸로부터 돌아가는 길에 오른 이후에 수륙 모든 주州에서 음식을 제공함이 갈 때보다 더욱 풍성하였다. 도포鞱浦에서는 세 사신 일행에게 올리는 별찬別饌에 생꿩이 도합 3백여 마리나 되었다. 괴이하여 가만히 알아보았더니, 왜인이 말하기를, "전에는 통신사에게 제공하는 것이 돌아올 때가 갈때보다 못하였으므로 이번에는 관백이 그것을 염려하여 사자使者를 보내어 가만히 염탐하고 있기에, 중로에서 말을 바꾸어 타는 등의 일도 또한 전일처럼 폐단이 없었고, 각 참站에서 제공하는 자들이 반드시 서로 잘하여 이름을 내려 하는 것이다"하였다.(11월 18일)

막부에서 쇼군의 명령으로 돌아가는 길에도 더욱 성대하게 하라는 특별 지시가 있었던 모양이다. 이것으로 보아도 조선통신사에 대한 막부의 대접이 어땠는가를 짐작할 수 있다.

물론 귀국길에도 일본 문인과의 시문창화는 계속되었다.

12월 8일, 시모노세키를 출발한 신유한 일행은 아이노시마, 이키를 거쳐, 12월 20일, 드디어 쓰시마에 이르렀다. 쓰시마에서는 에도에 갈 때 묵었던 세이잔지西山寺에 여장을 풀었다. 모든 일행이 기뻐했는데 점점 우리나라에 가까워 오기 때문이라고 했다.

쓰시마에서는 조선통신사의 마지막 공식행사인 상선연上船宴을 베풀고 이제 사신이 귀국한다는 보고를 하는 선래선先來船을 부산에 보냈다. 아울러 청도군이 지나갈 때에 집에 부치는 편지를 관원에게 주어서 집에 전달해 달라고 부탁도 했다. 청도군의 편에 편지를 부치면서 신유한은 집에 계신 노모를 생각하면서 아마 열흘 이내에 어머니가 아들 소식을 접할 것이라는 기대를 하였다.

송별연이 끝난 다음날, 대마도 측에서는 삼사 일행에게 이테이안以酊

堂에 모여주기를 청해왔다. 신유
한을 비롯해 삼사 일행이 가보
니, 그동안 에도까지 조선통신사
를 안내하며 여행을 같이 했던
아메노모리 호슈를 비롯한 일본
인들이 모여 있었다.

아메노모리 호슈에게 준 복건 호슈기념관 소장.

우삼동이 이미 먼저 당堂에 있
었다. 들어가 장로와 차례로 읍하
고 앉았는데, 담화는 모두 한 번
이별하면 다시 볼 수 없다는 말로
써 피차간에 정이 서로 떨어질 수
없을 정도였다. 나는 그의 화상畫
像에 대한 찬사贊詞를 지어 화상의
폭幅 안에 손으로 쓰고, 아울러 추
황사秋篁詞를 기록하여 전일의 간청
에 답하여 주었다. 또 홍록전紅綠箋·부용향芙蓉香·밀과蜜果 등의 물품을 장로에게
주고 또 복건幅巾 한 벌을 우삼동에게 주니, 동이 감사하기를, "호저縞紵의 선물
은 옛 현인이 귀중히 여기는 바이니, 삼가 귀중히 간직하여 다른 날에 안면을
대한 듯이 하겠습니다" 하였다.

아메노모리 호슈가 신유한으로부터 호저의 선물로 받은 복건은 지금
도 시가의 아메노모리 호슈 기념관에 소장품으로 전시되고 있어 두 사람
의 우정을 엿볼 수 있다.

흑사탕 한 바구니

아메노모리 호슈는 다음날 답례로 옻칠한 상자에 책을 넣어 보내면서, 특별히 흑사탕 한 바구니를 선물로 보내왔다.

다음날, 장로가 선의와 주경을 보내어 대신 회사回謝하면서 칠한 상자와 그림 보에 싼 간본刊本인 책 몇 부를 보내왔다. 그리고 특별히 구비이求肥飴 한 바구니를 보내면서 말하기를, "공公이 모친을 생각한다는 말을 듣고 이것으로 감지甘旨를 도와 드립니다" 하였다. 구비이求肥飴는 모양이 흑당黑糖과 같은데, 연하고 달고 깊은 맛이 있어 노인이 드시기에는 적당한 것이었다. 내가 다시 편지를 써서 감사의 뜻을 표시하니, 여러 중이 또한 각각 눈물을 닦으며 갔다.(12월 26일)

신유한에게 노모가 계시다는 것을 들은 아메노모리 호슈는 노모에게 갖다 드리라고 흑사탕을 한바구니 보내왔고, 아마도 신유한은 이것을 소중히 간직하고 고향으로 돌아가 어머니와 가족들과 함께 일본 흑사탕의 맛에 흠뻑 빠져들었을 것이다. 지금도 그렇지만 일본에는 단 음식이 많았는데, 통신사 기록을 보면 사행원들은 일본의 센베이, 양갱, 카스텔라, 아루헤이사탕 등 단 음식을 좋아했다고 한다.

한편 쓰시마의 짧은 일정에서도 신유한은 여전히 시문 짓기에 바빴다.

시와 문을 청하는 왜인들이 갈수록 그치지 아니하여, 혹은 수천 리 밖에서 대마도에 있는 여러 사람에게 간접으로 부탁하므로 우삼동도 또한 소개하기에 피로하였다. 매일 청하는 편지가 있어서 나는 부득이 수응酬應할 수밖에 없었다. 날마다 벼루와 먹 사이에다 머리를 구부리고 있으면서 신 것 매운 것을 참고 삼키는 것이 마치 연자매를 돌리는 당나귀(唐驢)처럼 밟던 발자국을 그대로 밟는 것과 같았으니, 가소로웠다.

사행 일정이 얼마 남지 않아서인지, 쓰시마 사람뿐만 아니라 본토에서까지 중간에 사람을 넣어 시문을 부탁해왔던 것이다.

쓰시마에서 귀국 하루 전날, 또 사고가 발생했다. 지난번 에도에서 국서전명식을 끝내고 쇼군의 회답서를 기다리던 중에 밀무역 사건이 있었는데, 당시 밀무역 범인이었던 역관 권홍식이 독약을 먹고 자살했다. 에도에서 밀무역이 발각되었을 당시, 처벌을 유보시켰었는데, 그는 귀국 후의 처벌이 두려워 자살을 한 것이다. 신유한은 죄는 비록 용서하기는 어렵지만 매우 불쌍히 여겼고, 종사관이 검시를 한 후에 여러 역관들로 하여금 초상을 치르게 하였다. 그리고 사신이 내일 출발한다고 모두에게 알렸다.

아듀, 쓰시마 그리고 부산

드디어 쓰시마 이즈하라를 출발하는 날이 왔다. 아메노모리 호슈가 선창가에 와서 이별인사를 거듭했다. 신유한이 이별의 시를 읊었다.

오늘밤 정이 있어 나를 전송하는데   今夕有情來送我
이승에서는 다시 그대를 만날 길이 없구나   此生無計更逢君

이에 대해 아메노모리 호슈는 이별의 슬픔을 달래지 못하며 눈물을 흘렸다고 한다.

"나는 지금 늙었습니다. 감히 다시 세간의 일에 참여할 수 없고, 아침이나 저녁에 마땅히 섬 가운데에서 귀신이 될 것입니다. 바랄 것이 무엇이겠습니까. 다만 원하건대, 여러분은 본국에 돌아가 조정에 등용되어 영화로운 이름 떨치기 바랍니다" 하며, 말을 마치자 눈물이 얼굴에 흘러 내렸다.

그러자 신유한은,

"평소 그대는 철석간장鐵石肝腸인 줄 알았는데 지금 어찌 아녀兒女의 태도를 보이시오" 하였다. 우삼동이 말하기를, "신묘년에 왔던 여러분과도 서로 깊이 정들기가 오늘과 같았으나 이별할 때에 이런 눈물이 없었는데 10년 사이에 정신과 귀밑털이 이미 쇠해졌나 봅니다. 이른바 노경에 정이 약하다는 말이 이런 것을 두고 한 말인가 봅니다."

하였다.
이에 대해 신유한은 아메노모리 호슈에 대해

내가 그 형상을 보니, 험하고 독하여 평탄하지 못하였고, 겉으로는 문장을 한다고 핑계하면서도 마음속에는 창과 칼을 품었다. 만약 그로 하여금 국가의 높은 지위에서 권력을 잡게 하였더라면 반드시 이웃 나라에 일을 내는 지경에 이르렀을 것인데도 국법에 국한되어 작은 섬의 한 개의 기실記室에 불과하여 그 땅에 살다가 늙어 죽게 되는 것을 부끄러이 여기는 것이니, 이별하는 자리의 눈물은 곧 자신을 슬퍼한 것이었다.

라고 하였다. 그동안 서로 속내를 감추어 왔지만 이별의 순간 인간 본연의 모습으로 돌아가는 상황을 묘사했다. 그동안 쓰시마에서 에도에 왕복하기까지 6개월 이상을 함께 여행하면서 여러 가지 일이 있었지만, 한 번도 서로 속내를 보이지 않았는데 긴 여행 기간 동안 알게 모르게 정이 들었던 모양이다.

대학생 신조선통신사를 쓰시마에서 에도까지 안내해 주었던 주일 한국대사관 김문주 서기관도 3년간의 일본 파견생활을 다음 달에 마치고 귀국한다고 한다. 신유한과 아메노모리 호슈의 이야기를 들려주니 자기도 같은 심정이라고 한다. 18세기 조·일관계의 한 단면이지만 21세기 한일관계에도 투영되는 모습이다.

신유한 일행은 쓰시마의 이즈하라를 떠났지만 부산까지 오기 위해서는 다시 쓰시마의 동북 해안 지역을 지나 처음 일본 땅을 밟았던 히다가츠比田勝 옆의 사스나 항까지 항해를 계속해야 했다. 12월 29일 이즈하라를 떠났는데 다음날은 그믐날이었고, 이어 새해 첫날이 왔다. 물론 당시는 음력으로 따졌으니, 새해 정월 초하루가 된 셈이다.

신유한도 바다 위에서 나이를 더하며 귀밑털이 희어졌다고 했다. 그리고는 쌀을 갈고 고기를 다져서 떡국을 만들게 하여, 고향의 설음식이라고 이르고는 세배하는 의식을 치루고는 한바탕 즐겼다고 했다.

1월 2일에는 니시도마리西泊浦에 이르렀다. 여기서부터 와니우라를 거쳐 사스나를 가면 부산으로 갈 수 있다. 그러나 바다를 건너야하기 때문에 순풍을 기다리며 며칠을 보내지 않을 수 없었다. 그래서 조급한 마음에 산 위에 올라 부산을 바라보면서 날개가 없는 것이 한이라고 적고 있다.

날이 밝자, 배가 출발하여 신시申時에 서박포西泊浦에 이르렀다. 여기서부터 풍기豊崎·악포鰐浦를 지나 70여 리에 좌수포佐須浦에 닿은 후에는 부산으로 향할 수 있는데, 서북풍이 심히 맹렬하고, 앞에 있는 여울이 또 험하여 전진할 수 없었다. 고국이 비록 가까우나 하늘이 풍편을 주지 아니하니 마음이 답답하였다. 드디어 서박포에 머문 지 여러 날 만에 부악산富岳山에 올라 고향을 바라보고자 했다. 나는 여러 요속僚屬과 함께 배에서 내려 산에 올라 서복사西福寺를 경유하여 벼랑을 타고 올라서 가장 높은 마루턱에 이르니, 과연 부산 절영도 등지가 엷은 안개 속에서 달을 보는 것같이 희미하게 보였고, 높고 움푹한 봉우리와 골짜기를 구분할 수 있었다. 사람마다 기뻐 날뛰었고 날 수 있는 날개가 없는 것이 한이었다.(1월 2일)

드디어 바다를 건너는 날이 왔다.

맑음. 동풍이 잠시 불었다. 날이 밝아 돛을 걸고 좌수포로 향하려는데 이날은 곧 나의 선조 기일이어서 밤새도록 애도하였다. 악포 앞바다에 이르러 바라보니, 우리나라의 산들이 아득히 소라의 머리처럼 점점히 보였다. 조금 있다가 각 배에 탄 상하上下의 사람들이 모두 말하기를 "동풍이 점점 세어 하늘이 이와 같이 편리하게 해주니, 바로 건널 수 있다" 하였다. 말이 떨어지자, 메아리가 울렸다. 종사관이 말을 전하기를 "오늘 돛을 들어 바로 건너면 부산에 당도할 수 있다" 하였다.(1월 6일)

드디어 사스나를 출항하였고, 바람이 맹렬하여 반나절이 못되어 수백 리를 나는 듯이 왔다. 그러나 오후부터 부슬부슬 비가 내리더니 문득 역풍이 불어 모두 표류하지 않을까 걱정을 하였으나, 선장과 사공들이 설령 표류를 하더라도 웅천이나 거제를 지나지 않을 것이라고 안심을 시키며 노젓기를 재촉했다.

멀리 절영도가 보이는데 이미 해는 떨어져 캄캄해졌는데, 한 척의 배가 파도 위에서 불을 들었다. 불빛이 비치는 곳을 보니, 우리나라 사령이었는데, 바람결에 '개운포 만호의 초탐선이오'라는 외침이 들려왔다.

각 배의 모든 사람이 기뻐서 미친 듯이 뛰었고, 이어서 부산 첨사, 각 진영의 장수와 함께 배를 타고 와서 영접하였다. 삼사선이 차례로 영가대 아래로 와서 배를 대고, 숙소에 들어가자 닭이 울었다.

복명, 원컨대 국가에서 일본과의 화친을 잃지 마소서

이어 통신사 일행은 전례에 따라 세 길로 나누어 공문을 띄워서 충주에 모일 것을 기약하고 부산을 출발했다. 그러나 신유한은 먼저 고령의 고향으로 가서 모친을 뵙고 오도록 배려를 받았다. 신유한은 그때의 심정을 다음과 같이 기록했다.

창녕昌寧에서 조반을 먹고 저녁에 현풍玄風에 당도하니, 아우 유정維禎 및 성동聖東·백심伯深 등이 어제서야 비로소 먼저 온 인편에 내가 부친 편지를 받아 보고 여기까지 마중 나와 있었다. 이어 이들과 함께 저물녘에 출발하여 초저녁에 집에 이르니, 천행天幸으로 잘 다녀온 것을 감축感祝하였다. 만나러 온 원근의 친지親知들은 마치 다른 세상에 갔다 온 사람의 안면을 만난 것 같았다.(1월 11일)

오랜만에 만난 일가친척들이 이구동성으로 다른 세상에 갔다 온 사람을 대하듯 했다는 말이 빈말은 아니었을 것이다.

부산에 도착한 지 18일만인 1월 24일에 한양에 도착하였다.

아침에 한강을 건너니, 태상시의 하인 몇 사람이 미리 와서 기다리고 있었다. 세 사신의 행차가 일제히 성 남쪽의 관왕묘에 도착하여 홍단령으로 고쳐입고 차례로 말을 타고 서울에 들어가서 복명復命하였다.(1월 24일)

드디어 한강을 건너 창덕궁에서 국왕의 어명을 받고 남대문을 나서 남관왕묘에서 옷을 갈아입고 출발했던 것처럼, 남관왕묘에서 관복으로 갈아입고 다시 궁궐로 들어가 국왕에게 복명을 하였다.

참으로 멀고 먼 통신사의 여정이었다. 지난해 4월 11일, 한양을 출발한지 9개월 13일만이다. 한양에서 출발하여 부산까지 육로로, 그리고 부산에서 배를 타고 쓰시마를 거쳐, 이키, 아이노시마, 아카마세키에 일본 본토에 상륙하여, 다시 세토내해의 긴 항해를 거듭한 끝에 오사카에 상륙했다. 오사카에서는 다시 육로로 교토, 비와코, 나고야, 시즈오카, 하코네 고개를 넘어 에도까지 걸었다. 에도에서 국서전명식을 하고는 쇼군의 답서를 받아 다시 갔던 길을 되돌아 한양까지 돌아오는 무려 4,500km의 긴 여정이었다.

임진왜란 이후 조선후기 260여 년간 총 12회에 걸쳐 이 길을 다녀 온 조선통신사는 이 길 위에서 무엇을 보고, 느끼고, 생각했을까.

우리가 답사했던 조선통신사의 길에는 한일관계의 유적과 유물, 기록이 남아 있었다. 그 많은 유적과 유물, 그리고 기록은 우리에게 어떤 한일관계의 역사를 증언하고 있는 것일까?. 우리가 지나온 조선통신사의 사행로는 각 지역이 하나의 점이었다. 점과 점을 연결하니 선이 되었고, 그 선으로 한일관계의 면에 우리가 보고 느끼고 생각한 것을 그림으로 그려보자.

조선통신사를 통해 이루어지는 국서전명식은, 조선국왕과 일본쇼군이 서로 대면하지는 않더라도, 서로를 대등한 외교상대로 여겨 직접 국서를 교환함으로써 소통하는 외교 시스템이었다. 따라서 한마디로 '통신사 외교'를 의사전달과 소통이라는 측면에서 본다면 매우 효율성 높은 직접 소통의 루트였다고 말할 수 있다.

그 결과 조선통신사는 왜구에 의한 약탈掠奪의 시대를 공존共存의 시대로 만들어 갔고, 임진왜란이라는 전쟁戰爭의 시대를 평화平和의 시대로 바꾸어 갔다.

지금부터 300년 전 신유한은 왜 일본에 갔을까? 그리고 나는 21세기에 왜 다시 이 길을 가고 있을까? 나는 조선통신사의 길에 남겨진 'UNESCO 세계기록유산'을 보면서 조선과 일본의 '소통과 교류'를 보았다. 그리고 외교는 '명분과 실리의 추구'라는 것도 확인했다. 일본은 정말 가깝고도 먼 나라다.

문득 신숙주의 유언이 생각난다. "전하! 원컨대 국가에서 일본과의 화친을 잃지 마소서." 이 마지막 말이 아직도 유효하다는 걸 실감하면서 21세기 조선통신사의 길 위에서 한일관계의 미래를 읽어 본다.

 제3부

부 록

[부록 1] 1719년 제술관 신유한의 일정표

1719. 4. 11 삼사 임명장 (창덕궁)
    21 고령 집에 들러 열흘간 행장 준비
  5. 7 하직 인사
    13 부산 도착 18 배 시험운항
  6. 6 영가대 해신제 지냄
    20 새벽 출발, 저녁 무렵 쓰시마 사스나 도착
    23 와니우라 1703년 역관사 조난
    27 이즈하라 서산사 숙박
    28 아메노모리 호슈(雨森芳洲) 만남
    30 태수 초청, 전례 분쟁
  7. 19 이키 도착(松浦毅와 新井白石에 대해 문답)
  8. 1 아이노시마
    18 아카마세키 겐페이(源平)해전
    27 시모카마가리 – 하야시라잔 제자와 시문답
    28 토모노우라 – 대조루
  9. 1 우시마도
     2 무로쓰
     4 오사카 가와구치에서 누선을 갈아탐
    10 오사카 출발, 109명 잔류
    11 후시미성(伏見城)
    12 교토 천황 소개
    14 비와코, 조선인가도
    22 시즈오카 호타이지, 세켄지
    24 하코네 세키쇼
    27 에도 입성
 10. 1 국서전명식 7 밀무역 사건
    11 쇼군 회답서 받음
    15 에도 출발
 11. 1 쿄토 대불사 연회 참석
 11. 4 오사카 시문답
 12. 8 아카마세키
 12. 20 쓰시마 이즈하라
 12. 28 역관 권홍식 자살
1720. 1. 6 부산 영가대에 돌아옴
  1. 24 한양에서 복명함

[부록 2] 대학생 신 조선통신사 일정표(9박 10일)

1일차
09:00 부산여객선터미널 출항(선편)
10:10 쓰시마 히타카츠항 도착
11:20 한국전망대, 역관사 조난비 답사
12:50 엔츠지(円通寺) 답사
13:50 미네마치(根町)향토관 답사
15:40 오후나에(お船江) 답사
16:20 슈젠지(修善寺) 답사
18:30 숙소 도착

2일차
09:00 쓰시마 역사민속자료관 관람
10:00 반쇼인(万松院) 답사
11:00 세이잔지(西山寺) 답사
13:00 이키 경유 하카타(博多) 이동
16:00 후쿠오카(福岡) 시립박물관 견학
18:30 숙소 도착

3일차
08:00 숙소 출발
09:20 조선통신사 상륙비, 아카마신궁,
        청일강화기념관 답사
        히로시마로 이동(3시간 소요)
14:00 히로시마평화공원 한국인위령비
        헌화, 자료관 견학
        구레(吳) 이동(1시간 소요)
16:10 시모카마가리(下浦刈)
        고치소이치반칸(御馳走一番館) 답사
19:00 숙소 도착

4일차
07:40 숙소 출발
09:40 토모노우라 후쿠젠지 답사
11:17 후쿠야마(福山) 신간센 탑승
12:24 신오사카(新大阪) 도착
13:00 오사카 민단 자료실 견학
        자유시간 (도돈보리, 신사이바시 시내)
19:00 숙소 도착

5일차

09:00 숙소 출발
09:30 치쿠린지(竹林寺) 답사,
       교토 이동(1시간 10분 소요)
11:00 다이부츠지(大佛寺), 도요쿠니
       (豊國)신사, 미미즈카(耳塚) 답사
14:10 도시샤(同志社)대학 윤동주,
       정지용 시비 헌화
15:00 쇼코쿠지 지쇼인(相國寺 慈照院) 견학
       오사카 이동(1시간 30분 소요)
18:30 숙소 도착

6일차

08:30 숙소 출발
       오사카성 답사
11:10 오사카역사박물관 견학
       오미하치만 이동(1시간 40분 소요)
14:10 조선인가도, 향토사료관,
       오미하치만 수로 답사
       히코네(彦根) 이동(50분 소요)
16:00 소안지(宗安寺) 답사
18:00 숙소 도착

7일차

08:30 숙소 출발
       다카츠키(高月) 이동(50분 소요)
09:30 아메노모리 호슈 기념관 견학,
       오가키(大垣) 이동(1시간 소요)
11:00 오가키 시립향토관 견학
13:00 시즈오카(靜岡) 이동(3시간 소요)
16:00 한일청소년 교류회
18:30 숙소 도착

8일차

08:40 숙소 출발
       호타이지(宝泰寺) 답사
10:00 순푸성(駿府城) 답사
13:00 세이켄지(清見寺) 답사
       하코네(箱根) 이동(1시간 20분 소요)
15:20 하코네 세키쇼(箱根關所) 답사
       도쿄 이동(1시간 20분)

17:00 신쥬쿠 자유시간
20:00 숙소 도착

9일차
09:00 숙소 출발
       한국문화원 견학(특강)
11:00 에도박물관 견학
13:30 에도성 답사
14:50 한국민단 방문(재일한인자료관 견학)
17:00 한국대사관 방문(자료관 견학, 답사 발표회)
20:00 숙소 도착

10일차
09:00 숙소 출발
09:30 아사쿠사(淺草) 답사
10:30 나리타공항 이동
13:55 귀국(항공편)

[부록 3] 현존하는 조선통신사 사행록

연대	집필자	사행록 명칭	소장처	순번
1420(세종2)	회례사 송희경	노송당일본행록	해행총재	1
1443(세종25)	서장관 신숙주	해동제국기	해행총재	2
1590(선조23)	부사 김성일	해사록	해행총재	3
1596(선조29)	정사 황신	일본왕환일기	해행총재	4
1607(선조40)	부사 경섬	해사록	해행총재	5
1617(광해군9)	정사 오윤겸	동사상일록	해행총재	6
	종사관 이경직	부상록	해행총재	7
	부사 박재	동사일기	서울대 중앙도서관	8
1624(인조2)	부사 강홍중	동사록	해행총재	9
1636(인조14)	정사 임광	병자일본일기	해행총재	10
	부사 김세렴	해사록	해행총재	11
	종사관 황호	동사록	해행총재	12
1643(인조21)	부사 조경	동사록	해행총재	13
	종사관 신유	해사록	해행총재	14
	작자미상	계미동사일기	해행총재	15
1655(효종6)	정사 조형	부상일기	미국허버드대학 연경학사	16
	종사관 남용익	부상록	해행총재	17
	군관 이동로	일본기행	일본 天理大學 도서관	18
1682(숙종8)	역관 김지남	동사일록	해행총재	19
	역관 홍우재	동사록	해행총재	20
1711(숙종37)	부사 임수간	동사록	서울대 규장각	21
	역관 김현문	동사록	일본 京都大學 河合文庫	22
1719(숙종45)	정사 홍치중	해사일록	일본 京都大學 河合文庫	23
	제술관 신유한	해유록	해행총재	24
	군관 정후교	부상기행	일본 京都大學 河合文庫	25
	군관 김흡	부상록	국립중앙도서관	26
1747(영조23)	종사관 조명채	봉사일본시견문록	서울대 규장각	27
	군관 홍경해	수사일록	서울대 중앙도서관	28
	작자미상	일본일기	일본 京都大學 도서관	29
	작자미상	일관요고	국립중앙도서관	30
1763(영조39)	정사 조엄	해사일기	해행총재	31
	역관 오대령	계미사행일기	국립중앙도서관	32
	작자미상	계미수사록	국립중앙도서관	33
	제술관 남옥	일관기	국사편찬위원회	34
	정사서기 성대중	일본록	고려대학교 도서관	35
	군관 민혜수	사록	고려대학교 육당문고	36
	부사서기 원중거	화국지	일본 お茶の水圖書館	37
	부사서기 원중거	승사록	고려대학교 육당문고	38
	종사관서기 김인겸	일동장유가	서울대 중앙도서관	39
	역관 이언진	송목관노여고	일본 大阪中之島圖書館	40
1811(순조11)	정사 김이교	신미통신일록	통문관 영인본	41
	군관 유상필	동사록	고려대학교 아세아문제연구소	42
	정사서기 김선신	도유록	국립중앙도서관	43

[부록 4] 조선통신사 UNESCO 세계기록유산 등재 목록

1. 한국 측 등재 목록 (총 63건 124점)

I. 외교기록 (2건 32점)

번호	명칭	사행년	제작자	제작연대	수량	소장	비고
1	통신사등록 (通信使謄錄)		예조	1641–1811	14	서울대학교 규장각	
2	변례집요 (變例輯要)		예조 전객사	1841년 이후	18	서울대학교 규장각	

II. 여정의 기록 (38건 67점)

번호	명칭	사행년	제작자	제작 연대	수량	소장	비고
1	해사록 (海槎錄)	1607	경섬	1607	1	국립중앙도서관	
2	동사상일기 (東槎上日記)	1617	오윤겸	1617	1	국립중앙도서관	
3	부상록 (扶桑錄)	1617	이경직	1617	1	국립중앙도서관	
4	동사일기 (東槎日記)	1617	박재	1617	1	서울대학교 규장각	
5	동사록 (東槎錄)	1624	강홍중	1624	1	국립중앙도서관	
6	병자일본일기 (丙子日本日記)	1636	임광	1636	1	국립중앙도서관	
7	해사록 (海槎錄)	1636	김세렴	1636	2	국립중앙도서관	
8	사상록 (槎上錄)	1636	김세렴	1636	1	국립중앙도서관	
9	동사록 (東槎錄)	1636	황호	1636	1	국립중앙도서관	
10	동사록(東槎錄) 해사록(海槎錄,上)	1643	조경 신유	1643	1	국립중앙도서관	
11	해사록(海槎錄,下) 계미동사일기 (癸未東槎日記)	1643	신유 작자미상	1643	1	국립중앙도서관	
12	부상록 (扶桑錄)	1655	남용익	1655	2	국립중앙도서관	
13	견문별록 (見聞別錄)	1655	남용익	1655	1	국립중앙도서관	
14	동사록 (東槎錄)	1682	홍우재	1682	1	국립중앙도서관	
15	동사일록 (東槎日錄)	1682	김지남	1682	1	국립중앙도서관	

번호	명칭	사행년	제작자	제작연대	수량	소장	비고
16	해유록 (海遊錄)	1719-20	신유한	1719	1	국립중앙도서관	
17	부상록 (扶桑錄)	1747-48	김 흡	1719	2	국립중앙도서관	
18	수사일록 (隨槎日錄)	1747-48	홍경해	1747	2	서울대학교 규장각	
19	일본시문견록 (日本時聞見錄)	1747-48	조명채	1748	2	서울대학교 규장각	
20	해사일기 (海槎日記)	1763-64	조엄	1763	5	국립중앙도서관	
21	일관기 (日觀記)	1763-64	남옥	1763	4	국사편찬위원회	
22	일관창주 (日觀唱酬)	1763-64	남옥	1763	2	국립중앙도서관	
23	일관시초 (日觀詩草)	1763-64	남옥	1763	2	국립중앙도서관	
24	일본록 (日本錄)	1763-64	성대중	1763	2	고려대학교도서관	
25	승사록 (乘槎錄)	1763-64	원중거	1763	5	고려대학교도서관	
26	사록 (槎錄)	1763-64	민혜수	1763	1	고려대학교 도서관	
27	명사록 (溟槎錄)	1763-64	오대령	1763	1	국립중앙도서관	
28	수사록 (隋槎錄)	1763-64	변탁	1763	1	국립중앙도서관	
29	일동장유가 (日東壯遊歌)	1763-64	김인겸	1763	4	서울대학교 규장각	
30	신미통신일록 (辛未通信日錄)	1811	김이교	1811	3	충청남도 역사박물관	
31	도유록 (島遊錄)	1811	김선신	1811	1	국립중앙도서관	
32	동사록 (東槎錄)	1811	유상필	1811	1	고려대학교 도서관	
33	인조2년 통신사행렬도	1624	작자미상	1624	1	국립중앙도서관	
34	인조14년 통신사입강호성도 (通信使入江戸城圖)	1636	작자미상	1636	1	국립중앙박물관	
35	숙종37년 통신사행렬도	1711	俵喜左衛門	1711	4	국사편찬위원회	
36	사로승구도 (槎路勝區圖)	1748	이성린	1748	1	국립중앙박물관	
37	왜관도 (倭館圖)	1783	변박	1783	1	국립중앙박물관	
38	국서누선도 (國書樓船圖)	미상	작자미상	미상	1	국립중앙박물관	

III. 문화교류의 기록(23건 25점)

번호	명칭	사행년	제작자	제작연대	수량	소장	비고
1	김세렴등필적(시) (金世濂等筆跡(詩))	1636	김세렴등	1636	1	국사편찬위원회	
2	유창필적(시) (俞瑒筆跡(詩))	1655	유창	1655	1	국사편찬위원회	
3	이명언필적(시) (李明彦筆跡(시))	1719–20	이명언	1719	1	국사편찬위원회	
4	조선통신사시고 (朝鮮通信使詩稿)	1811	성종정	1811	1	국립해양박물관	
5	김의신서첩 (金義信書帖)	1655	김의신	17세기	1	부산박물관	
6	태동익필행서 (泰東益筆行書)	1811	태동익	19세기	1	부산박물관	
7	달마절노도강도 (達磨折蘆渡江圖)	1636	김명국	1640년대	1	국립중앙박물관	
8	흑매도 (黑梅圖)	1763–64	변박	1764	1	부산박물관	
9	석란도 (石蘭圖)	1763–64	김유성	1764	1	부산박물관	
10	응도 (鷹圖)	1811	이의양	1811	1	부산박물관	
11	산수도 (山水圖)	1811	이의양	1811	1	부산박물관	
12	산수도 (山水圖)	1811	이의양	1811	1	부산박물관	
13	산수도 (山水圖)	1811	송암	1811	1	부산박물관	
14	화조도 (花鳥圖)	1811	이의양	1811	1	국립해양박물관	
15	화조도 (花鳥圖)	1811	괴원	1811	1	부산박물관	
16	조선통신사봉별시고 (朝鮮通信使奉別詩稿)	1811	松崎慊堂 等	1811	1	국립해양박물관	
17	조태억상 (趙泰億像)	1711	狩野常信	1711	1	국립중앙박물관	
18	부용안도병풍 1쌍 (芙蓉雁圖屏風 1雙)	1747–48	狩野宴信	1748	2	국립고궁박물관	
19	원씨물어단선병풍 (源氏物語團扇屏風)	18세기	長谷川光信	18세기	1	국립고궁박물관	
20	목단도병풍 (牧丹圖屏風)	1811	狩野瑉師信	1762	1	국립고궁박물관	
21	의헌·성몽양필행서 (義軒·成夢良筆行書)	1719–20	의헌 성몽양	18세기	1	부산박물관	
22	조선통신사 수창시 (朝鮮通信使 酬唱詩)	1682	山田復軒 等	1683	1	국립해양박물관	
23	동사창수집 (東槎唱酬集)	1763	성대중 등	1764	2	국립중앙박물관	

2. 일본 측 등재 목록(총 48건 209점)

I. 외교기록(3건 19점)

번호	명칭	사행년	제작자	제작연대	수량	소장	비고
1	朝鮮國書	1607 1617	대마번작성	1607 1617	3	京都大學綜合博物館	중요문화재
2	正德元年朝鮮通信使 進物目錄 毛利吉元宛	1711	통신사	1711	1	山口縣立山口博物館	중요문화재
3	朝鮮國書	1617–1811	대마번작성, 조선왕조	1617–1811	15	東京國立博物館	중요문화재

II. 여정의 기록(27건 69점)

번호	명칭	사행년	제작자	제작연대	수량	소장	비고
1	朝鮮信使御記錄	1711	長州藩	1711–12	13	山口縣文書館	
2	福岡藩朝鮮通信使記錄(朝鮮人來聘記 外)	1763–64	福岡藩	1763–64	15	福岡縣立図書館	
3	甲申韓人來聘記事	1763–64	尾張藩 松平君山	1764	1	名古屋市蓬左文庫	
4	小倉藩朝鮮通信使對馬易地聘禮記錄	1811	小倉藩	1811	6	福岡縣立育成館高校	福岡縣指定文化財
5	朝鮮通信使迎接所絵図(土肥家文書)			18세기	1	土肥純子(개인)	壹岐市 지정문화재
6	江洲蒲生郡八幡町惣絵図			1700년경	1	近江八幡市図書館	近江八幡市 지정문화재
7	正德度朝鮮通信使行列図卷	1711	對馬藩 俵喜左衛門外	1711	3	大阪歷史博物館	
8	朝鮮信使參着歸路行列図	1711	對馬藩 俵喜左衛門外	1711	4	고려미술관	
9	宗對馬守護行歸路行列図	1711	對馬藩 俵喜左衛門外	1711	4	고려미술관	
10	延亨五年朝鮮通信使登城行列図	1747–48	郡司某	1748	1	下關市立長府博物館	
11	朝鮮國信使絵圈(上下卷)		對馬藩	寬永–宝曆度	2	對馬歷史民俗資料館	長崎縣 지정문화재
12	朝鮮國信使絵圈(文化度)		對馬藩	19세기	1	對馬歷史民俗資料館	長崎縣 지정문화재
13	天和度朝鮮通信使登城行列図屛風	1682		17세기	1	大阪歷史博物館	

번호	명칭	사행년	제작자	제작연대	수량	소장	비고
14	朝鮮人來朝覺備前御馳走船行列図	1748		1748	1	吳市 松濤園管理	吳市 지정문화재
15	朝鮮通信使船團上關來港図	1763~64		18세기	1	超專寺	上關町 지정문화재
16	正德度朝鮮通信使國書先導船図屛風	1711		1711년경	1	大阪歷史博物館	
17	正德度朝鮮通信使 上上官第三船図·同供船図	1711		1712	2	大阪歷史博物館	
18	朝鮮通信使御樓船図屛風			18세기		大阪歷史博物館	
19	朝鮮人物旗杖轎輿之図	1811	猪飼正轂	19세기	1	名古屋蓬左文庫	
20	七五三盛付繰出順之絵図		對馬藩	18세기	1	對馬歷史民俗資料館	
21	朝鮮人御響應七五三膳部図	1811	猪飼正轂	19세기	1	名古屋蓬左文庫	
22	馬上才図卷		廣渡雪之進	18세기	1	對馬歷史民俗資料館(松原一征寄託)	對馬市 지정문화재
23	馬上才図		二代目鳥居淸信	18세기	1	高麗美術館	
24	琵琶湖図		円山応震	1824	1	滋賀縣立琵琶湖文化館	
25	朝鮮通信使小童図	1711	英一蝶	18세기	1	大阪歷史博物館	
26	釜山浦富士図		狩野典信	18세기	1	大阪歷史博物館	
27	朝鮮通信使歡待図屛風	1655	狩野益信	17세기	2	泉湧寺	京都市 지정문화재

III. 문화교류의 기록(18건 121점)

번호	명칭	사행년	제작자	제작연대	수량	소장	비고
1	雨森芳洲關係資料	1711 1719	雨森芳洲 外	18세기	36	方洲會 高月町觀音 の里歷史民 俗資料館	중요문화재
2	通信副使任守幹壇浦懷古詩	1711	임수간	1711	1	赤間神宮	下關市 지정문화재
3	福禪寺對潮樓朝鮮通信使關係史料	1711 1747-48	조태억 이방언 홍계희외	1711 1747-48	6	福禪寺 福山市鞆の 浦歷史民俗 資料館	福山市 지정문화재
4	本蓮寺朝鮮通信使詩書	1643 1655 1711	신유 박안기 조연외	1643 1655 1711	9	本蓮寺 岡山縣立博 物館	瀨戶內市 지정문화재
5	朝鮮通信使從事官李邦彦詩書	1711	이방언	1711	1	本願寺八幡 別院	近江八幡 市지정문화재
6	淸見寺朝鮮通信使詩書	1643외	박안기외	1643외	48	淸見寺	
7	金明國筆 拾得図	1636, 43	김명국	1636, 43	1	下關市立長 府博物館	
8	波田嵩山朝鮮信使唱酬詩并筆語	1763,64	남옥 성대중 원중거	1743,64	6	波田嵩山 下關市立長 府博物館	
9	韓客詞章	1711	조태억외	1711	4	相國寺慈照院	
10	瀟相八景図卷	1682	狩野淸眞畵 이봉명찬	1682	1	大阪歷史博 物館	
11	壽老人図	1636	荷潭畵 古賀精里贊	1636	1	大阪歷史博 物館	
12	松下虎図	1763,64	변박	1764	1	大阪歷史博 物館	
13	朝鮮國王孝宗親筆額字	1655	효종	1655	1	日光山輪王 寺	栃木縣 지정문화재
14	東照社緣起 5권 중 제4권	1636	狩野探幽 外	1640	1	日光東照宮	중요문화재
15	東照社緣起 3권 중 중권	1636	親王·公家	1640	1	日光東照宮	중요문화재
16	宝曆十四年通信正使趙職書帖	1763,64	조엄	1764	1	下關市立長 府博物館	
17	任絖詩書	1636	임광	1636	1	大阪歷史博 物館	
18	朝鮮國三使口占聯句	1682	윤지완 이언강 박경후	1682	1	名古屋蓬左 文庫	

[부록 5] 참고문헌

학술서

손승철, 『조선통신사, 타자와의 소통』, 2017, 경인문화사.

심규선, 『조선통신사, 한국속 오늘』, 2017, 월인.

우에노 도시히고, 『신기수와 조선통신사의 시대』, 2017, 논형.

손승철역, 『조선통신사-에도 일본의 성신외교』, 2012, 소화.

손승철, 『조선시대 한·일관계사연구』, 2006, 경인문화사.

손승철, 『조선통신사, 일본과 통하다』, 2006,동아시아.

손승철역, 『근세 한·일관계사연구』, 1991, 이론과실천.

이원식, 『조선통신사』, 1991, 민음사.

논문

이와가타 히사히코, 〈조선통신사 연구의 비판적 검토와 제안〉, 『지역과 역사』
　　38, 2016

심민정, 〈조선후기 대외관계사 연구의 회고와 전망〉, 『항도부산』 23, 2012.

구지현, 〈18세기 필담창화집의 양상과 교류 담당층의 변화〉, 『조선통신사연구』
　　제9호, 2009, 12.

손승철, 〈조선시대 통신사 연구의 회고와 전망〉, 『한·일관계사연구』 12, 2002.

답사기

한태문,『조선통신사의 길위에서 오늘을 묻다』, 2012, 경진.

조선통신사사업회,『조선통신사 옛길을 따라서』, 1, 2, 3. 2007-2009. 한울.

신성순, 이근성,『조선통신사』, 1994, 중앙일보사.

사행록

박재지음 김성은옮김,『동사일기』, 2017, 보고사.

신숙주지음 허경진옮김,『해동제국기』, 2017, 보고사.

신유한지음 강혜선옮김,『일본견문록』, 2008, 이마고.

남옥지음, 김보경옮김,『붓끝으로 부사산 바람을 가르다』, 2006, 소명출판.

성대중지음, 홍학희옮김,『부사산 비파호를 날 듯이 건너』, 2006, 소명출판.

원중거지음 박재금옮김,『와신상담의 마음으로 일본을 기록하다』, 2006, 소명
　　　　출판.

민족문화추진위원회,『해행총재』1~10. 1975.

신문연재

『동아일보』2015.10.26~12.15(10회)

『부산 국제신문』2013.1.21~2013. 5. 6(5회)

『중앙일보』2007.4.13~6.11(10회)

조선통신사의 길위에서

한일관계의 미래를 읽다

2018년 3월 20일 1쇄 발행 | 2018년 5월 10일 2쇄 발행

지은이 손승철

펴낸이 한정희
총괄이사 김환기
편집·디자인 김지선 한명진 박수진 유지혜 장동주
마케팅 김선규 유인순 하재일

펴낸곳 역사인
출판신고 제313 - 2010 - 60호(2010년 2월 24일)

주소 경기도 파주시 회동길 445-1 경인빌딩 B동 4층
대표전화 031 - 955 - 9300 | **팩스** 031 - 955 - 9310
홈페이지 www.kyunginp.co.kr | **전자우편** kyungin@kyunginp.co.kr

ISBN 979-11-86828-10-6 03910
값 18,500원